U0918273

多店特许经营

中间层理论与案例

The Theory and Case of Intermediate Layer of Franchise (Multi-unit Franchise)

赵小涛◎著

经济管理出版社
ECONOMY & MANAGEMENT PUBLISHING HOUSE

目　录

上篇　多店特许经营中间层理论

第一章　问题的提出 …… 3

一、特许经营的由来 …… 3
二、多店特许经营的现象 …… 4
三、美国多店特许的数据 …… 6
四、国内外发展的差异 …… 10
五、研究角度、方法和章节编排 …… 12
六、本章小结 …… 16

第二章　多店特许文献综述 …… 17

一、多店特许的识别 …… 17
二、多店特许的分类 …… 19
三、受许人的权力 …… 20
四、实证研究 …… 21
五、进一步的理论解释 …… 27
六、现有研究者对多店特许的回顾 …… 29
七、本章小结 …… 30

第三章　多店特许的概念 …… 32

一、已有的描述 …… 32
二、中间层的出现 …… 33
三、多店特许的定义 …… 34
四、从单体店到多店特许的发展过程 …… 38
五、新西兰市场特许体系的例子 …… 39

六、几种典型的多店特许含义 …… 41
七、本章小结 …… 44

第四章　两个维度分类 …… 46

一、分类的方法 …… 46
二、特许体系中的分工 …… 47
三、多店特许中的资本 …… 51
四、从两个维度对多店特许进行分类 …… 53
五、本章小结 …… 57

第五章　九个因素分析 …… 59

一、案例说明 …… 59
二、五个案例示范分析 …… 60
三、影响因素分析 …… 70
四、本章小结 …… 76

第六章　中间层分析框架 …… 78

一、传统基础理论与中间层 …… 78
二、中间层分析框架 …… 84
三、对中间层的解释 …… 86
四、本章小结 …… 92

第七章　发展阶段性及对中国的启示 …… 94

一、多店特许发展的阶段性 …… 94
二、中国特许体系多店特许发展顺序 …… 97
三、中国特许体系多店发展应对之策 …… 100
四、本章小结 …… 103

第八章　多店特许的微观条件 …… 105

一、多店特许的适用条件 …… 105
二、特许人微观条件 …… 109
三、受许人微观条件 …… 113
四、本章小结 …… 113

第九章　多店特许的宏观环境 …… 115

一、多店特许的兴起 …… 115
二、多店特许一般宏观条件 …… 118
三、中国多店特许发展的几个综合问题 …… 120
四、本章小结 …… 124

第十章　贡献、不足及研究领域的拓展 …… 126

一、主要贡献与不足 …… 126
二、研究领域的拓展 …… 127
三、本章小结 …… 141

下篇　多店特许经营中间层案例

案例 1　麦当劳 …… 145
案例 2　7－11 便利店 …… 153
案例 3　星巴克咖啡 …… 162
案例 4　上岛咖啡 …… 169
案例 5　福奈特 …… 175
案例 6　吉野家 …… 181
案例 7　赛百味 …… 186
案例 8　永和豆浆 …… 194
案例 9　Wendy's …… 203
案例 10　APPLEBEE'S …… 211
案例 11　BURGER'S …… 219
案例 12　Chili's …… 226
案例 13　Dunkin' Donuts …… 229
案例 14　Jiffy Lube …… 238
案例 15　KFC …… 247
案例 16　Pizza Hut …… 255
案例 17　Quiznos …… 263

参考文献 …… 269

后记 …… 274

上　篇

多店特许经营中间层理论

第一章　问题的提出

本章主要讨论特许经营的由来，多店特许的现象，美国多店特许的数据，国内外的发展差异，研究的角度、方法，以及本书各章节的安排。特许经营是多店特许的基础，本书先对特许经营的由来和基本概念进行阐述。接下来，进入本书的主题：多店特许经营的现象，包括国内外多店特许发展的基本情况、国内外发展的环境差异。最后一部分详细介绍本书研究的角度、方法以及各章节的安排。

一、特许经营的由来

特许经营（Franchise）有别于分销方式，最早可以追溯到19世纪早期，当时欧洲的啤酒酿造商，以许可和资金合同方式，与酒吧和酒馆签订了各种啤酒和麦酒的专营合同。1863年，Singer缝纫机公司在美国建立第一个消费品特许体系。在19世纪90年代，汽车和软饮料业采取了特许经营作为主要的分销手段。20世纪30年代，汽油生产商采用特许经营进行产品零售。它们是最早采用特许经营的领域，并一直延续至今。它们属于产品和商标特许。市场营销和经济学的文献将该类型特许称为第一代特许体系，其特征是受许人仅仅以特许人的商标来分销一种产品。①

20世纪50年代，快餐、酒店、娱乐、租赁服务将特许经营的概念整合到他们的商业策略中，焦点从原来的产品分销渠道转移到特许人完整的商业思想的所有权，特许人将它租赁给受许人。这就是第二代特许——商业模式特许，包括产品、服务、商标，以及整个商业模式本身，即一个市场策略和计划、操作手册和标准、质量控制，以及持续双向交流。

---

① Marko Grünhagen，Robert A. Single Unit vs. Multiunit Franchising History Typology and the Franchisee Perspective. Presented at the 14th Annual International Society of Franchising Conference，San Diego，California，February19 – 20，2000.

Marko Grühagen（2000）提出了商业特许经营共有的四个基本特征：[①] 第一，特许人拥有一个名称、思想、机密过程、产品、专用设备、商誉；第二，合同规定受许人使用专用产品，甚至整个商业模式，这决定了产品、商标和商业模式特许的差别；第三，特许人通过合同来控制，受许人通过合同来行使商业经营的权力；第四，受许人获得这些权力，要缴纳加盟费、忠诚费，支付使用特许人服务的费用。此外，美国联邦贸易委员会（FTC）给出了特许经营的三个要素：[②]许可（License）、收费（Fee）、控制（Control）。

研究者将特许经营的特征和要素归纳出来具有重要意义。以此基本上可以将特许经营与许可、分销、自由连锁（联号，比如最佳西方酒店集团）、合作社等概念和现象区分开来，这些组织和实体缺少特许经营特征和要素中的一个或几个，因此不属于特许经营。

随着特许经营的深入发展，一种新的现象出现了，即多店特许经营现象。

二、多店特许经营的现象

2011 年 8 月，麦当劳中国公司将云南麦当劳的特许经营权委托给诺仕达集团，合约期限 20 年，诺仕达接手 11 家现有餐厅，未来 5 年内将开 20 家新店。这便是麦当劳所谓的发展式特许经营。但是，麦当劳公司在历史上并不完全赞成这种方式。

早在 1937 年，麦当劳兄弟在洛杉矶创办汽车餐厅，后来为克罗克（Ray Kroc）所收购，克罗克开创了麦当劳的特许经营时代。克罗克的做法有几个特点：其一，也是最重要的一点，就是不采用区域特许权制度。他认为尽管出售区域特许权更容易赚钱，但同时也增加了风险。刚开始，克罗克多以大都市为授权经营区域，但他很快就缩小了区域。1969 年以后，其特许经营合同甚至限制到城市、街道。其二，规定表现优异的受许人可以拥有多家门店，而表现不好的受许人只能拥有一家。克罗克从不把特许权卖给实力雄厚的人，深怕他们有一天超过总部，难以控制。

克罗克非常早就认可那些全身心投入餐厅的受许人，克罗克希望加盟的人放弃其他工作，以从事特许经营的冒险事业，将特许店作为收入的唯一来源，这样就有了高度的动机和专一性。因而，麦当劳不将门店授予合作伙伴、财团或投资

①②WilkeD. English，Robert Justis. Quasi－Franchises：Chains that Look Like Franchises But Aren't，Page 2. Presented at the 13th Annual society of Franchising Conference Miami，Florida，March 1999.

而不经营的人。初始资本来自加盟商，作为其承诺的保证和严格的挑选过程，确保麦当劳只有招聘合适的人。

在20世纪50年代，特别是20世纪70年代，麦当劳公司开始了国际化的战略。在当麦当劳进入国际市场时，他们的方针发生了变化，逐渐改变了不按区域出售特许经营权的做法。区域大型零售企业，自然比麦当劳更了解当地市场的情况，更能掌握各种当地资源。[①] 麦当劳以此策略成功地开拓中东市场，目前在本地所有权结构下，中东麦当劳已经开设了800多间餐厅。在拉丁美洲、菲律宾、土耳其、保加利亚等多个市场，也因成功运用此策略而收到成效。在区域加盟业务推行最为成功的日本市场，麦当劳通过与进口商藤田一家公司的合作，打造了麦当劳日本4000家店面的超大规模，超越德国和澳大利亚市场，稳居麦当劳海外第二大市场。

KFC也在中国，尤其是在美国本土积极发展多店特许经营。松茂集团是一家成立于1992年的台商独资企业，是陕西地区经营KFC的公司，他们得到了KFC美国公司的特许经营授权。2009年在陕西已开设27家KFC餐厅。早在2004年，正当KFC加盟店如火如荼地发展时，KFC直营店所属的百胜西安公司突然进入西安市场。再加之对加盟店的条框限制，KFC在西安不再做加盟。如果直营店不进入西安市场，KFC加盟店发展至今，开店数量将超过50家。2005年KFC在西安的直营店只有屈指可数的五六家，2009年直营店的数目已经蹿升至24家。短短4年时间，KFC直营店数量猛升，只是因为直营店要占领市场。对于发展趋势尚好的项目，直营店势必不想失去商机。[②]

KFC的母公司——百胜品牌，是多店特许领域的领导者，在2009年美国排名前99家多店特许的受许人（多店受许人）名单中，将近40%来自百胜品牌。[③] Area Developer Magazine[④] 每年都进行评审活动，他们与FRANdata联合发布最大的受许人名单，即“The Big 99”（按照门店数量排名），2009年美国99家多店受许人排名就是由这家杂志评选的。

---

① 张沙莎．特许经营开闸　麦当劳中国战略加速．新浪财经《新金融观察》，2011－9－4.

② 加盟KFC咋就这么难．三秦都市报，2009－7－15，http：//www. sanqindaily. com/News/20090715/60368. html.

③ KFC网站，http：//www. kfcfranchise. com/articles/Multi－Unit－Franchising－articles. php.

④ http：//www. franchising. com/articles/99＿big＿franchisees＿99＿of＿americas＿top＿area＿developers. html.

三、美国多店特许的数据

2008 年，根据 Fran Data 的研究，[①] 多店特许（包括 Multi Unit Franchisee、Sub Franchisor、Area Representative）影响力非常大，82% 的受许人为单店受许人，占所有特许经营门店数的 52%；另外 15% 的受许人拥有 2～5 家门店，占所有特许经营门店数的 24%；更为显著的是 3% 的受许人拥有 5 家以上门店，但是他们却控制着所有特许经营门店数的 24%。后两部分加起来，18% 的受许人拥有几乎 50% 的特许经营门店。该研究同时发现43% 的多店特许（Multi Unit Franchisees）在快餐行业，快餐行业中 59% 受许人为多店受许人，见图 1－1。

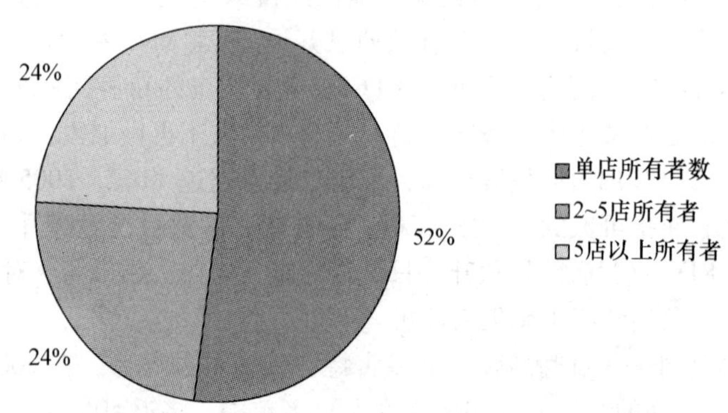

图 1－1　多店受许人拥有门店占整个门店的比例

资料来源：Multi－Unit Franchise Development Strategies（FranData，2008）.

2002 年美国国际特许经营协会（IFA）对会员企业做了一项调查，收集了多店特许经营的一些数据，包括多店特许被采用的比例、多品牌特许被采用的比例、受许人拥有门店的平均数量、多店特许被采用的时间点以及多店特许被采用的原因等。

从表 1－1 来看，多品牌特许的情况比较普遍，多品牌受许人比例占整个受许人的 29%；这些多店受许人拥有门店的数量占所有特许门店的数量，多品牌特许的门店也占到 20%。可见多品牌特许的情况并不少见。

① Multi－Unit Franchise Development Strategies，http：//www.fisherzucker.com/index.asp，2008－5－20.

表 1－1 单店受许人数及百分比

	总数	单品牌特许体系	多品牌特许体系
拥有门店数	26452（100%）	18776（71%）	7676（29%）
受许人数	26452（100%）	18776（76%）	7676（29%）
平均拥有门店数	1	1	1

资料来源：Multi－Unit Owners Study，2002 The IFA Educational Foundation.

表 1－2 显示了在特许经营中，平均拥有门店数量的情况，单品牌受许人平均拥有门店是 4.40 个，而多品牌受许人平均拥有门店是 3.41 个，不分单品牌受许人还是多品牌受许人的情况下，受许人平均拥有门店是 4.35 个。可见多店受许人普及程度。

表 1－2 多店受许人数及百分比

	总数	单品牌特许体系	多品牌特许体系
拥有门店数	28401（100%）	27355（96.3%）	1046（3.7%）
受许人数	6530（100%）	6233（95.3%）	307（4.7%）
平均拥有门店数	4.35	4.40	3.41

资料来源：Multi－Unit Owners Study，2002 The IFA Educational Foundation.

表 1－3 反映的是特许人开始采用多店特许、多品牌特许的时间点以及采用单品牌特许的情况，结果显示从特许经营到多店特许经营的时间间隔为 3.0 年，多品牌特许的情况是 3.7 年，总体的时间间隔是 3.1 年。这表明，特许体系在采取多店特许方式的时候，已经有了特许经营发展的基础而且是隔几年后才开始采取多店特许经营方式。

表 1－3 特许人开始多店特许的间隔时间

	样本总数	单品牌特许体系	多品牌特许体系
开始特许经营	1983	1983	1984
开始多店特许	1986	1986	1989
开始多品牌特许	1993		1995
特许与多店特许间隔时间	3.1 年	3.0 年	3.7 年

资料来源：Multi－Unit Owners Study，2002 The IFA Educational Foundation.

IFA 的这次调查还发现多店特许被采用的主要原因是：特许体系成长

(30.6%)、奖励和选择受许人（22.2%）、经济和效率（9.7%）、市场渗透策略（9.7%）、吸引潜在受许人（4.2%）、更容易管理受许人（1.4%）以及其他原因（9.9%）。这些调查大致描述了多店特许被采用、实践操作人员以及职业经理对多店特许经营的看法，见表1－4。

表1－4　多店特许的主要原因多店特许被采用的原因

原因	回复比例（%）
特许体系成长	30.6
奖励和选择受许人	22.2
经济或效率	9.7
市场渗透策略	9.7
吸引潜在受许人	4.2
更容易管理受许人	1.4
其他原因	9.9

资料来源：Multi－Unit Owners Study，2002 The IFA Educational Foundation.

在美国快餐行业的一份研究中，发现特许人更容易处理受许人经营多个门店的情况，而且很多知名的投资品牌不受理单店特许的申请，这些特许品牌更希望授权给一个在一定时间能够开5～10家门店的运营商。运营多个门店需要更多的时间和投资，这是受许人要考虑的重要因素。①

Frank H. Wadsworth、CFE 和 Kathryn Boe Morgan（2003）的研究②调查了IFA（International Franchise Association）会员的特许体系中多店特许的情况，80%的会员做了回复。结果显示80%的单店受许人经营只有将近一半的特许经营门店，而另外20%的受许人则经营着超过一半的特许经营门店。

多店受许人更容易获得新的门店经营权，特许人的目标是将新开的门店授予现有受许人。拥有更大比例的多店受许人的特许体系更加稳定，更能抵御风险。这个趋势还在继续。在经济不景气的环境下，业绩更好的多店受许人，其地位与日递增。贷款人更加保守，更乐意将钱贷给那些拥有多个门店的受许人，因为他们多年的成功，比起初期创业的受许人更可靠。表1－5是美国2011年美国特许体系（特许品牌）拥有多店受许人排名的情况。

① Special Report－Food Franchises，2011，www.franchisebusinessreview.com.

② Frank H. Wads worth，CFE，Kathryn Boe Morgan. IFA Educational Foundation：Multi－Unit Franchisee Ownership Study. Presented at the 17th Annual International Society of Franchising Conference，San Antonio，Texas，February 14－16，2003.

表 1-5 按多店受许人数量排名 50 大品牌（前 10 名）

排名	品牌	多店受许人	总的受许人	多店受许人比例（%）
1	SUBWAY	4005	8255	48.52
2	MCDONALD'S	2147	2635	81.48
3	SOUTHERN TSUNAMI	798	1560	51.15
4	DUNKIN' DONUTS	784	1407	55.72
5	BURGER KING	710	1301	54.57
6	THE UPS STORE	670	3510	19.09
7	DOMINO'S PIZZA	653	1175	55.57
8	QUIZNOS	545	2798	19.48
9	GREAT CLIPS	447	747	59.84
10	TACO BELL	446	816	54.66

资料来源：http：//www. franchising. com.

在美国的特许体系中多店特许发展非常普遍，从拥有多店受许人最多的特许体系来看，像赛百味、麦当劳以及塔可钟（百胜集团旗下品牌）这样的知名的品牌，分别拥有 4005 个、2147 个和 446 个多店受许人，多店受许人占总的受许人比例分别为 48.52%、81.48% 和 54.66%，可见多店受许人在这些特许体系中的普及程度。

表 1-6 显示多店特许比例最高的 50 大品牌的前 10 名，多店受许人的比例都超过了 80%，这些体系的受许人数量从几十个到几百个，这些都是美国知名的特许体系品牌，都有相当大的规模。不同特许体系（特许品牌）拥有的多店特许人数量存在较大差异，因为各个特许体系采取多店特许方式不同，比如采取区域发展的多店受许人数量总和就小一些，而采取顺序多店特许方式多店受许人数量就大一些。

表 1-6 按多店受许人比例排名 50 大品牌（前 10 名）

排名	品牌	多店受许人	单店受许人	总的受许人	多店受许人比例（%）
1	PANERA/SLB BAKERY/CAFÉ	45	0	45	100.00
2	APPLEBEE'S	45	0	45	100.00
3	CHILI'S	21	2	23	91.30
4	MCALISTER'S DELI	42	5	47	89.36
5	BACK YARD BURGERS	41	5	46	89.13
6	LABOR FINDERS	23	3	26	88.46

续表

排名	品牌	多店受许人	单店受许人	总的受许人	多店受许人比例（%）
7	BOJANGLES'	69	11	80	86.25
8	PAPA JOHN'S PIZZA	318	58	376	84.57
9	BRUEGGER'S	26	5	31	83.87
10	LITTLE CAESARS PIZZA	440	90	530	83.02

资料来源：http：//www.franchising.com.

四、国内外发展的差异

1. 中国个别行业发展情况

2009年4月，中国连锁经营协会（以下简称协会）联合德勤咨询有限公司（以下简称“德勤”）共同对中国教育培训行业的经营状况及发展趋势进行了调研。调查结果显示，目前，中国教育培训行业所采取的扩张方式主要包括一线直营、单店特许、区域特许以及二级特许。在需求旺盛、对服务质量要求高的一线城市，企业多采用直营、单店特许以及区域特许的扩张方式，以帮助企业更好地控制当地的资源，充分满足当地需求，同时可以通过有效的管理，保证服务质量，提高企业的行业知名度。而在收入和需求相对落后的二、三线城市则更多地采取二级特许的方式，旨在通过迅速扩张来占领潜在的消费市场。由于二、三线城市普遍对服务的要求比一线城市低，加盟商通常多被赋予独立开发二级加盟商的权力，从而实现加快企业扩张的目的。

2. 中国企业的有利条件

中国的本土特许企业（特许体系，或特许品牌），在经过一定发展之后，个别的特许体系发展成熟，领先竞争对手，或者潜在的竞争对手几年时间，那么要迅速地抢占市场，使用多店特许就是一种强大的工具。小肥羊拓展市场时，在河北采取了区域独家授权的模式。国内的机构（由中国连锁经营协会主办），也在进行区域加盟商的评选活动。随着我国特许体系发展的成熟，多店特许将会越来越多。

另外，中国一些特许企业，只要商业成熟、特许体系先进，借助多店特许经营方式走向国际，成功的可能性也不小。虽然各国多店特许发展程度不同，但是这种新的特许经营模式在全球，包括在中国，影响越来越大。其实，多店特许是跨国扩张的基本方式，被优秀的特许人在跨国发展中广泛采用。

3. 国内外发展存在较大差异

麦当劳、星巴克、7－11便利店等国际特许体系进入中国大陆市场，一般都采取与本地经营者合资的策略。早期可能是政策影响的结果，但是随着中国市场对国外零售业限制的逐步放松，国际特许体系仍旧青睐合资方式，并在中国市场寻找合作伙伴，这说明合资方式在中国市场的适应性。当前，欧美发达国家的特许体系在本国的市场越来越饱和，而国际市场，特别是新兴市场经济体，市场潜力巨大，他们都乐意采取多店特许方式进入这些市场。但是，多店特许有各种各样的形式，特许人在不同情境下可能会选择不同的多店特许方式。这些都需要进行深入研究。

在特许经营发达的国家，特许企业出售自己的门店以降低直营店的比例，比如麦当劳，在出售某个区域特许权时，将自己的直营店一并出售给受许人。更为常见的是受许人按照整个区域出售自己的直营店。麦当劳出售自己的直营店，往往由现有受许人收购，这样现有受许人拥有的门店数量就越来越多。

国外受许人没有借助与受许人的合作，发展受许人自己的品牌，可能是发达国家的法律和制度比较完善，企业在经过多年的发展后，形成了良好的自律。另外，特许经营体系的复制并不是很容易，优秀的企业有一套良好的方式来保护自己的品牌，包括商业机密的保护。更为重要的是，这些特许体系都不是靠卖牌子赚钱，特许体系（特许品牌）要获得成功，除了合适的商业模式以外，还需要庞大的服务支持体系，需要得到消费者的认可，简单模仿成功的难度是比较大的。从特许人来看，不靠卖牌子，而是向受许人提供支持服务获得利润，是向庞大、分散的门店提供公共产品赢得利润。这是简单模仿无法解决的问题。

国内特许体系，业内更加关注的是特许人，特许人收购受许人门店，转化为直营店，特许人上市融资，特许人无形资产权力受到侵害，等等，这些现象都是在关注特许人。特许经营在中国是一种崭新的商业实践，发展也就二三十年，人们认为对中国的特许体系应该进行保护和扶持，但是，对受许人的作用有些忽视了。单店受许人，他们可以得到国家商业特许登记和信息披露政策的保护，以及得到其他法律法规的保护。但是受许人的经济地位与特许人差别太大了，无法与特许人平等对话。多店特许是一个更新的现象，在中国还没有得到关注。

在国际上，特许体系经常出售自己的直营店，提高特许经营的比例，收购直营店与出售直营店并行。很多时候，特许人融资往往比大型受许人要困难，原因是大的受许人拥有很多门店，可以向金融机构，甚至是专业金融机构，比如GE的特许经营融资服务公司，申请特许经营门店的抵押贷款。诸如此类，中外多店特许经营发展存在巨大差异。

五、研究角度、方法和章节编排

1. 研究的问题

本书主要研究多店特许的概念、分类、影响因素等几个问题。在概念方面，从特许经营的历史沿革开始，将回顾特许经营发展历史上一些标志性的事件，比如最早出现在欧洲的啤酒商采取的特许，到后来美国缝纫机公司的特许，再到加油站和汽车销售的特许，这是第一代特许经营，即产品和商标特许。此后，出现了以麦当劳为代表的商业模式特许，也就是第二代特许经营，此时的特许经营领域覆盖了70多个行业。

多店特许的概念，比如顺序多店特许、区域发展、区域代理，虽然出现的时间很早，但是直到最近20年才得到迅速发展。多店特许的现象是对多店特许方式的识别，这方面的研究已有不少。研究者还对各种多店特许的特征和适用条件进行了阐述。但是对多店特许本身，仍然没有一致的、恰当的定义。本书将对多店特许的本质进行概括，提出多店特许的定义，或者说多店特许的概念。

对多店特许进行分类，目的是对其进行深入认识。① 在特许体系发展后，事实上不是两层关系的结构，而至少是三层关系结构，即特许人、特许人分支机构、受许人。而特许经营的问题，存在授权的问题。特许人与受许人构成一个整体，特许体系中的一些权限并不能在特许人与受许人之间进行明确的分割，双方有一个授权的问题。在授权的基础上有一个相互合作的问题，高层次的合作就是合作伙伴关系。这里是一个组织（虚拟组织）的柔性、管理活动的弹性问题。另外就是资本的问题，在不同的多店特许方式下，特许人和受许人在门店中拥有的资本存在很大的不同，而这一点对特许经营整个体系来说都很重要。这就是分类的问题。在分类的基础上，对各种多店特许现象进行解释就是自然而然的事情。本书对现象进行解释，并结合了案例分析。

再有，就是多店特许的影响因素，这是较为具体的问题，就是一个特许体系的实践中，在某种场景下，到底是什么因素在左右多店特许的发展。可能是一个特许体系内部的因素，如特许人、受许人，也可能是外部的因素，如市场环境，等等。多店特许影响因素也是本书要讨论的重要问题。

影响因素问题是基于概念和分类对操作层面进行的探讨。多店特许的概念和

---

① 刚开始本人考虑用两层关系、三层关系的方法进行分类，后来发现这不足以解释多店特许的本质，两层关系，即所谓的特许人直接特许，三层关系是特许人通过主特许等方式进行间接特许。

分类较为抽象，目的是揭示其内在规律和与其他事物之间的联系。而多店特许的因素分析更为具体，要在实际环境中进行分析。

2. 问题的意义

多店特许伴随着特许体系的成长而出现，实践很早就开始了。从麦当劳早期的尝试，到特许体系的国际扩张，再到中国市场出现的现象，多店特许已成为一种主流方式。因此有必要在这方面进行深入研究，借鉴有益经验，指导我们的实践。

多店特许在快速发展，人们希望从理论上对这些现象进行解释，如多店特许的识别、多店特许的归类、多店特许各方的动机、多店特许在未来经济中占据什么角色，等等。实践对理论提出了这一系列的问题。事实上，人们在很多问题的认识上还比较模糊，研究的文献也不充分。本书研究多店特许，希望能够对其进行深入解释，提出一套分析方法。

中国的特许经营在过去20年得到了巨大发展，但总体上说竞争力不强，各方面都与欧美发达国家的特许经营有着巨大差距，因此有必要对实践进行总结，吸收借鉴发达国家特许经营发展中的成功经验，为我所用，发扬光大。

中国的特许企业基本上还没有迈出国门，只是国外特许体系输入大陆。容易引起误解是全盘认为我们的经营管理水平较低，其实应该归结为我们对特许经营运营的规律还认识不够。多店特许这种方式，是特许经营发展的最新趋势，对我们已经发展了二三十年的特许经营而言，这是一种高起点的选择。

多店特许的各种方式，在实践中都得到了很好的发展。对受许人而言，作为多店受许人的角色，虽然诱人，但受许人的各方面条件也面临诸多挑战。对整个行业来说，多店特许方式的出现，是一个积极的发展。但是各种不同的多店特许方式，到底有什么样的特点，仍有待深入认识。

因此，虽然我们对多店特许现象每一种方式已经有很好的认识，但很困惑的是从整体上怎么看待多店特许经营，好的多店特许需要具备哪些条件，各方应在什么方面努力，等等。考虑到国内外实践和研究的现实情况，本书将从多店特许的定义、概念、分类，以及中间层分析框架出发，阐述多店特许的阶段性，结合大量多店特许的案例对多店特许主要影响因素进行归纳，最后对多店特许发展的条件、政策以及其他相关现象进行分析。

3. 研究的方法

（1）案例分析与归纳方法。案例分析是本书的重要组成部分，案例来自国内外典型的特许经营体系，以及每个体系典型的多店受许人。国内案例有一半是国际特许体系进入中国市场的情况，本书将对比这些体系在国际上其他国家或地区，特别是在亚洲国家或地区的多店特许方式。

在国外案例方面，本书定位在多店特许方式发展程度比较高的美国，选择了10个案例。美国对特许人和受许人，每年都有销售额方面的排名。本书从大的特许体系和大的受许人的对应关系入手，找到排名靠前的特许体系，再找到排名靠前的受许人及两者的交汇点，这样的特许体系，多店特许使用比较普遍。

本书从案例分析中归纳出来影响多店特许的9个因素。多店特许分类是对现象进行的归类，具有很强的解释力。案例分析中用到的因素，将综合文献、案例及本书的多店特许概念、分类等方面的结论，这是对多店特许现象的更为具体的解释。

（2）基础性的概念模型。在解释多店特许现象时候，本书对一些概念及关系采用了概念模型的方法，将概念和关系抽象为模型，如多店特许概念、多店特许两个维度分类。对于几十年的多店特许经营，研究者识别了几种典型的多店特许现象，但人们对多店特许的概念还没有一致的看法，因此需要对多店特许经营的本质含义进行定义，以揭示多店特许的运行规律。

在对多店特许进行分类的时候，本书将构造了两个分类的维度，这两个维度也是两个基础性的概念，即受许人的管理权限和受许人的门店资本。这两个维度直接用于对多店特许的现象进行分类，可以解释多店特许现象的多样性。这有助于人们在多店特许实践中，对不同方式做出合理的选择。而对于研究多店特许的其他特性，也起将到基础性的作用。

（3）理论分析框架。特许经营的传统理论，最主要的是代理理论，即将特许人与受许人视为委托—代理关系。国际特许则是按照国际化的理论来解释。代理理论和国际化理论是特许经营的两个基础理论。而资本稀缺理论、策略联盟理论、选择理论等也是解释特许经营的理论。集体行为和社会选择理论被认为是专门解释多店特许的理论。本书的核心内容——中间层分析框架是一整套的分析多店特许现象的方法。传统的基础理论与多店特许分析框架有一定联系，本书将在第六章第一节中阐述。

4. 本书各章节编排

本论文共分10章，第一章到第三章是准备工作，第四章到第七章是本书的核心，第八章和第九章是从整体上阐述多店特许的微观条件和宏观环境，第十章讨论了一些与多店特许相关的其他问题，作为对前面各章的补充，见图1－2。

问题的提出这一章首先阐述了特许经营的由来，特许经营是多店特许的基础，这一章主要是描述现象，包括多店特许使用的普及程度。第二章是文献回顾，进入多店特许的主题，包括研究者对各种多店特许现象的识别，对多店特许已有的分类，以及实证研究和理论研究。第三章是多店特许概念的提出。第四章是两个维度分类，其目的是解释各种多店特许现象背后的逻辑联系。第五章是九个因

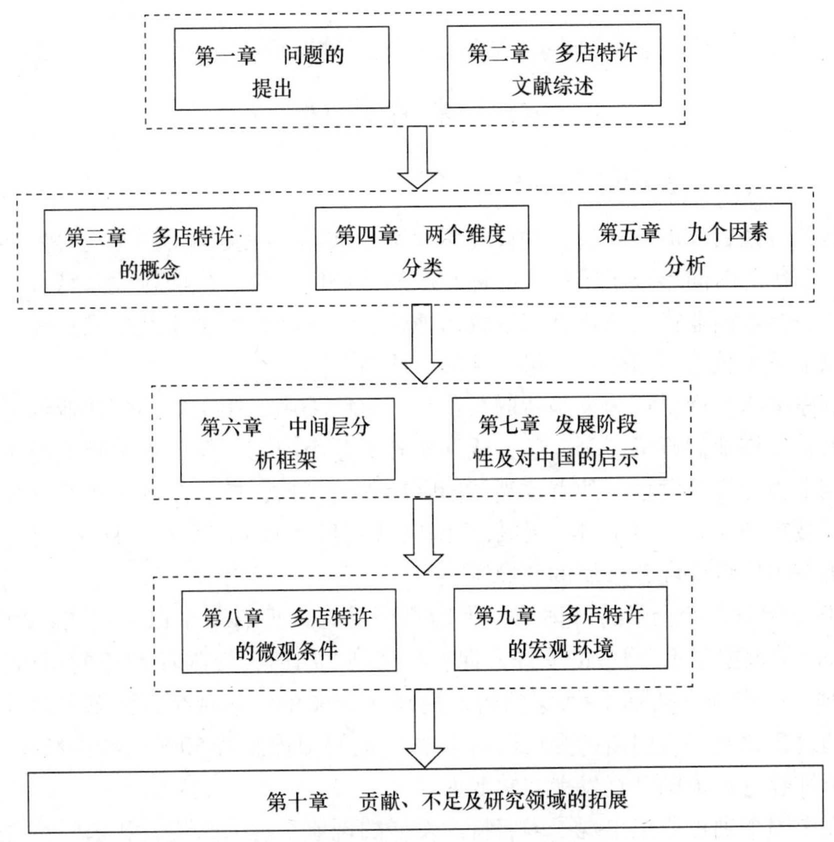

图1-2　本书各章内容安排示意

素分析，也是本书做了大量工作的地方，结合文献回顾中的有关实证分析，提出了案例中与多店特许相关的九个因素。第六章是中间层分析框架，现有研究中多店特许的理论解释比较少，大部分研究属于实证分析，本书提出中间层的分析框架，可以用于对多店特许现象的全面分析。第七章是发展阶段性及对中国的启示。第八章阐述多店特许应用的微观条件，依照多店特许的概念、分类、九个影响因素提出多店特许经营的条件。第九章是多店特许的宏观环境，包括产业、行业和国家层面的环境支持。第十章是贡献、不足及研究领域的拓展。

六、本章小结

从特许经营发展历史看，特许经营起源于欧洲，在美国得到了充分发展，经过100多年的时间形成了第一代商标和产品特许以及第二代商业模式特许两种基本形式，当前商业模式特许占据了统治地位。特许经营区别于其他商业模式，体现在以下三个核心要素上：许可、控制、收费。

顺序多店特许早期为麦当劳的总裁克罗克所采用，用于奖励那些业绩优良的受许人，允许他们开第二个门店，或开额外的几个门店，但是克罗克当时不主张按区域出售特许经营权。随着麦当劳国际扩张的深入，按大区域出售特许经营权的方式被重新采用，在日本、中东等国家获得巨大成功。KFC的母公司百胜集团，也是多店特许经营领域的领导者。

2002年IFA的会员特许体系，平均每个受许人拥有4个以上门店。2008年FranData的数据显示，3%的受许人拥有5家以上门店，控制着24%的门店数量；另外15%的受许人拥有2~5家门店，控制着24%的门店数量，两部分合计，即拥有超过2家及以上门店的受许人占18%，他们却控制着50%的特许经营门店。多店特许经营在美国已经发展非常普遍。

在中国个别行业也出现了多店特许发展的现象。总的来说，我国的特许经营采取多店特许方式的并不普遍。国际特许体系进入中国大陆市场，基本都采用多店特许方式。国内特许体系的发展面临着巨大的压力，在自身条件、市场压力、发展机遇共存的情况，应该深入研究多店特许现象，使之为我所用。

本书研究的问题主要是多店特许的概念、分类和影响因素，以及中间层的分析框架、发展的阶段性及对我国的启示。本书采用的主要研究方法是概念模型、案例分析与归纳、理论分析框架等。本书研究的重点是第三章（多店特许的概念）、第四章（两个维度分类）、第五章（九个因素分析）、第六章（中间层分析框架）以及第七章（发展阶段性及对中国的启示），其他章节的安排都是围绕着这五个核心问题来展开的。目的是为了突出重点，将最重要的问题阐述清楚。

第二章　多店特许文献综述

本章主要回顾多店特许的文献，包括多店特许的识别、分类、受许人权限与资本、特许人动机、受许人动机以及已有理论解释等方面。涉及的文献包括国内主要的学术论文，以及国际上相关的论文。因为研究者对多店特许的认识还处在发展阶段，对多店特许含义的看法并不统一，本章回顾文献，在围绕主题、突出重点的情况下，尽量做到全面覆盖。

一、多店特许的识别

Robert T（1988）认为多店特许（A Multi－Unit Franchise）能够让特许人与受许人在一个单一时间签约以发展多个门店，并认为多店受许人是受许人拥有并经营多家特许门店的现象。[①] 受许人可以同时开设多家门店，以提高利润，实现资本收益。Robert T 调查了发展多店受许人的四种方法：区域发展（Area Developer）、主受许人（Master Franchisee）、区域代理（Area Representative）、特许中介（或特许经纪人）（Franchise Broker），并指出四种方法并无优劣之分，只是各有适用条件。

典型的区域发展协议[②]是给个体划分专营权和相应义务，后者按照计划在指定区域内开设一定数量的门店。特许人希望借助主受许人实现快速扩张，授权主受许人发展和控制与独立受许人签订的特许协议（Axelrad，1987），[③] 通常要求主受许人在指定的区域开店，并对受许人发展门店数量有要求。主受许人的权力通常包括向本地独立受许人授予和出售特许体系，收集特许费、收集忠诚费，许

① WilkeD. Robert Justis. Quasi－Franchises：Chains that Look Like Franchises But Aren't. Presented at the 13th Annual society of Franchising Conference Miami，Florida，March1999.

② 实际上是主特许经营的概念，只是该研究者这么称呼而已，在后边涉及主特许的内容再详细陈述。

③ Axelrad，Norman D. and LewisG. Rudnick. Franchising，A Planning and Sales Compliance Guide，Commerce Clearing House，Chicago，1Ill.，1987：168－178.

可特许人的商标，执行操作方法和标准，提供培训以及典型的商业服务，包括市场营销和广告。除了给特许人一部分忠诚费以外，主受许人获得忠诚费的绝大部分。“主受许人”协议使得“主受许人”好像本地“受许人”的“特许人”一样。主受许人负责本地特许体系发展，包括特许门店数量以及服务质量。同时，这种方法扩张可能出现服务下降，特许人的标准受到压缩。

区域代理的出现与主特许和区域发展的缺点有关，[①] 区域代理提供了招募（Solicit）和获得潜在受许人的机会，但受许人不与区域代理签特许协议，而是和特许人直接签约，区域代理负责在计划的时间内，在特定地理区域发展特定数量的受许人，通常还负责受许人培训、提供咨询、市场广告、定期督查，以及其他为受许人提供的服务。特许人通常按照区域代理招募受许人的数量支付报酬，区域代理为受许人提供了服务，特许人从忠诚费中划出一部分支付给区域代理。特许人要和区域代理密切合作，以保证质量标准和恰当的培训流程。

多店特许发展的最简单方法是特许中介（或特许经纪人），[②] 特许中介负责向特许人找到和推荐潜在受许人，除此无其他义务。特许人与受许人直接签订传统的特许协议。大多数特许人不愿意使用特许中介，是因为特许中介存在分辨理想受许人特征的困难，如果特许中介能做到分辨理想受许人，特许人很乐意采用这种方式。特许中介可能同时与多个特许体系合作，这对准备从事特许经营的受许人来说大有好处，他们可以对多个特许体系进行较详细的考察和比较，找到符合自己需求的特许体系。

Kaufmann 和 Dant（1996）将多店特许分为两种：顺序多店特许（Sequential Multi - Unit）和区域发展。顺序多店特许是现有的受许人被允许增加额外门店，每个门店都由独立的特许经营合同授予。[③]

HR Lozada（2005）认为主特许经营有以下三种协议：地区发展协议（Area Development Agreements）、主特许协议（Master Franchising Agreements）、合资特许经营（Joint Venture Franchising）。区域发展协议是特许人给予受许人开设多个门店的权力，但是受许人没有权力将特许经营再许可给其他人，特许人要求受许人在特定期限内将门店开起来。[④] 区域发展商管理一个微连锁（a Mini - chain of

① Zeidman, Philip F. and H. Bret Lowell. Franchising. Federal Publications Inc., Washington, D. C., 1986: 302 - 309.

② Axelrad, Norman D. and Lewis G. Rudnick. Franchising, A Planning and Sales Compliance Guide. Commerce Clearing House, Chicago, 1Ill., 1987: 168 - 178.

③ Patrick J. Kaufmann, Rajiv P. Dant, Multi - unit Franchising: Growth and Management Issues. Journal of Business Venturing, Volume 11, Issue 5, September 1996, Pages 343 - 358.

④ Héctor R. Lozada, Richard J. Hunter, Jr., Gary H. Kritz. Master Franchising as an Entry Strategy: Marketing and Legal Implications, The Coastal Business Journal, Volume 4, Number 1, 2005.

Stores)，就好比一个小型的本地直营连锁。主特许协议是特许人给予次特许人（Sub - franchisor）或者主受许人权力以发展特许经营，后者在指定区域授权次受许人（Sub - franchisees）开设门店（Gamet - Pol，1997）。[①] 合资特许是特许人希望发展门店网络，进入一个国家，与外国公司签订合资协议的情况（Gamet - Pol，1997）。[②]

研究者针对近期兴起的多店特许，识别了典型的多店特许经营现象，包括区域发展、主特许、区域代理、特许中介（特许经纪人）、顺序多店特许、合资特许等方式。这些对多店特许进行的研究是对实践很好的总结。

二、多店特许的分类

研究者除了根据实践对多店特许现象进行识别和归类以外，还从抽象的角度对多店特许进行简单的分类，比如 Dixie S. Zietlow（1997）的研究就涉及这方面工作。[③]

Dixie 认为特许人有六种主要方式将特许体系分销到海外：直营、单店特许、区域发展、主特许、合资和全资分支机构，其中前面两个是零售商（Retailers），后面四个是经销商（Distributors），通过中间人在国外市场建立直营或特许店。Dixie 认为从所有权看，美国特许人在合资、全资分支机构、直营门店这三类中有股权投资，称为股权投资模式；在区域发展、主特许和特许门店中，特许人与独立的批发商或者受许人签订合同，称为合同分销模式。占主导地位的合同分销模式是最近才出现的现象。具有“国际化经验的特许人”通常和独立的经销商签订合同并对此进行投资。

主特许是美国特许体系进入国外市场的最常见方式。美国特许体系最先进入文化相似的国家。如果美国总部与国外市场距离过远，美国特许人将建立经销商。正如市场营销理论所阐明的，进入大的国外市场，特许人将更可能对经销商进入股权投资，而不是建立零售单元。特许经营的资本理论也得到证实，国外的国家当资本稀缺时，美国特许人更可能对他们经销商进行股权投资，在资本充裕的国家，美国特许人则更倾向于更多地依赖与经销商之间的合同关系（即采取合

①② Gamet - Pol, Francoise. Franchise Agreements within the European Community. New York: Transnational, 1997.

③ Dixie S. Zietlow. The International Distribution of Franchises by U. S. Franchisors. Presented at the 11th Annual Society of Franchising Conference March 1997.

同分销模式进行特许体系海外分销)。

Krista Duniach－Smith(2004)将国际特许方式分为:直接特许、国外直接投资、区域发展、区域代理、合资公司、主特许几种,并将影响模式选择的因素分为两个:环境因素和组织因素。①

三、受许人的权力

Shira B.(1999)的研究表明,在很多特许经营体系中,广告费的使用,由独立的特许人和受许人组成的委员会来决定,不同的连锁特许有所差异。在特许经营合同中,除了财务方面的约束外,还有标准化的约束。特许人有权更改这些标准,而为了确保受许人及门店经理遵守这些标准,特许人要求受许人及门店经理参加培训,这些培训往往持续时间很长,少则两周,多则三四个月,视业务复杂程度而定。最后,特许经营合同通常特别约定扩张和重建条件。特许人使用重建和扩张手段来惩罚那些违背特许人政策的受许人,奖励那些遵守政策的受许人。特许人组织(特许人社区)对特许体系施加了正式的和非正式的权力。②

在实践中,正式权力(否决权)和真正的投票权存在差异。在赛百味和汉堡王的例子中,来源于非对称信息的权力对受许人而言,比正式的权力更重要,因为正式的权力非常有限。令人惊奇的是,要控制正确的权力结构就要调整直营店与特许店(加盟店)的比例。在一个连锁体系中,特许店的比例越低,正式的投票权(否决权)就越有限。但是那些直营店与特许店比例高的连锁体系,有限投票权(否决权)并不是正式的。在KFC、必胜客特许体系中,有限投票权(否决权)在特许合同中是正式约定的。而在汉堡王(特许店的比例为93%),这项权力以非正式的形式存在。有限投票权(否决权)至少以非正式的方式存在,因为受许人认为拥有这样的权力理所当然。有限投票权(否决权)的实行有着强大的社会认同,那些违背这项社会认同的连锁店冒着巨大的风险。违背意味着不信任,将会给受许人带来巨大的伤害。

Shira B. 认为在纯粹的特许经营与纯粹的直营店之间是多店特许。虽然一些连锁店(如赛百味)强调夫妻店并拥有成千上万的特许店,而其他连锁店(如

---

① Krista Duniach－Smith. Entry Mode Choice: The Case of Franchising. Presented at the 18th Annual International Society of Franchising Conference Las Vegas, NV, USA, March 6－7, 2004.

② Shira B. Lewin－Solomons. Innovation and Authority in Franchise Systems: an Empirical exploration of the Plural Form. *Faculty of Economics*, 2000, http://www.econ.cam.ac.uk/index.htm.

必胜客）更偏好发展大型特许经营（Large Franchisees），每个大型特许经营都是“小型连锁”。多店特许的优势在于自下而上的决策更加容易。仅仅说服一个受许人，就能影响上百家门店。因此，多店特许在某种程度上一致性与自治权的权衡介于传统特许店和直营店之间。

总之，在连锁店采用直营和特许混合结构的模式中，特许店的比例越高，特许人通过特许人委员会获得正式权力就越高，他们将在新产品选择、广告费的使用中享有决策权。即使在正式权力不高的情况下，受许人也可以通过非正式的权力来行使自己的决策权。这逐渐成为社会规范，连锁企业不能轻易违背受许人的非正式权力。多店特许门店的权限介于传统上纯粹的特许经营与直营店之间，多店特许的受许人规模较大，同样面临连锁店直营模式的挑战。

四、实证研究

1. 多店特许的优缺点

（1）优点。Lowell 等人的研究（2006）提出多店特许（包括区域发展、主特许、区域代理、特许中介）这种特许技术是用来快速发展，利用他人资金、人员和本地影响，并在这几个方面寻求平衡。多店特许主要优点有：①抓住快速发展机遇；②使用别人资金和人力资源；③与他人平摊风险；④与他人分享利益；⑤增加思想源泉；⑥从特许费中快速获得潜在的现金流；⑦增加本地可信度；⑧增加本地市场知识；⑨增加本地竞争知识以及应对竞争的能力。[①]

（2）缺点。Lowell 等人（2006）认为多店特许的劣势是：①失去对强大合作者的控制；②管理和领导其他人可能更加困难；③部分利润流失；④对他人负有各种责任；⑤特许协议执行的潜在限制，特别是特许人不是合同一方的情况；⑥基本协议和协议涉及各方关系的复杂性；⑦涉及的公开文件内容及注册程序的复杂性。[②]

Michael Batton Kaput 认为多店特许经营策略给特许经营所有人都可能带来丰厚的利润，这些是多店特许的优势，但同时多店特许也具有很大劣势。结论如下：[③]

---

①② Bret Lowell, Esq. *Multiple – Unit Franchising: The Key to Rapid System Growth.* Published By DLA Piper Rudnick Gray Cary US LLP, 2006.

③ Michael Batton Kaput, Demand Media. The Disadvantages of a Multi – Unit Franchise. 2011, http://www.chron.com/.

高额融资——开办自己的事业需要一个信用额度、贷款或者另外一种金融投资，开办多店特许将能给个人带来更大的融资压力。通常特许人依靠个人的资产，如家庭。如果这些个人资产缩水了，或者丧失了，将影响多店特许员工的职业前景。另外，如果所有者第二个门店完全依靠第一个门店的抵押，那么这可能导致更难维持多店特许协议。除非第一个门店经营状况良好，否则第二个门店经营将是非常困难的，或者是不可能的。

过度扩张——单店特许所有人很容易过度扩张，这样将使产品和服务的质量不高。单店特许人的前景绑在一个门店上，而多店特许的所有人必须管理一系列的商业。一个门店的失败，以及金钱与时间投入的保证，都将转移所有人在另一个门店运营上的注意力。在多店受许人运营多个品牌的情况下，尤其如此。

入门困难——对公司来讲，多店特许是一种流行的、有利可图的商业实践。对那些拥有大量特许经营门店的所有人，也是如此。但是对那些特许经验不足的潜在所有者，即使拥有充分的成功技能，追求多店特许的趋势将使得他们更难进入这个商业。多数公司在内部寻找成功的单店特许所有者或者已经在该公司工作的个人。对多店受许人在规章、背景调查和融资限制方面，都比对单店特许人更严格。

总之，这些研究从优缺点的角度对多店特许现象进行了探讨，如特许经营者为了快速抓住市场机遇，增强本地适应能力，也可能出现失控的风险等。这些分析是一种初步的分析，没有指出优缺点背后的深刻原因。实际上在优缺点方面，多店特许与单店特许，有些是共同的，只是程度不同，如在本地适应性方面，多店特许可能具有更强的适应性。

2. 多店特许主体动机

Marko（2005）的研究显示虽然多店特许在美国是一种主流的特许经营模式，但是参与多店特许的特许人和受许人双方的动机仍然处在争论之中。① 该研究表明一些受许人，特别是一些经营区域开发的受许人，把多店特许看成是一种投资，而另外一些受许人，特别是采取顺序多店特许的经营者把特许经营看成是实现个人创业的机遇。

（1）特许人动机。多店受许人的门店地理位置特征——Arturs Kalnins 和 Francine Lafontain 通过对德克萨斯 1980 ~ 1995 年几个全美大型快餐连锁店的调查，用经验的方法检验了多店特许的范围，并发现了受许人被分配的特许门店的特点，即新开业的门店通常分配给周边已开业的门店店主，本地以外新开业的门

① Marko Grünhagen, Robert A. Mittelstaedt. Entrepreneurs or Investors: Do Multi - unit Franchisees Have Different Philosophical Orientations? Journal of Small Business Management, Volume 43, Issue 3, July 2005: 207 - 225.

店通常分配给有类似地理特征的特许门店经营者。①

特许人视情况选择特许方式——V. K. Garg, A. A. Rasheed 解释特许人对特许体系组织形式的选择。② 当特许人追求不同的优先级、不同的相关代理问题，将促使他们从多种特许组织形式中做出选择。该研究检验了特许人基于他们的成长目标、统一性和本地响应对组织形式的选择。结论显示：那些强调成长的特许人更可能使用多店特许方式，而不是单店特许方式；在多店特许方式中，他们更可能使用区域发展特许，而不是增量特许（Incremental Franchising）。强调统一性的特许人（而不是强调增长）更可能使用区域发展特许，但是那些强调本地响应的特许人更可能使用增量特许。

澳大利亚特许人采用多店特许扩张的动机——Scott Weaven、Lorelle Fraze 从扩展资源限制、效率、代理理论解释了特许人的组织选择，研究表明特许人鼓励受许人次系统的发展，因为它具有战略、操作和绩效的优点。研究选择的因素包括：代理成本最小化、系统幅度一致性、特许体系品牌价值、奖励策略、次系统门店地理位置的接近情况、内部系统竞争，这些都是重要因素。次重要因素包括：所有权变更、系统适应性、本地市场变革和特许机会动机。该研究收集了 23 个特许体系的数据。③

（2）受许人动机。不同于单店特许的行为动机——Scott Weaven 和 Lorelle Frazer 认为传统的单店特许，一个特许体系是一个垂直的市场化网络，品牌建立起来了，有消费者跟随，同时还可以保持独立并得到特许人的资金支持，包括在开业和运营两个阶段，因此受许人有其积极性。但是多店特许在他们的经验、哲学导向（Philosophical Orientations）和期望方面，都跟单店特许不一样。④ 半数以上的被调查者认同他们负责更多的门店比只拥有单店的人具有更大的权力。多数被调查者认为拥有门店的多少与集体决策无关，因为一个受许人只有一张投票权。此外，多数受许人相信通过金融机构或者特许人获得资本和资源是受许人考虑加入多店特许的重要决策因素。其中 8 个受许人表示拥有多个单店，可以分享专业管理经验。那些拥有大量资金的受许人强调扩张门店数量，早期的经营经验是投资决策的重要考虑因素。他们认同特许经营是一种分散风险的手段。所有受许人都认为获得更多的单店，是一种限制本地竞争和在相邻位置共享营销活动的

① Arturs Kalnins, Francine Lafontaine. The Characteristics of Multi – Unit Ownership in Franchising: Evidence from Fast – Food Restaurants in Texas, NBER Working Paper No. 5859, Issued in December 1996, http://www.nber.org/papers/w5859.

②③Vinay K. Garg, Richard L. Priem, Abdul A. Rasheed: Does Multi – unit Franchising Aid Differentiation? . Presented at the 22th Annual International Society of Franchising Conference, Saint – Malo, France, June, 2008.

④ Scott Weaven, Lorelle Frazer. Multiple Unit Franchising: Australian Revelations. Presented at the 18th Annual International Society of Franchising Conference Las Vegas, NV, USA, March 6 – 7, 2004.

方法。

从受许人创业精神的角度解释——Alex Maritz 和 Ravi Bhat 认为多店特许对国际特许增长贡献很大，并列举了其他研究者对这个问题的看法，如动态的创业能力扮演了催化作用，多店特许的创业精神导向将特许经营与新市场逻辑的建立连接起来。[①] 而且，特许体系中的创业能力与专业技能和知识的应用是相关的。从单店特许到"多店特许的运动以及体系受益"，反映了经营过程、交易技巧、消费者价值涉及的服务，三者动态的交换关系。因为特许体系是一种分销和扩张，它对市场战略和策略有直接影响，特许体系的市场开发者应该从以顾客为中心的视角来看以服务为中心的逻辑。因此，这涉及接近顾客的举措，如顾客反馈和受许人与顾客的沟通渠道，而不是物质的资源（不能作为接近顾客的举措）。更重要的意义是特许与创业精神的联系。作为一个扩展机理，展现出创业精神，对特许人引进受许人来说是非常有益的。这些受许人是多店特许的催化剂。其他的意义还有"成为多店特许受许人"对受许人的激励作用，等等。

3. 单店特许与多店特许比较研究

JL Bradach 认为连锁组织必须面对四个主要的管理挑战：单店增长、标准化、本地响应、系统的广泛适应性，他从四个方面分析得出结论：多店特许与单店特许相比，有一些明显的优势。[②]

Pizanti 和 Lerner（2003）指出，在学术文献中存在特许人的控制与受许人的自治的争论。从特许人的立场来看，特许协议意味着对品牌的保护和稳定性的维护；从受许人的角度看更多的自治协议强化了本地的适应能力，满足了国内需求。[③] HR Lozada 等人同意过度控制或者过度自治都不利于生产率的提升，并且是负面的。迄今为止的实践表明，特许人的控制存在局限性，如监督能力。[④] 因为这个局限，受许人可能享受事实上的自治，特别是需要在一定程度分散位置建立特许经营的环境中。次特许经营通常扮演着一个独立市场代理人的角色，负责他所在地区人员招聘和对受许人的持续支持。

Jean – Sébastien Verwaerde 的研究回答的问题是：单店特许人眼中观察到的特

---

① Alex Maritz, Ravi Bhat. *A Multi – unit Franchising Perspective of the New Dominant Logic for Marketing*, 2006.

② JL Bradach, Chains within chains: The role of multi – unit franchisees. Franchising: Contemporary Issues and Research, 1995.

③ Pizanti, I. and Lerner, Examining Control and Autonomy in the Franchisor – Franchisee Relationship, *International Small Business Journal*, 2003, 21 (2): 131 – 59.

④ Héctor R. Lozada, Richard J. Hunter, Jr., Gary H. Kritz, MASTER FRANCHISING AS AN ENTRY STRATEGY: MARKETING AND LEGALIMPLICATIONS, *The Coastal Business Journal*, Volume 4, Number 1, 2005.

许优势与多店特许人眼中察觉到的特许优势各是什么。为了回答研究的问题，该研究者选择已有研究提出的特许经营对企业家的七条优势：减少风险、实现企业家抱负、为家庭成员提供工作、减少家庭冲突、期望收益回报、特许人支持和受许人的独立及权力。①

Weaven 和 Frazer（2006）检验了单店特许及多店特许的优越性的差异，该研究是解释性研究，需要经验的支持。与单体特许相比，多店特许虽然成为一种流行的特许形式，但是对两者辨别方面的研究还很缺乏。该书基于近期文献选择了十个特许优势，来考察单店特许和多店特许两类特许的潜在差异。② 相比之下，多店特许的价值更多地体现在以下几方面：①通过资金风险的分担来减少风险；②初期支持；③持续支持；④与单店特许相比，能依靠特许人更大的力量（Power upon Franchisors Compared to SUFs）。另外，单店特许价值更高体现在：通过减少家庭冲突来降低风险。单店特许与多店特许具有差不多的价值：①通过减少需求不确定性来降低风险；②实现企业家抱负；③雇佣家庭成员。

Dildar Hussain，Josef Windsperger 的研究旨在解释特许人选择单店特许和多店特许的问题，该研究用到了案例分析来比较理论和经验的治理形式，并选择了奥地利的两个多国特许网络作为研究对象，他们发现特许人的多店特许策略能够用监督成本、受许人专用投资、特许系统专用资产以及特许人金融资源的稀缺性来解释。③

Grunhagen 的研究（1999）从受许人的角度，对多店特许与单店特许进行了比较，评估多店特许方式的优点，检验了美国国内快餐行业的多店特许现象。主要的发现如下：④ 单店特许的受许人与多店特许的受许人有巨大的差异，他们成为受许人的原因不同，除了单店特许的受许人决策天真外，很多单店经营者的投资动机更大一些。单店经营者与区域发展商，他们在加盟特许经营前所具备的经验、期望的规模效益、期望参与决策、期望盈利，这些方面并无实质的差别。

至于顺序多店特许的受许人与区域发展商，Grunhagen 假设：顺序多店特许

① Jean – Sébastien Verwaerde. Single versus Multi – unit Franchising: Franchisee Perceptions. Master's Thesis, September 2009, 52.

② Scott Weaven, Lorelle Frazer. Multiple Unit Franchising: Australian Revelations. Presented at the 18th Annual International Society of Franchising Conference Las Vegas, NV, USA, 2004.

③ Dildar Hussain, Josef Windsperger. Multi – unit Franchising: A Property Rights View. Presented at the 24th Annual International Society of Franchising Conference, Sydney, Australia, June 8 – 9, 2010.

④ Grunhagen, Marko H., Ph. D., The University of Nebraska – Lincoln. Single – unit versus Multi – unit Franchising in the United States fast – food industry: A comparative analysis from the franchise perspective 1999, 196 pages.

的经营者显示出更多创业精神的动机，而区域发展商更多地显示出独立投资者的行为。顺序多店经营者看到在他们自己系统中传播更多信息的机会，并且对他们自己的专业知识有更大的信心。与该研究者事先的假设相反，在创业精神和投资动机方面，多店特许与区域发展并无差别。个人财富的投入比例可能说明了不同受许人之间的差异。

4. 国内学位论文的研究

张驰、黄鑫（2005）提到所谓区域特许经营（Master Franchise）——从众多文献看应称之为主特许经营，主特许人、次特许人和次受许人三者间形成了较为稳定的两层契约关系，通常称为三级两层法律关系，① 见图 2－1。

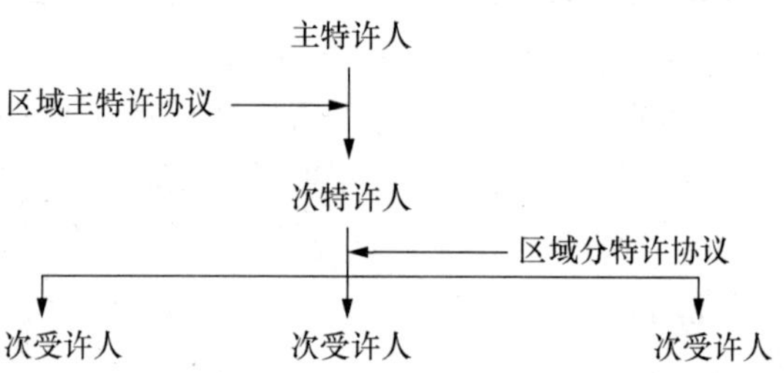

图 2－1 主特许的三级两次关系

资料来源：黄晓燕．主特许经营模式研究［D］．对外经济贸易大学，2006.

黄晓燕（2006）认为主特许经营是一种新的特许经营模式，即在主特许经营协议中，特许人授予主特许人在某一特定区域内独占的、自己开设特许店或向被特许人出售次特许的权力。② 该作者通过比较分析以及对 21 世纪不动产的案例分析，指出主特许经营是一种三层结构关系，即特许人、主特许人、被特许人构成了三方主体。

方晓丽（2004）认为特许经营企业进入中国的方式有很多，不同的方式有其各自的优势和劣势，相应地，各种模式也有其适用的范围和领域。国际特许经营企业在选择进入中国市场的最佳模式时，要比较研究各种模式的优点和缺点，同时结合自身的实际情况，扬长避短。③

① 张驰，黄鑫．区域特许经营结构和责任探析［J］．华东政法学院学报，2005（2）.

② 黄晓燕．主特许经营模式研究［D］．对外经济贸易大学，2006.

③ 方晓丽．国际特许经营企业进入中国市场模式比较研究［D］．对外经济贸易大学，2004.

五、进一步的理论解释

1. 代理理论与国际特许

Anne Marie Doherty 和 Barry Quinn 认为从代理人的观点来看，国际零售商越来越多地利用特许经营的手段进入国外市场，然而国际零售特许缺乏一个能够解释产生这些活动的主要因素的概念基础。① 代理理论以及它主要的信息不对称假设、监督成本、道德风险、机会主义被引进来初次尝试为这个概念鸿沟提供桥梁。该论文在解释代理理论之前，回顾了国际零售级特许研究的文献，再者，讨论了代理理论如何能够解释零售公司的国际特许活动中的主要因素，比如国际零售特许过程和国际零售特许系统运营的问题。

2. 代理理论及国际化的解释

Y. Paik 认为受限于数据，在特许经营的经验性文献中，特许人对本国以外订立合同的实践只能是有限的关注。② 该文开发的最新集合数据不仅能够描绘美国和加拿大特许人在墨西哥订立合同的实践，更重要的还可以将这些实践与国内的同行进行比较。文章简明系统地回顾了研究特许人国内和国际特许运作最常用的两大理论框架，即代理理论和国际化理论，文章运用这两大理论来指导分析。聚焦于特许人在墨西哥市场的决策上，以及与他们在国内市场相比较而言，他们以直营或者特许方式进入的倾向性。最后对他们特许合同中的会员费、特许费和广告费，在墨西哥市场和美国国内市场进行了比较。研究的经验性结论证实了两大理论解释，特别是在进入墨西哥问题的决策上。但是，Y. Paik 他们发现一些令人吃惊的事，如很大部分的美国和加拿大特许人在墨西哥市场使用和美国国内市场同样的收费方式订立合同。该文采用在特许经营文献中同样的参数，提出的倾向性可能最好地解释了美国国内市场合同一致性的现象。

3. 集体行为和社会选择的解释

集体行为和社会选择治理安排可能尤其适合考察多店特许现象。Olison 在 1965 年提出的随着群体的规模的增加，增加了集体失败的可能性，并且导致公

---

① Anne Marie Doherty, Barry Quinn. International Retail Franchising: An Agency Theory Perspective. *International Journal of Retail & Distribution Management*, 1999.

② Yongsun Paik, David Y. Choi. Control, Autonomy and Collaboration in the Fast Food Industry, International Small Business Journal, October 2007 Vol. 25, No. 5: 539 - 562.

共产品供给不足。[①] 但是，如果是一个特权群体比一个潜在的或者刚出现的群体更有特权，这个效果会被削弱。应用商业形态特许逻辑，单店增加会导致集体行为问题，因为更多的单店和更大的刺激产生了"搭便车"问题。如果受许人公共产品存在，那么公共产品比一定数量的受许人增加而愿意提供的要少。但是，如果一个受许人足够强大，这整个实体就更像一个特权群体。因此，在一个群体中出现一个大的受许人，解决公共产品问题的概率就增加了。因为"本地市场或广告促销"很可能是公共产品，并且其他受许人群体的公共产品也可能存在，一个较大的特许人出现增加了公共产品供给的机会——理想的公共行为将会发生。

社会选择问题同样给出了多店特许存在的一种解释。如果要防止决策中异质偏好的发生，或者要存在稳定的策略，如在几个"选择中采纳某种类型的产品，或者广告活动的规模和主题"，那么一个独裁者是唯一的解决方案。Miller（1992）认为，那种情况下，一个办法就是将单店所有权给一个所有者，这个所有者实际上就成为这个特定地区的受许人。[②] Bradach（1998）观察到多店特许倾向于模仿连锁管理的层级与这种解释当然是一致的。如果社会选择问题导致多店特许，那么我们就能可能发现多店特许潜在受许人偏好异质的情况存在。[③]

4. 合作与自治

Y. Paik（2007）在快餐业中检验了美国的国内、国外对美国特许人施加的控制力与给予受许人自治程度之间相似和差异情况。[④] 在深入考察 McDonald、Subway、Papa John 和 Domino 这几家快餐特许经营品牌的特许人代表、受许人的基础上，在比较美国、冰岛、爱尔兰、英国、比利时及北爱尔兰快餐业中"特许人—受许人"的关系上，进行了开拓性研究。从访谈中发现国际受许人倾向于比美国合作伙伴有更多的自治，特别是在涉及本地化市场决策方面，以及在他们获得良好业绩，或者是主特许经营的受许人的情况下。另外，有经验的国际受许人要求自治的可能性较小，而有经验的美国受许人则追求更多的自治。有趣的是，处在艰难时期的国际特许人和受许人，倾向于合作而不是对控制权和自治权的争夺。

5. 从经济学角度的解释

The Franchise Hound 公司给出了多店特许相对单店特许，创业型特许所有人（受许人）获得的利益，主要体现在以下四个方面。[⑤]

（1）规模经济。最大的利益是经营多个门店具有规模经济，公司在成长中

① Olson. The Logic of Collective Action. Harvard University Press, Cambridge, 1965.

② Miller. GJ. Managerial Dilemmas. Cambridge University Press, Cambride, 1992.

③ Bradach. Franchise Organisations. Boston: *Harvard Business School Press* J. 1998.

④ Yongsun Paik, David Y Choi. Control, Autonomy and Collaboration in the Fast Food Industry, *International Small Business Journal*, October 2007 Vol. 25, No. 5: 539 - 562.

⑤ 4 Benefits to Multi - Unit Franchising, 2011, http: //thefranchisehoundcom/.

也获得了成本优势。例如，某些特许体系需要用客货车在不同地点之间运输材料，只有一个特许门店的话，客货车就只能给一个门店使用，但是如果是多个门店，客货车就可以在全部门店范围内使用，因此运输成本被分摊了。又如，职员方面，随着门店的增加，无论固定的职员还是管理人员都能在你开的任何一个门店工作，因此所有门店共同分担了这个可变成本。

（2）区域保护。除了成本增加更均匀以外，多店特许经营另一个优点跟地域相关。一些情况下，特许人将给予潜在受许人以一个价格购买整个区域的特许经营机会。拥有区域授权，能够防止受许人的利益不会受到同一个品牌受许人未来对市场的蚕食。除了地区安全性外，初始的加盟费也随着门店数量的增加而减少。

（3）熟能生巧。受许人从熟练中受益。每个特许经营品牌都有在新地方开店的流程，当受许人顺利开办了第一个门店，如第一个 Subway 门店（美国快餐店），他（她）就彻底明白了开设第二门店的整个必要程序。这同样减少了初期投资，因为不用再犯第一次开店时遇到的错误。

（4）市场效果。另一个多店特许相关的特点是市场活动，广告可以在一个地区范围内使用，这样将大大节省了成本。假设一项有效的市场活动发动起来，那么每个美元的广告投入，受益将立刻延伸到每一家门店。

总之，这些理论，如代理理论、规模经济等理论，是学者们用来解释直营连锁以及单店特许的理论。但是国际化理论、社会学、集体选择理论，是用新的理论来解释多店特许现象。这些分析，还不能清晰地说明多店特许现象的形成及运营机制。

六、现有研究者对多店特许的回顾

多店特许经营现有文献研究的焦点及主要理论见表 2－1。

表 2－1 多店特许经营现有文献研究的焦点及主要理论

研究	研究焦点	应用理论
Bradach（1995）	体系成长，一致性，本地响应	公司理论，代理理论
Kaufmann and Kim（1995）	体系成长，体系效率	交易成本理论，公司理论
Kaufmann and Dant（1996）	体系成长，承诺	资源约束理论，代理理论
Dant and Nasr（1998）	信息分享	代理理论，权力理论

续表

研究	研究焦点	应用理论
Dant and Gundlach (1999)	依赖，自治	依赖理论，自治理论，代理理论
Grünhagen and Mittelstaedt (2002)	决策参与，规模经济	权力理论，依赖理论，公司理论
Weaven and Frazer (2003)	合作程度，门店受许人参与，经验，冲突，体系成长，连续性，财政奖赏，代理成本	代理理论，交易成本，冲突理论，资源观点，公司理论
Kalnins and Lafontaine (2004)	距离，连续性，人口，受许人特征	代理理论，战略进入，威慑理论，权力理论
Garg et al. (2005)	组织形式，体系成长，本店相应，一致性	代理理论
Grünhagen and Mittelstaedt (2005)	创业动机，受许人类型	资源约束理论，代理理论
Garg and Rasheed (2006)	卸责，逆向选择，信息流，风险承担无效，“搭便车”，准租侵占	代理理论
Weaven and Frazer (2006)	动机差异，评估特许机遇	动机理论，依赖理论
Dant et al. (2008b)	人格特质，性别影响	人格理论，关系交换理论
Hussain and Windsperger (2010)	整合理论框架，体系成长	包括交易成本、代理理论等六种理论

资料来源：Rajiv P. Dant & Scott K. Weaven & Brent L. Baker & Hyo Jin (Jean) Jeon. An Introspective Examination of Single - unit versus Multi - unit Franchisees. Academy of Marketing Science 2011.

其他研究者也对多店特许文献进行过回顾，如 Rajiv P. Dant 等人做过这样一项研究，见表 2 - 1。作者 Rajiv P. Dant 等人试图将多店特许的各种理论整合在一起，并对单店特许与多店特许进行比较。应当说，回顾多店特许的文献仅十篇是不够的，不足以说明多店特许现有的研究状况。

七、本章小结

近些年多店特许在实践得到很大发展，它成为特许经营新的发展趋势。研究者，特别是国外的研究者，对这个现象进行了很多研究，并且涉及面多，问题探讨也很深刻。但是从目前的文献来看，这些研究存在以下五方面的不足：

第一，这些多店特许经营的研究，绝大多数将特许体系的国内扩张与国际扩张分割开来，实际上两者都是市场扩张的方式，而且主特许、区域发展、区域代理、特许中介等这些方式，在国内和国外两个市场往往具有同样的含义。这种分割式研究存在很大的局限性。

第二，研究者对多店特许的实证研究，主要是将多店特许与单店特许进行比较，而实际上多店特许应该与特许体系的分支机构相对应。单店特许是特许体系规模较小的时候，总部直接对门店经营者进行特许，随着特许体系的扩张，出现了特许体系的分支机构（或者特许体系中间层），多店特许是作为特许体系分支机构替代者的身份出现的。

第三，代理理论是研究特许经营的传统方法，特许经营这种商业模式解决了直营连锁的一些委托—代理问题，特许经营得到了广泛发展。用代理理论来解释多店特许现象的研究很少，必须明确代理理论解释多店特许，是解释多店特许的哪一层关系。

第四，现有的理论基本是针对特许经营做的一般性解释，而针对多店特许经营发展起来的理论非常少见，实际上传统解释特许经营的理论，在结合本书内容的基础上（即本书提出的多店特许的概念等内容）可以解释一些多店特许的现象。

第五，分析多店特许经营，还没有形成一套完整方法。大多数研究者集中在实证研究上。目前，对多店特许经营的理论解释有两种情况，一种是以集体行为和社会选择理论为代表，另一种是用代理理论和国际化的理论解释国际特许现象。

因此，站在特许体系的角度，需要有一套分析框架，对一般的多店特许现象进行深入研究。这套框架应该包括多店特许的基本概念、分类、分析方法等方面。

第三章　多店特许的概念

本章主要讨论中间层的出现、多店特许的定义、新西兰市场特许体系的例子、国际许可、国际特许与多店特许、几种典型的多店特许含义等几个问题。要对一个对象或者现象进入深入研究，首先要对这个对象进行定义。多店特许的定义是本章讨论的核心问题，也是本书其他内容的基础。多店特许的概念，将人们识别和实践的各种多店特许形式抽象为一个整体，既包括了现有的典型多店特许形式，也包括灵活变换的非典型的形式。

一、已有的描述

对多店特许最基本的认识是受许人经营两家以上门店的现象，扩展一点的看法为多店特许包括顺序多店特许和区域发展两种形式。一些学者提出了多店特许的几种形式。Kaufmann and Dant（1996）认为多店特许现象可以分为两种类型，即顺序多店特许和区域发展多店特许。① HR Lozada（2005）认为主特许经营有三种类型的协议：地区发展协议、主特许协议、合资特许经营。② Lowell（2006）等人提出多店特许经营包括以下四种类型：区域发展、次特许经营、区域代理以及特许经纪人，多店特许就是指的上述这几种特许技术，用来建立开设多家门店的关系。③ 由此可见，“多店特许”在学术上还没有一致的定义。

---

① Patrick J. Kaufmann, Rajiv P Dant. Multi - unit Franchising: Growth and Management Issues. *Journal of Business Venturing*, *Volume* 11, Issue 5, September 1996, Pages 343 - 358.

② Héctor R Lozada, Richard J Hunter, Jr, Gary H Kritz. Master Franchising as an Entry Strategy: Marketing and Legal Implications, *The Coastal Business Journal*, Volume 4, Number 1, 2005.

③ Bret Lowell, Esq, Multiple - unit Franchising: The Key to Rrpid SysTem Growth. Published By DLA Piper Rudnick Gray Cary US LLP, Distributed By International Franchise Association, 2006.

二、中间层的出现

一个特许体系从诞生到完善有个发展过程，这期间特许体系从不成熟到成熟，市场规模和地理范围由小变大。刚刚开始，特许体系规模并不大，仅在一个小的市场区域里有若干个门店，在这个市场上特许人（很小的组织）直接向受许人出售特许经营权。那个时候，特许体系规模小，简单的组织结构就能够对其进行管理。招募潜在受许人、对受许人支持服务、监督管理受许人等事务，都由特许人独立完成。

随着特许体系逐渐成熟，特许经营门店规模扩大了，突破了原先的地域限制，特许体系走向更广泛的地理区域，以追求更大的规模优势和更多的利润。这时，特许人自己同时面对众多受许人，包括招募、培训、服务及监督活动，这些都由特许人亲自来做，特许人感到力不从心，他们不得不将自己的市场划分若干区域，在各个区域内成立办事处、分公司或者子公司，由这些特许人内部的二级机构（即分支机构）直接管理某个区域市场。特许人的组织，从原来单一的组织形式演化为特许总部及分支机构两层组织结构。

特许人的分支机构，对特许人发展特许体系来说，起到了积极作用。但是，当特许人缺乏本地资源以及存在总部监督和激励分支机构的问题时，特许人只能考虑其他方式来改善特许体系的组织效率。寻找本地合作伙伴，是一个好的思路。本地合作伙伴，有资金、有本地资源，他们如果替代特许人在该地的分支机构，监督、激励的问题就变为合作伙伴的自我管理问题。这种方式下，众多分散的受许人也实现了某个地区的自我管理。

并且，本地合作伙伴，天生就带着不同于特许人分支机构的特质，他们禀赋不同，特许体系要满足本地个性化需求，对特许体系进行调整时，本地合作伙伴体现出更大的优势。这是因为，在一个特许体系发展过程中，模仿者不断进入市场，市场竞争加剧，本地的个性化尤为重要。个性化需求源于特许体系的扩张进入新的市场时新旧市场需求差异大。此外，个性化的需求还可能是消费需求本身在发展变化，只不过变化是渐进式的。本地合作伙伴更熟悉本地市场，拥有本地资源，他们对特许体系进行的改造和调整，更具有本地化特征。

至此，一个特许体系，从简单的小市场直接特许，到由分支机构负责某个区域市场，再到特许人总部寻找本地合作伙伴替代分支机构，特许体系已经演化出了“中间层”。这个中间层，包括特许人自己的分支机构，以及特许人的本地合作伙伴两种形式。中间层的出现，适应了特许体系标准化和个性化的双重要求，突破了特许体系发展在资本、资源和管理上的约束，支持了特许体系更大范围、更快速度、更高层次的发展。

三、多店特许的定义

1. 多店特许的概念体系

多店特许就是特许体系中间层的一种形式，特许体系的中间层包括特许体系的分支机构和多店特许这两种形式。一个特许体系，在规模扩大后，不可能由总部对单个门店所有者进行直接管理，因此中间层是特许体系发展的必然结果。事实上，那些采取分支机构管理众多单店受许人的情况，一则成本过高，二则受许人处于事实上的自治状态，这种自治状是大量分散的单店受许人的自治状态，在这种状况下就出现了公共产品供给不足和决策困境的问题。除非是特许人增加分支机构的管理力度，增强分支机构对公共产品，包括服务支持的供给，这样做的代价是极高的财务成本和时间成本。

作为分支机构的替代方式，即特许体系另一种中间层形式，多店特许的出现则克服了很多问题。多店特许的受许人处在特许人与终端门店中间，起到了承上启下的作用，即与特许人形成密切的合作关系，同时又对众多门店拥有所有权（多数情况拥有门店所有权），熟悉本地市场，门店经营管理能力较强。多店特许解决了区域内服务支持等公共产品的供应不足的问题，也解决了集体决策困境的问题。此外，多店受许人具有单店受许人不具备的很多优势，如在资本能力、本地资源、经营管理能力等方面。

多店特许作为特许体系的中间层，无论是在国际市场，还是在国内市场扩张，两者并无本质的不同，多店受许人都是作为特许人的本地合作伙伴，作为特许体系的中间层出现。在国际扩张中，因为市场的差异、风险的存在，特许人更倾向于多店特许方式，即在东道国寻找合作伙伴，而不是采取直接投资建立分支机构，再采取直营或单店特许的方式进行。国际市场与国内市场相比，只不过市场差异更大一些。

一个特许体系在差异性非常大的国内市场，也同样碰到这样的问题，如在中国大陆，一线城市与二线城市差别大，东部城市与中西部城市差异大，甚至南方市场与北方市场都存在较大差异，因而一些国际特许体系进入中国市场，在不同的市场分别寻找合作伙伴，将不同地区特许经营权出售给不同的合作伙伴。这就好比特许体系国际扩张，在那些文化或者地理上相近的国家，扩张可能采取直接特许的方式，即通过特许体系的分支机构进行。

关于特许体系中间层的概念，还会在后续章节深入讨论。因为有关多店特许的其他一些问题，如多店特许的分类，多店特许的影响因素，这些相关的问题还没有展开，因此对多店特许的中间层先讨论这些，也就是从概念的层面先提出来。要刻画多店特许的特征，需要从向上关系、向下关系两方面来阐述，见图3-1。

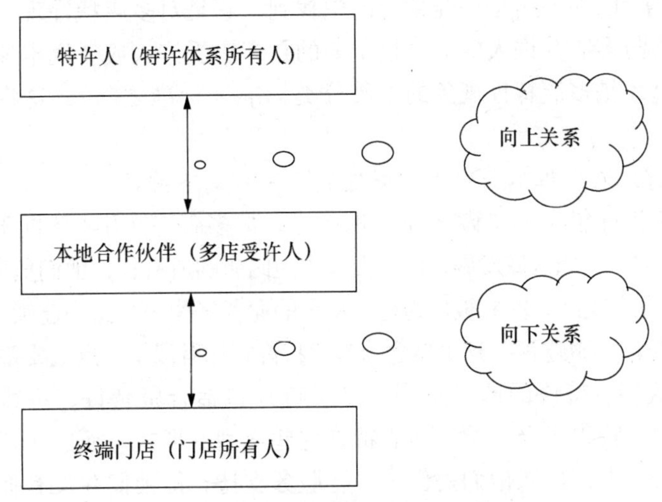

图3-1　多店特许实体与关系示意

2. 特许人与多店受许人之间策略联盟关系——向上关系

特许人与多店受许人之间的关系，可用策略联盟的关系解释。特许人进行市场扩张，往往碰到在某个市场缺乏独特资源、开发资本、本地知识以及经营管理能力等"瓶颈"，这时借助本地合作伙伴的力量，可以弥补自身不足，增强发展力量，快速而有效地抓住市场机遇。特许人与本地合作伙伴之间是长期而持久的合作，因为开发周期长，存在风险，长期的合作能照顾双方的利益。双方之间是一种相互依赖关系，特许人依赖多店受许人，多店受许人依赖特许人。特许人与多店受许人之间的关系，不是单纯的合同约束，双方是战略合作，遵循一些原则性的东西。策略联盟的关系建立在两个独立组织之间的信任关系上。多店特许的这些特点都符合策略联盟的特征。

特许人与多店受许人的关系是多店特许现象各种类型划分的出发点，即各种不同的多店特许现象可以依据特许人与多店受许人的关系来划分。特许人给予多店受许人一个区域的特许经营权，这个关系就限制在这个区域，特许人授予这个受许人区域拥有门店的特许经营权，是区域发展这种方式的条件。如果不允许多店受许人拥有该区域门店的所有权，而要求该区域的多店受许人以发展特许经营为主，那么这里的受许人可能是区域代理。主特许、合资特许等其他多店特许形式，其现象识别的标准，都是在特许人与多店受许人这层关系中确定的。而多店受许人与终端门店的关系，是由特许人与受许人的关系决定的，但是有些形式的多店特许，多店受许人有一定的灵活性，即可在多种形式中进行选择，或者以直营店为主，或者以特许门店为主。

这里说的特许人与多店受许人的关系，是一般性的描述，是一种具体的现象，这些关系可以在多店特许经营合同中找到，它是对多店特许现象类型的直接划分。特许人与多店受许人的关系最主要的是多店受许人或者说本地合作伙伴的管理权限，这才是多店特许现象的本质分类标准（标准之一），这将在本书第四章详细论述。

3. 多店特许包含但不等同于“微连锁”——向下关系

虽然多店特许包含了“微连锁”的关系，但多店特许并不等同于“微连锁”。某些多店特许方式，如区域发展，他们拥有本地门店的所有权，他们负责开发本地市场，自己提供服务支持，因此被认为他们从事的业务好像一个微型连锁。从特许体系中间层的角度看，“微连锁”这个概念与多店特许相比有以下三点主要差异。

（1）涵盖多店特许的形式不同。多店特许包括合资特许、主特许、区域发展、区域代理、特许中介、顺序多店特许这些典型的形式。而区域代理、特许中介这些多店受许人，虽然他们提供了一些服务支持，但他们并没有拥有门店的所有权，不负责门店的经营管理，也不能向潜在的受许人出售特许经营权。可见，这些形式的多店特许并没有形成“微连锁”，如果用“微连锁”的概念替代多店特许，一些典型的多店特许方式就没有被纳入进来。而且“微连锁”并没有将直营和特许区分开，也没有考虑到多店受许人拥有的直营店与特许店比例关系上的差异，如在合资特许和主特许中，多店受许人可以拥有直营店，也可以发展特许店，两者的比例视具体情况而定。多店受许人发展直营店和出售特许经营权，性质上差异非常大，因此统称为“微连锁”，并不能充分揭示多店特许的本质。将这种情况称为“微特许”，应该更贴切。在不属于“微连锁”的多店特许方式中，多店受许人实际上在其他方面起到了作用，如作为特许人的外包商角色，为特许体系提供培训、市场调查、门店交易等服务支持。

（2）将多店特许看成“微连锁”、“微特许”，含义并不完整。一个特许体系，包括向最终门店经营者提供产品、服务和商业模式，多店受许人的“微特许”，其产品、服务和商业模式将和特许人是一致的。这个“微特许”的商业模式，与特许人的特许体系是一样的。特许人只是将一定期限、一定区域的特许经营权出售给多店受许人，但是多店受许人针对商业模式的改造和调整，应该得到特许人的同意，否则特许人的品牌将受到非统一性的冲击。这个在许可方式下，是没问题的，但是以特许方式扩张，特许人必须对受许人进行控制，多店受许人对特许体系的改造也是受到控制的。这与独立的小型、微型特许体系是不同的。因此，“微连锁”、“微特许”与终端门店的关系，不可能像独立特许体系那样具有独立性、持久性和变革的可能性。从这个意义上讲，称为“微连锁”不如称为“子连锁”或“子特许”。问题的关键是必须要把特许人与多店受许人之间的关系考虑进来，显然“微特许”、“微连锁”没有考虑这层关系。

（3）特许体系的多店受许人提供了特许人所不具备的一些资源和能力，这些资源和能力，不单纯对单个的门店经营有利，对特许体系的建设也起到了积极作用。多店受许人拥有了更大授权，在特许人的标准之外，还有自己的门店标准，这是特许体系建设的一个方面。多店受许人借助自己的独特资源建设特许体系，使得特许体系注入了新鲜血液和新的活力。例如，经营多个品牌的多店受许人，不同品牌在服务设施和机构方面，可以实现复用；管理人员可以在不同品牌门店之间轮换，从而使得不同特许体系（特许品牌）的管理方法和经营理念在门店层面实现了流动。因此，这个“微连锁”，完全不同于一般独立的连锁体系，而是在继承特许人特许体系，并结合多店受许人自身特点，形成的新连锁。这一点或许可以解释多店特许比传统的单店特许或者其他市场独立的微型连锁体系，经营绩效可能更好。

4. 多店特许的定义

（1）多店特许的定义。多店特许与特许人本地合作伙伴是等价的概念，是在一个特许体系发展到一定阶段，在特许体系总部与终端门店之间产生的一层实体，即特许体系中间层，它是作为特许人分支机构（简称分支机构）的替代者身份出现的。特许体系中间层（简称中间层）包括多店特许与分支机构两种形式。它包括三个主体——特许人、本地合作伙伴（包括多店受许人）和终端门店以及两个关系——中间层的向上关系（简称向上关系）、中间层的向下关系（简称向下关系）。

多店特许包括两层关系：向上关系——特许人与多店受许人的关系，向下关系——多店受许人与终端门店的关系。这里的向上关系和向下关系，是以合同或者资本为纽带形成的经济关系和法律关系，是一个特许体系生产与服务过程分工与合作的体现。分工与合作的承接主体是特许人、本地合作伙伴与终端门店。分工与合作的内容可划分为：特许体系门店运营（简称门店运营）、特许体系市场开发（简称市场开发）、特许体系建设（简称体系建设）以及特许体系服务支持（简称服务支持，包括招募、培训等）几个方面。①

---

① Dianne H B Welsh, Ilan Alon, Cecilia M Falbe 提出了由 marketing, branding 和 operations 组成的体系模型，见 An Examination of International Retail Franchising in Emerging Markets, *Journal of Small Business Management* Volume 44, Issue 1, Pages 130 – 149, January 2006.

（2）对定义的补充说明。多店受许人是那些在多店特许经营合同约束下，直接拥有、监管或者服务多个门店的实体。一般情况下，多店受许人是指那些拥有多个门店所有权的受许人，但是主特许这样的多店特许方式，次特许人可能在本地对门店没有所有权。采用中间层，或者特许人的本地合作伙伴这个概念更准确。本书为了方便讨论问题，将特许人的本地合作伙伴也称为多店受许人。

合资特许这种方式，本书将其归为多店特许的方式，而没有将它归为特许体系的分支机构，或者特许体系分支机构与多店特许两种方式的混合方式，这是为了对多店特许的分析更加集中。合资特许方式，如果特许人占有绝对控股，这就类似于特许人的分支机构，而如果双方股份相当，那么这种方式就既具备了分支机构的特征，又具备了多店特许的特征。如果特许人在合资公司中只是象征性有一些股份，即参股方式，那么就更体现为多店特许的特征。

区域加盟这个词在国内比较流行，从某种意义商家多店特许就是区域加盟的方式，只不过这不是一个严格意义的学术词汇，而且还容易引起误会。加盟这个词也是一样，并不是专业术语。因此，本书绝大多数情况不采用这个词来描述多店特许。

四、从单体店到多店特许的发展过程

从单体门店到多店特许的发展演化过程，可以用图 3－2 表示，其中小点表示单个门店，小圈表示小型连锁或者特许人的本地合作伙伴，大圈表示大型连锁或者大型的特许体系。这个过程有四个阶段：一是单体门店主导阶段，二是小型连锁主导阶段，三是大型连锁与小型单店特许主导阶段，四是多店特许主导阶段。

单体门店主导阶段（如图 3－2 中左边第一部分所示），其特点是：门店地理位置分散、所有权分散、管理相互独立。门店以单体形式存在，地理位置高度分散的门店的所有者也极为分散，一个门店的所有者拥有一个或者几个门店，不同所有者之间的管理相互独立，因为行业竞争和相互模仿的结果，不同门店提供的产品和服务可能存在一致性，但是在管理上，并没有形成制度化、标准化的经营管理模式。

小型连锁主导阶段（如图 3－2 中左边第二部分所示），其特点是：门店所有权相对集中、形成地方性连锁品牌、小型连锁体系内部出现了标准化的经营管理模式。相对于所有权和经营管理高度分散的单体门店而言，小型连锁取得了重大进步，在一个小区域形成了品牌，在经营管理方面形成了制度化和标准化，在生产方面存在规模经济。这个阶段还是一个过渡阶段，因为大型连锁和特许经营还没有出现。

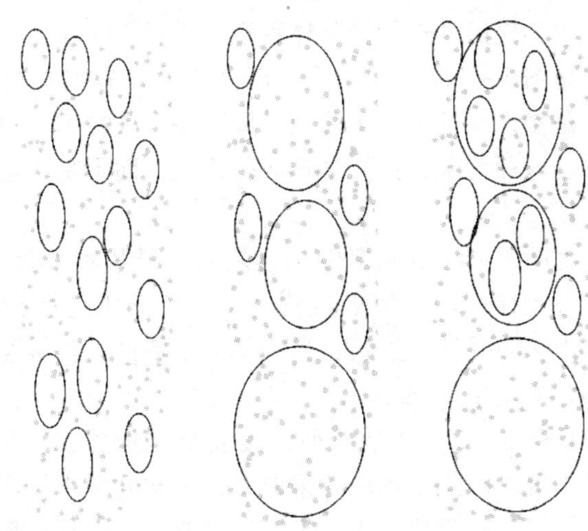

图 3-2 从单体门店到多店特许的发展过程

大型连锁与小型单店特许主导阶段（如图 3-2 中左边第三部分所示），其特点是：小型连锁发展成为大型连锁以及小型单店特许经营的出现。小型连锁发展成为大型连锁，在品牌、规模和经营模式上，都取得了相对小型连锁的众多优势，在更大的市场范围内实现了社会化的大生产。而特许经营的逐步涌现，克服了大型连锁经营管理方面的某些弊端，使得大型连锁的效率更高。但在特许经营的形式上，还处在单店特许的阶段，限制了大型连锁采取特许经营的广泛性，限制了一般连锁经营向着大规模特许经营的方向发展。

第四个阶段是多店特许主导阶段（如图 3-2 中右边最后一部分所示），图中大圈表示一个特许体系，套着的小圈表示特许人的本地合作伙伴；本地合作伙伴又套着很多小店，表明本地合作伙伴拥有或者管理若干个分散的门店。这个时候的市场出现了单体、小型连锁、大型连锁、小型单店特许、多店特许共存的格局。这些不同的形式共存，可以用交易成本的理论进行解释，即市场的边界由组织内部交易成本和市场交易成本共同决定。

五、新西兰市场特许体系的例子

在国际市场扩张中，一些研究者也提出了市场进入模式，如在 2010 年第 24

届国际特许经营联合会（以下简称ISOF）年会上，Ken Billot在一篇研究新西兰市场的论文中，提出了三种国际体系进入模式。

第一种见图3-3，特许体系的母公司采取分支机构的方式进入新西兰，这个分支机构是特许人的全资子公司。国际特许人在本地直接开展特许经营，发展多店受许人。这种情况，只发展多店受许人，而不是直接将特许经营权出售给单个所有者。

第二种见图3-4，国际特许人在新西兰寻找本地合作伙伴，发展多店特许，同时国际特许人在新西兰发展直营店。这种方式是将新西兰市场划分为两个部分，一部分由多店受许人经营，另一部分由特许人直接经营。否则，两者之间在同一个市场容易发生冲突。

第三种见图3-5，这是一种比较复杂的形式，正因为复杂，也比较灵活，概括了特许人进入国际市场可能采取多种不同的多店特许方式。这种进入模式分为四层，第一层是国际特许人。第二层是新西兰的受许人，这是多店受许人。第三层是直营店（实际上是多店受许人的分支机构）和地区受许人，地区受许人是新西兰多店受许人向下发展的受许人。第三层可能是一个国家的省或者大区这一层级。第四层是终端门店，包括新西兰受许人的直营店和新西兰受许人的特许店。

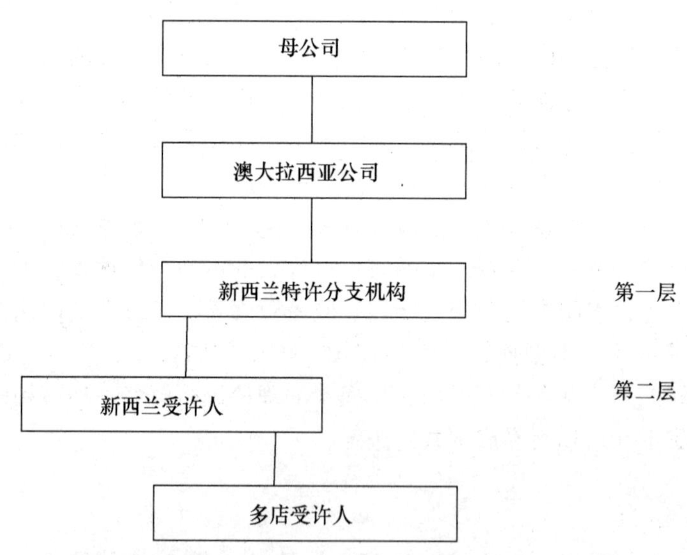

图3-3　特许体系新西兰市场的“特许经营”两层关系

资料来源：Ken Billot. A Preliminary Investigation of Organizational Structure Characteristics and Brand within Franchises. Presented at the 24th International Society of Franchising Conference Annual, June 7-9, 2010.

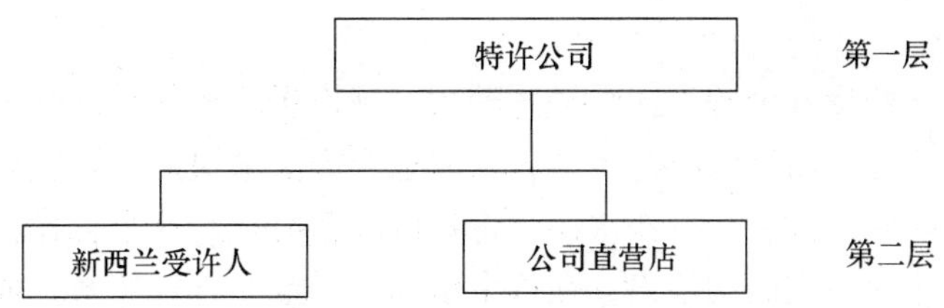

图 3-4　特许体系新西兰市场的"直营店"两层关系

资料来源：Ken Billot. A Preliminary Investigation of Organizational Structure Characteristics and Brand within Franchises. Presented at the 24th International Society of Franchising Conference Annual, June 7-9, 2010.

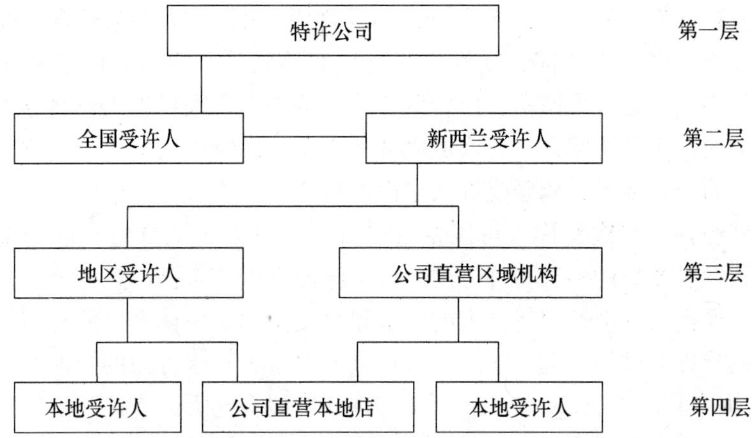

图 3-5　特许体系新西兰市场"特许店"与"直营店"四层关系

资料来源：Ken Billot. A Preliminary Investigation of Organizational Structure Characteristics and Brand within Franchises. Presented at the 24th International Society of Franchising Conference Annual, June 7-9, 2010.

六、几种典型的多店特许含义

1. 合资特许

欧美及亚太成熟的特许经营体系，在进入国际市场时，多采取合资的方式，早期主要因贸易壁垒的缘故，当地政府要求跨国企业必须与本国企业合资才能进入。但是随着各国市场管制的日渐放松，在大部分国家和地区，跨国企业都可以以独资或者跨国授权的方式进入国际市场。

2. 主特许

主特许经营是指一个特许体系扩张较大区域市场，尤其是国际市场所采取的一种经营模式安排。新兴的特许体系也采取这个方法来快速扩张国内市场。首先特许人在一个区域寻找一个合作伙伴，将特许经营委托给这个合作伙伴，包括允许这个合作伙伴在一定的期限内，在这个市场使用这个特许体系，或者由这个合作伙伴自己投资来开发这个市场，或者将这个特许体系的商标、专利、标识、产品和服务的生产及经营模式再特许给本地的受许人，即允许本地合作伙伴有条件（时间和地域）地出售特许经营权。

这个区域的合作伙伴被称为次特许人（其本身一般不自己开设门店），终端门店所有者被称为受许人（跟单店特许的受许人类似）。大多数情况，受许人只能与次特许人签订特许合同，受许人享有按照该特许体系进行生产和经营的权利，受许人将加盟费、忠诚费、广告费交给次特许人，次特许人再将这些费用按照合同约定的比例交给特许人。区域服务和支持由次特许人提供，特许人不干涉本地受许人的经营活动，监督受许人也由次特许人负责。

主特许经营中的次特许人可以招募受许人，可以不依靠自己的资金直接投资。而区域发展类型的多店特许方式，要求区域发展商自己出资开发市场。但是次特许人需要投入资金按照特许人的要求建立支持和服务体系，并对市场进行开发，对本地受许人进行管理，实际上次特许人本身也有这方面的资源和能力。特许人往往选择最优的合作伙伴，通过主特许来发展自己无力直接开发的市场。

特许人选择主特许经营也面临很大的风险，如果选择的合作伙伴不恰当，或者合作伙伴的努力不够，或者这种方式不适合这个市场，可能导致特许体系的失控，如次特许人在掌握了特许企业的经营模式、市场和客户后，脱离原来的特许体系，建立新的品牌与原来的特许体系竞争，特别是外部法律不健全以及特许合同约束不到位的情况下，更容易发生此类情况。另外，次特许对这个市场开发如果不理想，由于合约的长期性，特许人受到的品牌影响、机遇损失同样巨大。

特许人之所以选择主特许经营，有几方面原因：一是这个市场不太大，不确定性较大，如果特许人自己进入风险较大；二是市场很大，但是特许人的资源和能力不够，所以不得不在本地寻找合作伙伴；三是特许人在产品、服务和经营模式的控制力，比如特许总部有较强的持续开发能力，总部的支持系统有巨大的规模效益；四是特许人在市场发展到一定程度，可以在次特许发展还不够成熟的情况下，对次特许人施加压力，花费一定的资金将主特许经营权收回，或者将主特许转化为合资特许方式。

国际许可与主特许的区别在于，前者没有或者不提供成熟的生产或经营管理模式，只是提供知识产权，对被许可人的经营活动不干涉。而主特许中，特许人对次特许的控制和要求严格，要求按照特许人的标准在本地开展活动，次特许人按照特许人的经营模式提供产品，并在本地开设直营店，或出售特许经营门店，执行特许人的标准。

在职权范围方面，主特许经营中受许人的权限小一些，如主特许中，受许人一般负责授权区域的服务支持，而特许人负责承担更广泛的职责，比如该区域的广告和年度大会。

3. 区域发展

区域发展是特许经营企业（特许人）将成熟的特许经营体系授权给区域合作伙伴，这个区域伙伴（区域受许人）在一定期限内，在约定的地理区域内，使用特许人商标、标识、操作手册等知识产权，按照特许人现有产品、服务和商业模式从事生产经营。区域受许人要有计划地开设新店，实现特许人拓展市场的目标。该区域的门店是区域合作人自己投资，而不能在本地区发展加盟商开展特许经营，本地区的门店仍然与特许人签订合同，只不过区域受许人拥有在门店选址方面较大的权限。

与主特许及许可方式相比，特许人给予区域受许人的权限人有很大的限制。在产品、服务及商业模式的标准化方面，许可要求不高，主特许有一定要求。而特许人对区域受许人在产品、服务及商业模式标准化方面，几乎与单店特许的要求一致。为了实现对这方面的管理和控制，特许人采用区域发展特许方式，除了在合同中进行约束外，特许人在本地市场还拥有一定的专有资产或资源，比如在原料采购和货物配送方面的控制。

在区域发展模式中，要求特许人有一套适合本地市场的经营管理模式，控制某些本地的专有资产，因此这种模式经常用在大市场中的边缘性市场中运用，这些市场对产品、服务及商业模式的需求相差不大，但特许人在资本、管理和本地资源方面比较缺乏，选择区域发展模式可以创造这些条件，实现快速扩张。

4. 区域代理

区域代理是特许人招募本地合作伙伴，为自己招募受许人，对受许人进行培训，辅助特许人进行市场开拓和管理，区域代理并没有权利与受许人签订特许经营合同，受许人是通过区域代理与特许人签约。受许人向特许人交纳加盟费、忠诚费、广告费，区域代理以自己的服务获得特许人支付的佣金和服务费。受许人按照标准的特许体系从事经营，区域代理严格遵照特许人的标准和规范。

区域代理在产品分销型特许经营中用得比较普遍，这些类型的经营活动主要是产品或服务的销售，而门店本身并没有复杂的商业模式。产品或服务标准化程度高，由特许企业（特许人）总部集中供应，而不是在门店现场制作，因此产品质量受门店的影响程度低，在产品或者服务的监督管理方面，无须特许人的高度干预。那些对不太复杂的服务的统一要求，以及其他必要的管理，都可以通过区域代理来完成。而对商标、标识等的统一规范，区域代理人能够代替特许人进行管理。

5. 特许中介

特许中介是帮助特许人找到合适的受许人，负责特许体系前期的宣传、咨询、交易，并按规定收取佣金，受许人与特许人签订特许经营合同。特许中介往往代理大批特许体系，他们和多个相互竞争的特许体系有密切联系，了解各个特许体系的不同特点。潜在的受许人在寻找特许体系时，特许中介可以向受许人介绍行业及某些特许体系的情况，帮助受许人完成特许经营交易的程序，并从中收取佣金。此外，特许中介对国家或某个地区的法律、政策、市场环境，都要求有专业知识。特许中介从事信息服务，利用法律、法规和市场信息，为特许人和受许人创造价值。

6. 顺序多店特许

特许人在单店特许经营发展的基础上，将新开门店的权利授权给已有的受许人。因为已有的受许人和特许人有一段时间和一定程度的合作，彼此比较了解，有信任基础。特许人将建立新店的权力委托给现有受许人，减少了招募新的受许人可能存在的风险。对受许人而言，受托经营第二门店、第三门店，甚至更多的门店，前期的经验发挥了作用，一些专用设置、客户资源都能够共享。再者，受许人对特许体系的了解比较深入，他们再次投资，获得成功的可能性更高，有助于实现更大的创业理想。

七、本章小结

多店特许与特许人本地合作伙伴是等价的概念，是在一个特许体系发展到一定阶段，在特许体系总部与终端门店之间产生的一层实体，即特许体系中间层，它是作为特许人分支机构（简称分支机构）的替代者身份出现的。特许体系中间层（简称中间层）包括多店特许与分支机构两种形式。它包括三个主体——特许人、本地合作伙伴（包括多店受许人）和终端门店，以及两个关系——中间层的向上关系（简称向上关系）、中间层的向下关系（简称向下关系）。

向上关系和向下关系，是以合同或者资本为纽带形成的经济关系和法律关系，是一个特许体系生产与服务过程分工与合作的体现。分工与合作的承接主体是特许人、本地合作伙伴与终端门店。分工与合作的内容可划分为：特许体系门店运营（简称门店运营）、特许体系市场开发（简称市场开发）、特许体系建设（简称体系建设）以及特许体系服务支持（简称服务支持，包括招募、培训、监督等）。

国际特许属于多店特许的范畴，是特许体系国际市场上的多店特许。国际市场扩张，特许企业（连锁企业）采用单纯的许可方式，操作难度大，容易失控，虽然名义上一些企业的跨国扩张称为许可，实际上是特许经营的性质。多店特许在特许体系国际市场扩张中是一种普遍的方式，包括主特许、区域发展、合资特许、区域代理等。少数特许体系国际扩张时，采取对外直接投资，在东道国建立分支机构，进行直营或单店特许。

第四章　两个维度分类

本章主要讨论多店特许分类的方法、特许体系中的分工、多店特许的资本、多店特许的分类这几个问题。讨论两个维度分类，主要目的是对多店特许背后的逻辑关系进行研究，这对深入解释多店特许现象、选择多店特许形式以及发展多店特许具有重要意义。

一、分类的方法

多店特许经营具有多种形式，从现象上看，典型的形式包括主特许、合资特许、区域发展、区域代理、特许中介、顺序多店特许等。但是在典型形式之外，还有各种变化的，或者调整的方式。这都是从现象层面对多店特许进行的识别和总结，而在现象之后，有某些因素在决定多店特许的形式，正是这些因素使得多店特许体现出不同的形式，这就是多店特许分类的标准，或者方法问题。

由于标准化和个性化建设都需要付出成本，一般特许人不允许区域受许人再去发展个性化的产品和服务，尤其是在较小区域范围。具有一定数量标准化经营，又适应当地市场的商业模式，具有规模经济，这适合大型的无差异市场。如果不同市场差异非常大，且每个市场的规模也不够大，特许人无论采取高度统一的标准化策略，还是较多的个性化策略，都无法建立起盈利模式，这说明该特许体系不适合这个市场。

单店特许，特许人如果给予单店过大的权限，单店拥有更多的个性化的权力，那么对整个特许体系是有害的，因此特许人要控制单店的个性化程度。对于成熟市场的成熟特许体系，单店通过受许人联盟，拥有一定的权限，如新产品的开发、广告费的使用。受许人的个性化是建立在高度标准化基础上的，特别是商业模式的高度标准化。

一直以来，连锁经营体系往往以直营店和连锁店这两种方式同时运营，其体系下既有直营店，又有连锁店。除了合同关系以外，受许人通常建立了自己的组织，如 Denny's 的 Franchise Advisory Board，Pizza 的 International Pizza Hut Franchise Holders Association，以及 KFC 的 National Advertising Committee。这些组织成为众多分散受许人行使共同权力的组织方式，如新产品的采用，广告费的使用，这些关系到受许人共同利益的重大事项由特许人和受许人共同决策。

采取直营店和特许店的混合型组织形式是发展特许经营的一种形式。多店特许与混合型组织形式不同，但在本地合作伙伴与终端门店的关系中，本地合作伙伴有时也拥有直营和特许两种组织形式，也是一种混合型组织。

从狭义的角度看，多店特许只有两种形式：顺序多店特许和区域发展，前者往往是特许人奖励和惩罚已有受许人的手段。绩效好的受许人，表现突出，或者在政策方面，能够更好贯彻特许体系总部意图，则优先获得开第二门店、第三门店的权力。对那些不遵守特许人政策、标准，或者业绩表现不理想的，特许人不把开新店的机会交给他。区域特许就是特许人将某个区域的市场开发、门店运营，独家特许给一个合作伙伴，要求合作伙伴自己出资，按照约定计划在指定地区陆续开发新店。区域特许的受许人雇佣经理人员管理自己的门店。

从广义上看，多店特许还包括：主特许、合资特许、区域代理以及特许中介等形式。主特许在跨国经营中用得比较多，合资特许也一般用在国际市场。区域代理获得特许人的部分权力，从事培训、监督、招募受许人等业务。

要深刻认识不同形式的多店特许，先要对这些不同的现象进行逻辑分类。我们先来分析特许体系各个主体，包括特许人、受许人以及第三方的分工与合作，再结合一般特许经营利用受许人资本这个传统和本质上的特征，来探讨多店特许的分类问题。

二、特许体系中的分工

1. 生产环节的分工与合作

分工与合作为特许体系创造了巨大的价值。在特许经营发展起来之前，分销方式广泛存在于商品零售业，也就是消费品生产企业依靠流通渠道，将自己的产品分销到各个市场。这个时候的分工很明确，生产企业负责产品生产、品牌建设，流通渠道（包括批发商和零售商）负责市场开发和商品流通，包括产品的批发与零售。有时候消费品生产企业也独自，或者配合流通渠道做市场推广。而且有些企业还有自己的直营销售体系。

发展到特许经营形式，一部分生产企业的零售，可以通过专卖店来售销，这种方式舍弃了一些批发商，改变了零售店多品牌的分销，生产企业对零售商的控制加强了，在门店设计，服务流程，都有专门的、标准化的要求。这个时候的门店经营者称为受许人，他们加入特许经营体系，需要交纳加盟费、忠诚费。受许人交纳的费用，还包括公共的广告费、培训费、特许人提供的服务支持费用等。可见，与零售商相比，特许人与受许人的关系更加密切了，而特许人对零售商（受许人）的控制也更强了。零售商（受许人）在商标上得到了特许人的许可，受许人可能还从特许人那里购买特许体系的专用资产，等等。

与分销不同，特许企业的生产活动发生了重大变化，相对于一般的产品和商标型特许，门店中服务的成分增加了，而且这种服务是一种标准化的服务，即各门店均按照特许人的统一标准提供服务。产品和服务的标准化极大地强化了特许体系的品牌。在商业模式这种特许方式中，产品生产本身也可能前移到门店，如现场制作，再如便利店这样的零售企业本质就是商业服务机构，生产过程自然包括在本地进行的环节。

但是特许体系的生产过程，并非完全在门店本地，还有一些公共设施和支持环节。例如，快餐店的特许体系，一般都有中央厨房，它为分散在一定区域的门店提供半成品，或者初加工服务的支持。这样大大地提高了门店的生产效率。便利店这样的特许经营体系，还有区域配送中心，为的是对门店进行快速补货。而更广泛的特许体系，培训、研发，这些生产活动，并不由门店主导。

从生产环节来看，总部与门店的分工与合作，创造了价值。这一点，特许体系与一般的连锁企业是一致的，但是在生产过程以外，如在经营管理、市场开发、资本利用方面，特许经营体现出更多的优势，尤其是对那些拥有大量分散的门店而言。因此，生产环节的分工是特许经营的出发点。

2. 运营管理的分工与合作

传统的单店特许经营，将经营管理活动的权限下放到门店所有者，即受许人。受许人普遍自己出资，依靠创业精神，按照特许人的标准开展业务。特许人虽然保留一定的生产活动，但是主要的生产活动还是在门店，包括为顾客提供服务，而且服务往往是创造价值最大的环节。门店的日常运营、经营管理，这些活动由特许体系总部直接运作显然不现实。在直营店，连锁企业雇佣门店经理来负责门店管理。连锁体系总部与门店经理之间，是一个组织的内部委托—代理问题，面对连锁企业，地理上的高度分散，更加剧了监管的难度。因此，连锁企业选择特许经营，特许人将单个的门店经营权和所有权都卖给受许人，在门店经理这个角色上实现了所有权与经营权的统一。

传统的单店特许，所有权与经营权的统一，只是在一定程度上做到了，也只能在一定程度上做到。因为受许人对门店的所有权，除了房地产这些有形资产外，无形资产的权力都是局部的、有期限的、有条件的，单店本身的价值依赖于整个特许体系的价值。在经营权方面，因为特许经营是一个完整的生产服务体系，门店本身并没有完整的经营权，一些生产环节还保留在特许人手里。更重要的是，特许体系的一些经营管理活动，具有可选择性，即既可以由特许人来承担，也可以由受许人承担。只是对传统的单店特许而言，受许人具备的条件不足以承担更多的责任。因此，单店特许所有权与经营的统一主要集中在门店经营管理层面。

在多店特许的情况下，受许人的地位和作用发生了变化。多店受许人因为拥有或者负责多家门店，因此在生产过程中，一些原来由特许人承担的环节，如配送环节、中央厨房、技术培训等，这些都可以由多店受许人自己负责（自给自足）。因为影响范围的扩大，受许人可以与自己周边的社区建立密切的关系。多店受许人，除少数自身参与门店经营外，大部分都聘用门店经理对门店进行管理。

3. 市场开发的分工与合作

单店特许中，受许人几乎没有什么力量对市场活动产生影响，店址选择是特许人事先确定好的，对门店或特许体系进行宣传，单店起到的作用非常有限，只是局限于自己的地理区域，或者采取一些促销活动。但是市场扩张，对特许体系来说是生命线，在市场机遇出现时，一个特许体系抓不住机遇，那么它永远只是一个小的特许体系；一个地区性品牌，如果有更大规模的替代者出现，而且竞争不过对方，迟早也会被淘汰。门店拓展对特许体系非常重要，有了密集的网点，才有影响力，才有规模效益，在研发、广告、培训、采购等方面，才会出现平均成本不断下降的趋势。

要扩张门店，特许人可以自己发展分支机构直接特许（或者发展直营店），或者依靠合作伙伴来进行，这是两个选择。特许人建立自己的分支机构，出售单店特许经营权，这是一个思路。过去麦当劳就是这样在美国国内建立起自己的门店网络，发展了它的直营店和特许店。特许人通过单店特许拓展市场，也并不是没有资本投入。特许人要建立自己的分支机构，这需要投资；特许人要开拓新的市场，有市场开发费用。在一个区域，总有部分专用资产，如配送中心，需要特许人投资。只不过由特许人的分支机构负责公共产品的供给，容易出现公共产品供给不足和投资决策能力不足的问题。

更为主要的问题是，麦当劳当时在美国开发市场，没有竞争对手，市场机遇长期存在，可以慢慢开发市场。这意味着高额的利润长期存在，特许人可以慢慢积累利润以转化为资本，而且竞争者少、利润丰厚，特许人很容易获得第三方金融机构的支持，这也是当时麦当劳可以以单店特许方式拓展市场，而且建立了不少直营店。经过几十年的发展，竞争对手越来越多，美国国内市场日趋饱和，并开始了国际市场扩张，这个时候多店特许的优点充分体现出来了。

多店受许人，有的是白手起家，从单店特许开始，逐步积累，一点点扩张。特许人的发展壮大与受许人的贡献分不开。还有的多店受许人，他们拥有独特的资源、充足的资本，对某个市场很熟悉，如他们在某个地区经营关联业务，或者属于东道国的商业领袖。特许人与他们的合作，互利互惠。特许人离开他们，要开发这些市场比较困难。还有部分多店受许人，可能是投资公司，他们拥有了一个特许体系的多个门店所有权，他们的优势在于资本运作和对门店绩效的预判能力。

在多店特许情况下，由于本地合作伙伴的加入，特许人在市场开发方面，能够将原来需要自己做的事交给合作伙伴去做，需要自己投资的地方让合作伙伴去投资。多店特许方式，为特许人开拓市场，提供了更多的选择和更大的可能。但是，特许人仍旧需要在市场拓展过程中，在自己与多店受许人之间进行权限划分。特许人与多店受许人之间仍是相互依赖的关系，单纯依靠一方很难实现市场的充分开发。

4. 特许体系建设的分工与合作

与一般企业一样，特许体系提供的产品和服务是消费者认可的基础，而提供这种产品和服务方法关系到整个特许体系的成本以及各方利益。特许体系要具有广泛的市场适应性，就需要在产品和服务，以及商业模式，做个性化的改进，以满足本地化和多样性市场的需求。对特许体系而言，标准化的产品和服务，以及商业模式是节省成本和树立品牌的根本。因此，特许体系建设的首要问题就是产品、服务、商业模式，以及派生出来的标准化和适应性（个性化）的问题。特许体系的品牌、培训、监管等问题是从基本问题中延伸出来的概念。

特许体系建设是特许人与受许人，以及其他参与人共同作用的结果。对多店特许而言，受许人在特许体系建设中发挥作用的空间扩大了，不仅因为他们拥有多个门店，门店的运营和市场开发两个环节本身就与特许体系的建设密切相关，产品、服务、消费者认知，都是通过门店的表现来体现的。而且更重要的是，特许人的培训、监督、区域广告、本地服务支持，甚至包括本地产品研发，很多时候都是交给多店受许人来做的。因此，特许人与多店特许人在局部市场，在相当长的期限内，是在共同建设特许体系，这是多店特许出现重要的新现象。

多店受许人从事区域的运营或监管工作，甚至从事市场开发，而产品、服务、商业模式方面的建设，主要还是由特许人承担，这是因为特许人拥有更大的市场范围，特许人是特许品牌的所有者，在法律所拥有相关的知识产权。只是特许人将局部市场的特许体系使用权，在一定期限租赁给多店受许人。但是对产品、服务、商业模式的改进和调整的权限，往往在一定程度上授予了多店受许人，或者由特许人与多店受许人共同承担。特许人与受许人之所以能够共同建设特许体系，双方策略伙伴关系是重要的基础。

三、多店特许中的资本

企业这种生产组织，生产要素和管理决定了产出。资本也是生产要素之一，对一个特许体系而言，资本这种要素太重要了，没有资本的扩张，就没有门店网络的扩张。特许体系市场的扩张是在资本支持下进行的。在一个特许体系中，有形的资本和无形的资本在共同参与生产过程。但是有形资本，特别是门店的资本才是区分不同类型多店特许的标准。

在明确了一个特许体系门店的有形资本的作用后，还需要进一步讨论在哪个层面拥有门店资本，因为特许人可以通过参股本地合作伙伴，达到间接拥有门店资本的目的。我们认为门店的资本的所有权问题，主要集中在特许人本地合作伙伴与终端门店（门店经理）之间分配，即本地合作伙伴（多店受许人）是否拥有门店资本，拥有门店资本的比重情况。

1. 本地合作伙伴的无形资本与有形资本

一个特许体系的资本是由有形资本和无形资本组成的，特许人与受许人（包括特许体系的中间层）往往都在一定程度上拥有有形资本和无形资本，两种资本往往交织在一起的。特许人一般拥有特许体系完整的无形资本所有权，本地合作伙伴在一定期限内拥有部分特许体系无形资本的所有权（或者独家使用权），特许人与本地合作伙伴都有可能拥有门店、特许体系专用设施等有形资产的所有权，正是特许人与本地合作伙伴在有形及无形资本所有权相互交叉，才产生了各种与之相适应的管理权限合理分配的问题。

因此，对于特许体系的无形资本，在特定区域和特许期限，很可能是特许人和本地合作伙伴所共有，双方在所有权上“不容易”划分得很清楚，这样就存在授权问题，比如特许人将本地品牌建设、特许体系本地化的权限授予自己的合作伙伴。而对于那些有明确所有权的，如本地合作伙伴对门店拥有全部的所有权，则所有权派生的经营权属于特许人的本地合作伙伴。这样特许人与本地合作伙伴在特许体系内的有形资本、无形资本，拥有某些共同所有权，双方在共有权力的分配上就存在很大的灵活性。

本地合作伙伴的无形资本，在未参与特许经营过程之前，体现不出来。本地合作伙伴在本地开展特许经营业务的初期，是有形资本在起作用。当本地合作伙伴将自己的本地市场知识、经营管理能力、创业精神以与特许体系相结合后，才逐步开始体现和形成本地合作伙伴的无形资本。本地合作伙伴的无形资本，在门店运营、市场开发和特许体系建设中，都发挥着重要作用，甚至是关键的作用。但是这些无形资本，却不好衡量。更为重要的是本地合作伙伴的无形资本与特许人的无形资本结合在一起，共同发挥作用。单纯地分析本地合作伙伴的无形资本，往往不好区分。因此，从本地受许人的无形资本角度对多店特许进行分类，不太现实。

从知识产权的角度看，决策权应该按照特许体系无形资产在特许人与受许人之间的分配来决定。特许体系的无形资产，指的是特许人的体系专用诀窍和受许人的本地市场诀窍。[①] 具体到特许经营，当本地的市场诀窍是特许体系成功的关键时，特许人应该给予受许人更多的决策权。可见，本地合作伙伴（多店受许人）的无形资产与受许人管理权限相关，因此受许人的无形资本与受许人管理权限不能同时作为多店特许类型划分的两个维度。

2. 特许人参股特许体系中间层的问题

特许经营中，特许人在采用单店特许时很少用合资的方式，这是因为合资方式，需要建立一个新的组织，需要新的管理团队，而且涉及复杂的知识产权有偿使用的程序，这样做的成本比较高。同时，特许人如果在单店中投入资本，因为是经营性资本，特许人必须对资本的收益负责，因此需要对合资企业进行内部监管，成本比较高。以上因素决定了单店方式中，特许人与受许人之间合资的情况非常少。

在特许体系的中间层，如果市场的区域很小，用合资特许的方式也不多，如在一个省区，但在跨国市场扩张中，合资特许方式比较常见。在某个小的市场区域，特许体系采取合资方式的情况比较少，原因跟单店特许相似，主要是从管理成本上考虑，包括合资公司的管理团队，以及向多个区域派出管理人员的成本。

在顺序多店特许、区域发展中，没有采取合资方式，还有一个原因就是这两类方式的多店特许，特许体系无须进行改造和调整，就可以适应本地市场。这两种方式，合作伙伴都不参与特许体系的建设，特许体系本身就能以标准化的方式在这些市场扩张，或者由跨国合作伙伴进行本地化工作，对特许体系的适应性进行改进，这些工作完成后，特许体系就适合顺序多店特许和区域发展的情况了。

在跨国市场中，特许人采取合资方式与本地合作伙伴建立合资公司，再授权合资公司负责本地特许经营，虽然有时候特许人对合资公司的经营活动不做过多

---

① Josef Windsperger. Allocation of Decision and Ownership Rights in Franchising: Empirical Findings in the Austrian Franchise Sector. Presented at the 15th Annual International Society of Franchising Conference, Las Vegas, Nevada, February 24 -25, 2001.

干预，但是特许人还把决策权保留在自己手中，即使有时将一些决策权授予本地合资公司，股权衍生的法定决策权仍然属于特许人。在特许人的股份不占优势的合资公司中，特许人对本地合作伙伴的了解，也可以通过合资公司的内部进行，相对无资本合作方式，信息更加充分。

作为多店特许的大市场区域进入方式，合资特许具有协调内部组织与协调外部组织两种权限的作用，有很大的灵活性，特许人可以根据情况调整对本地合作伙伴的控制。在经营决策和运营管理中，特许人与本地合作伙伴，发挥各自优势，相互配合，形成更大的能力。但是在合资形式下，存在经营管理活动中双方协调的一些困难。

四、从两个维度对多店特许进行分类

综上所述，特许体系的中间层，可以按照特许体系的本地组织，包括特许人的分支机构和多店受许人（本地合作伙伴）门店资本及受许人的管理权限这两个维度来划分类型。这样的划分维度更具有解释力，见图4－1。

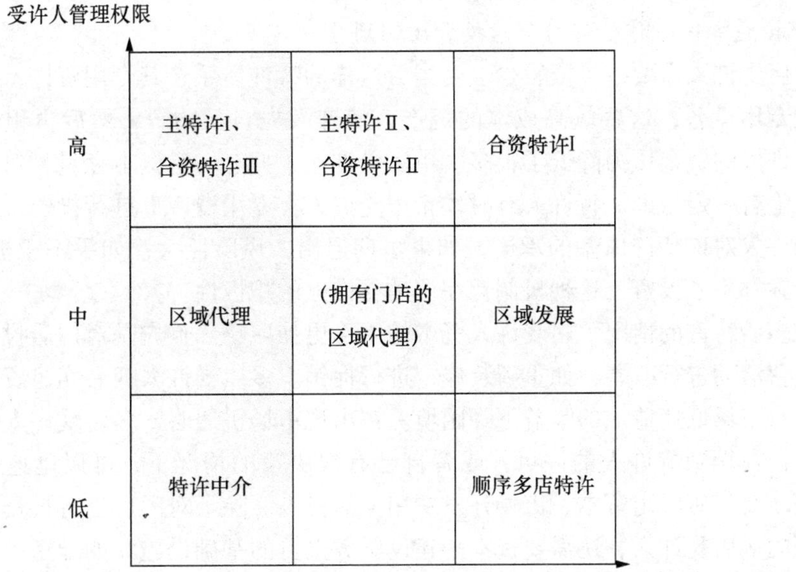

受许人管理权限 \ 受许人门店资本	无	中	高
高	主特许Ⅰ、合资特许Ⅲ	主特许Ⅱ、合资特许Ⅱ	合资特许Ⅰ
中	区域代理	（拥有门店的区域代理）	区域发展
低	特许中介		顺序多店特许

图4－1　多店特许经营按两个维度的分类

图4－1中的主特许Ⅰ、合资特许Ⅲ、区域代理、特许中介是本地合作伙伴在门店中没有资本的情况，这些多店特许方式是一种水平分工与合作方式。其中的主特许Ⅰ是表示那些在合同中特许人不允许次特许人（主受许人）在本地发展直营店的情况；而主特许Ⅱ是次特许人既可以出售特许经营权，又拥有一定比例直营店的情况。合资特许Ⅰ的情况是特许人在合资公司中居于控股地位，合资特许Ⅱ是合资双方持有相对平均的股份。

单纯从多店受许人的管理权限角度，或者单纯从本地合作伙伴门店资本的角度，都不足以区分多店特许的类型，如在顺序多店特许、区域发展的方式下，在本地合作伙伴都拥有门店资本，但是他们的管理权限不同，因此，本地合作伙伴门店资本必须与他们的管理权限结合起来，两者共同作用，才构成多店特许类型划分的维度。

拥有门店的区域代理，虽然不常见但也存在。区域代理一方面在本区域拥有门店，同时与特许人签订了区域代理合同，负责本区域其他特许门店的服务支持工作。这种方式具有区域代理和区域发展两种特点，但是在一个小的区域，区域代理自己的直营店和服务的特许门店，是否存在不公平的问题，也是特许人要考虑的事情。在本地合作伙伴“低管理权限”的情况下，要么是本地合作伙伴完全拥有门店所有权，要么完全不拥有门店所有权。在这种管理权限的条件下，特许人不允许本地合作伙伴向第三方出售特许经营权。

1. 按照本地合作伙伴对门店投资比例划分

单店受许人需要的投资较少。麦当劳这样的特许体系，其专用资产，包括房产以及专用设备，这些较高成本的资产，特许人先自己购置，然后再租给受许人，受许人的资金压力降低了很多。单店受许人，拥有一定资本存量，对于应付经营风险有一定帮助。特许人有时候希望受许人在专用资产上进行投资，这样表明了受许人对该特许体系的承诺，如果短期退出，风险巨大；如果不积极努力，赚的钱弥补不了投资。这种机制旨在调动受许人的积极性。

在多店特许的情况下，受许人资本的用途更加广泛。首先是对门店投资，对一些经营活动进行改善，如重新装修，进行促销。多店受许人拥有充足资本，还可以应对市场低迷造成的收益下降困境。在出现市场机遇时，多店受许人拥有充足资本，在得到特许人的许可，或者自己有权决策的情况下，可以迅速开设新店，这涉及门店固定资本、市场开发费用等的投入。除了对门店进行投资外，某些类型的多店受许人，还需要资本来建设服务支持的基础设施，如配送中心、中央厨房、培训机构，等等。总体上说，门店固定资本投资额度的比例最大。

特许人本地合作伙伴的资本，一部分用于服务支持体系建设，另一部分用于开设新的门店。在这里我们将本地合作伙伴直接拥有的门店的比例作为划分维度的标准，而把作为特许体系支持建设的资本刨除在外，因为各种本地合作伙伴的类型，如特许中介、区域代理，他们也需要有资金投入以服务该地的特许经营，各种多店特许都具有的服务支持体系建设用到的资本，无法将多店特许现象的不同形式区分开来。因此，投入门店以外的资本不作为多店特许类型划分的维度。

将本地合作伙伴在本地门店的投资比例作为一个维度，还能衡量在特许人本地合作伙伴中，资本与管理相结合的程度。两者是分离的，还是结合的，结合的程度怎么样，都可以从本地合作伙伴对门店资本的比例进行考察。特许体系中所说的“微连锁”，其实是在特许体系中间层中，实现了资本和管理的密切结合。

因此，从本地合作伙伴拥有终端门店资本的情况看，可将多店特许可划分为以下三类：

第一类，本地合作伙伴没有资本，常见的有特许中介、区域代理，以及主特许的大部分情况。这种类型的本地合作伙伴，其资本主要用于本地特许经营的服务支持的建设，而不是用于直接开店。特许体系的建设，包括市场、培训、管理等活动，其中主特许需要的投入最大，区域代理其次，特许中介最低。这些资本没有直接作为特许体系门店建设的资本使用。

第二类，本地合作伙伴拥有高资本比例，比如区域发展、顺序多店特许，特许体系的本地合作伙伴，依靠自己的资金投资门店，包括门店的初始投资以及未来的运营投资，资金都来自本地合作伙伴。区域发展模式的情况，本地合作伙伴承担了部分本地特许体系的建设工作，包括服务支持体系、本地市场推广等。这样本地合作伙伴的资本与门店经营，存在相互结合的问题，有些类型的多店特许方式实现了结合，有的则没有结合。

第三类，本地合作伙伴拥有中等资本，最常见的比如合资特许。在少数情况下，主特许也允许本地合作伙伴在本地拥有门店。合资特许是指特许人与本地合作伙伴共同投资，在本地设立合资公司，特许人以许可方式将特许经营权授予合资公司。合资公司一般都在本地直接拥有门店，通常也可以在本地发展特许经营。合资特许中，本地合作伙伴拥有绝大部分股份的情况，同时合资公司以直营店为主，这样的情况类似于区域发展模式。合资特许在跨区域发展中比较常见，如国际市场扩张。

2. 按受许人管理权限划分多店特许类型

讨论过特许人与受许人在多个方面的分工与合作后，接下来讨论将受许人在特许体系中的权限作为多店特许类型划分的一个维度的问题。特许体系的培训工作，有时候由特许人外包给区域代理、特许中介，或者第三方完成，也有一些大型特许体系，建立了自己的“大学”，即大区域培训中心，负责培训特许经营所需的各类人才，以下只讨论普遍的情况。

本书将特许体系的管理权限分为以下四部分：一是特许体系建设权限；二是市场开发权限；三是门店运营维护权限；四是服务支持权限（包括招募、培训、监督等）。① 这四个权限的大小由高到低排列，且相对独立。按照本地合作伙伴的管理权限，可以将多店特许分为以下三类：

第一类，本地合作伙伴拥有特许体系建设权限、市场开发权限、门店运营权限以及服务支持权限，存在于主特许、合资特许等形式中。主特许的形式，特许人的本地合作伙伴，即次特许人拥有特许体系本地建设权限，次特许人在特许体系标准化的基础上，按照本地个性化需求，对特许体系进行改进、调整、创新。合资特许的形式，合资企业拥有某个国家或地区的特许经营许可，合资企业作为被许可人，得到特许人的许可，在标准化的特许体系基础上，对特许体系进行改进。在主特许、合资特许形式中的其他权限，如市场开发、运营维护、培训等，可以授权给次受许人，再由特许经营门店行使，或者由次特许人自己行使。

第二类，本地合作伙伴拥有特许体系市场开发权限、门店运营权限、服务支持权限，存在于区域代理和区域发展等形式中。区域代理是特许体系某个区域的独家代理，区域代理商为该特许体系提供宣传，负债招募潜在的受许人，并且为受许人提供培训、对受许人进行监督、为受许人提供服务支持，等等。在区域发展形式中，特许人与本区域发展商签订一个发展计划，区域发展商按照约定的时间表，在本地投资开发门店，负责本地区门店的运营管理。

第三类，本地合作伙伴拥有门店运营权限、服务支持权限，存在于特许中介、顺序多店特许等形式中。特许中介推广多个特许品牌，在特许人与受许人之间架起信息桥梁，为双方达成合作提供咨询，为特许人招募潜在的受许人。特许中介虽然承担了某些市场功能，但是非常微弱，因此将其归为受许人“低管理权限”这一类。顺序多店特许的市场开发，如选址，权限往往不在自己，而在特许人手中，但是门店的初始市场推广，由受许人负责。此后门店运营完全由受许人负责。

本地合作伙伴希望拥有更大的权限，以便响应地方个性化需求，结合自己特点实现利润最大化。而特许人总部则希望保留控制权，以实现品牌的统一，以标准化方式为特许体系增添价值。本地合作伙伴的管理权限是划分多店特许类型的一个维度。如果从管理权限的角度，对典型的多店特许形式中的权限进行调整，将使得特许体系具有更大的灵活性和弹性。

---

① Dianne H B Welsh, Ilan Alon, Cecilia M Falbe 提出了由 marketing，branding 和 operations 组成的体系模型，见 An Examination of International Retail Franchising in Emerging Markets. *Journal of Small Business Management* Volume 44, Issue 1, 130 – 149, January 2006.

3. 两个维度对典型多店特许的解释

在区域代理形式中，特许人委托代理人帮助招募受许人、负责本地区的服务支持工作，即原本属于特许人自己的工作内容，委托给本地代理人完成。在主特许这种模式中，特许人将本地出售特许经营权的权力赋予次特许人，这样除了招募、培训、管理本地受许人的权力外，次特许人还负责本地服务支持工作，包括本地特许体系的建设工作。在合资特许的方式中，特许人除了合同约束、体系建设等组织间的控制外，还能以股东方式进入合资企业的董事会，保留一定决策权，甚至派董事参与合资企业的实际管理。

多店特许、区域发展、合资特许、某些主特许中的本地合作伙伴往往在本地拥有全部或者部分门店的所有权，本地合作伙伴对门店的利润负责。同时，特许经营的本地合作伙伴往往拥有比单店受许人或特许人分支机构拥有更大的权限，这样本地合作伙伴更容易将终端门店的所有权与得到的授权结合起来，形成更大的生产效率。

从多店受许人的管理权限与门店资本这两个维度来划分多店特许的类型，不但可以解释这些典型的多店特许现象，而且对非典型的多店特许现象也能够解释。对多店特许现象的解释能力，还体现在对同一种多店特许现象的划分上面，如将主特许分为两类：主特许Ⅰ、主特许Ⅱ，这样更能深入地刻画本地合作与终端门店的关系，在主特许Ⅰ这种方式中，特许人不允许次特许人拥有门店（只允许次特许人在本地建立样板店），而要求次特许人在本地出售特许经营权，这样本地合作伙伴与终端门店的关系就体现为一种“微特许”的关系。而主特许Ⅱ中，特许人允许次特许人在本地拥有门店所有权，本地合作伙伴与终端门店就体现为一种“微连锁”，或者“直营—特许”混合形式。

分工与合作是特许体系的基础，而本地合作伙伴的管理权限和门店资本，使得特许人与本地合作伙伴、本地合作伙伴与终端门店之间的分工与合作得到落实，分工与合作的形式和程度都可以在这两个维度得到体现。用这两个维度对多店特许现象进行划分，还能解释多店特许的多样性，正是多店受许人在特许环境和条件下，管理权限和门店资本能够在一定程度上灵活调整，多店特许才呈现出多种形式。这种多样性是建立在两个维度之上的，即受许人管理权限和门店资本的变化上。多店特许形式的多样性使得其具有了更强的适应能力。

五、本章小结

一个特许体系内部的分工与合作是受许人管理权限的基础，受许人的管理权限将分工与合作的形式固定下来，可以以合同的方式规定具体内容或者确定双方分工合作的原则（如特许人与多店受许人策略伙伴的关系）。特许体系的管理权限分为四个组成部分：一是特许体系建设权限；二是市场开发权限；三是门店运营权限；四是服务支持权限，且这四个部分相对独立。在某种具体的多店特许形式下，多店受许人具有一种或者几种这样的管理权限。

多店受许人门店资本（或者本地合作伙伴门店资本）是另一个划分多店特许类型的维度。本地合作伙伴可能拥有门店所有权，即拥有门店资本；也可能不拥门店所有权，即不拥有门店资本；还可以拥有一部分门店所有权，而在另一部分门店中不拥有所有权，即本地合作伙伴既开展直营，又发展特许经营。

受许人的管理权限与受许人门店资本，是刻画多店特许现象的两个维度。多店特许的几种典型形式可以按特许人本地合作伙伴管理权限和门店资本划分类型。特许人参股特许体系中间层的问题存在于合资特许方式中；而在单店特许，包括顺序多店特许中，因为管理成本、操作复杂高，实践中并不常见；在小市场中合资方式也很少见，原因之一是管理成本高，原因之二是小区域对特许体系个性化要求不高。

第五章 九个因素分析

本章主要讨论五个案例示范分析、影响因素分析两个问题。案例在一定程度上反映了现实情况，对我们从感性上把握多店特许的概念、分类及运行规律有着重要作用。从现有文献来看，特许人动机、受许人动机、多店特许的优缺点以及一些传统理论的解释变量，都与多店特许有关，但是通过案例分析发现现有这些因素或变量，总的来说数量过多、过于分散、关联性不强，而且重要性不大，尤其是与本书提出的多店特许概念、分类在逻辑上不一致。因此，本章提出了影响一个特许体系多店特许发展的九个因素，它是一个在具体环境中对多店特许经营进行分析的工具。

一、案例说明

在国内，本书从国际特许体系与中国民族品牌两方面，选择了多个案例；在国际上，本书选择美国比较活跃的几个特许体系。两者合计一共 17 个案例（见本书的下篇）。国内案例中的特许经营体系，主要是从中国连锁经营协会近几年举办的“年度中国优秀特许加盟品牌”中挑选出来的。国外的案例的特许体系，是从美国 Entrepreneur Magazine、Multi - Unit Franchisee Website、FRANdata 等杂志和机构排名靠前的特许体系及受许人中选出来。这些案例的材料的来源，主要是近期被选中的特许体系或者多店受许人，他们的行为和活动，也包括业界对他们的评论。

本书提出多店特许影响因素包括九个：受许人资本、市场资源、成功记录、创业精神、特许品牌、经营管理、门店交易、市场机遇、伙伴关系。可以将这些因素进一步与多店特许分类中的两个维度联系起来，一个是受许人的管理权限，另一个是受许人门店资本。市场资源、受许人的成功记录、受许人的创业精神、特许品牌、经营管理、伙伴关系，这些实际上与受许人的管理权限息息相关。而受许人资本、门店交易这两个因素与多店受许人在门店中所有权有关。接下来，本书将用多店特许九个因素，对多店特许的具体应用情况进行深入分析。

二、五个案例示范分析

为了进一步从感性和实践角度认识多店特许现象，揭示其中的发展规律，我们选择了五个案例作为示范分析。主要应用九个影响因素，结合多店特许的概念、分类等较抽象概念和方法来展开。

1. 麦当劳的案例①

（1）麦当劳在美国的特许模式。1937 年，麦当劳兄弟在洛杉矶创办汽车餐厅，而克罗克发展了麦当劳的特许经营体系，早期的特许经营并不推崇多店特许。克罗克不愿意采用区域特许权制度，早期出售的区域特许经营权也逐渐缩小了范围。他认为进行区域特许授权风险太大。但是他对表现优异的受许人，允许他们开几个门店，表现不好的则只能拥有一个门店。克罗克从不把特许权卖给实力雄厚的人，怕他们有一天超过总部，难以控制。他的逻辑是：如果卖掉一大块区域特许经营权，那就等于把当地业务全部交给对方，对方的组织就会替代自己，自己便失去了控制权。

（2）通过合资进入一线城市。1991 年北京麦当劳公司成立，北京农工商联合总公司和麦当劳公司各持 50% 股权，麦当劳公司授权合资公司经营北京、河北及山西等地麦当劳快餐服务，期限至 2031 年。北京农工商联合总公司几经改组，所持北京麦当劳股份现在转移到了北京三元集团旗下。最初，麦当劳和广东国际信托投资公司成立合资公司，经营广东地区麦当劳业务，2000 年广东国际信托破产重组，北京三元收购其 50% 的股权，并成立广东麦当劳公司，为方便管理，北京三元将这部分股权出售给北京麦当劳公司，从而三元集团间接持有广东麦当劳 25% 的股权。在上海，1999 年麦当劳公司与上海华联合资，成立上海华联麦当劳公司，双方分别占 70% 和 30% 的股份。目前，麦当劳在京沪粤的业务，由三地的合资公司运营，除此之外的其他城市和地区的业务，则由麦当劳公司中国总部统一负责。

（3）在华扩张方式的选择。麦当劳在中国大陆最大问题是采取什么方式快速扩张。从 2003 年到 2006 年，麦当劳先后在天津、沈阳等地尝试加盟业务，效果都不理想。2011 年 8 月，麦当劳将云南麦当劳的特许经营权出售给诺仕达集团，

① 参见本书下篇案例 1。

合约期限 20 年，诺仕达接手 11 家老店，未来 5 年内计划开 20 家新店。这便是麦当劳所谓的发展式特许经营，在一个特定的地理范围内（如一个省），授予被特许发展商运营现有餐厅和开设新餐厅的权力，麦当劳则按照协议在总营业额中提取一定比例作为特许经营费用。

当麦当劳公司看到区域大型零售企业，比麦当劳更了解当地市场，更能掌握各种当地资源，便开始依靠合作伙伴的方式扩张市场。合作伙伴的思路，不仅有利于麦当劳获得政策上的支持，也更有利于打开区域市场，实现快速扩张，还可以将先期投入的资金快速回笼。这将成为其在中国市场后发制人的重要砝码。在本地所有权结构下，中东麦当劳已经开设了 800 多间餐厅。在拉丁美洲、菲律宾、土耳其、保加利亚等多个市场，也因成功运用此策略而收到成效。在区域加盟业务推行最为成功的是日本市场，打造了麦当劳日本 4000 家店面的超大规模。

（4）在日本的合资特许经营中，日本麦当劳公司是由美国麦当劳公司（McDonald's Corp）和藤田商社（社长藤田）各出资 50% 而设立的合资公司，美日双方各出资一半。经营的知识财产（技术软件）由美方提供，经营主导权则由日方来掌握，美国没有派任何经理、监督员。在这种状况下，让藤田掌握经营权，尽量发挥他的个人经营才能，不用受传统形式约束。

美国麦当劳能够准确地把握住顾客的新趋向，随时配合这种动向灵活而机动地调整政策，配合时代变革，做出新的规划。例如，在店内设置座位、开发汉堡包早点服务等，这些基本概念都是当今快餐业的创造。麦当劳基于这种观念而开发出的软件就达 25000 多个。美国总公司企划研究人员有 150 人在不断地研究，经试用之后，将其成品以技术软件形式转让给日本公司。这些知识的内容从接待顾客、调味、进货、贩卖、店面经营、利益管理等，对每一个经营部门来讲，都很周到彻底。

分析：麦当劳早期不愿采取区域特许，是因为在当时的条件下，竞争不充分，市场机遇长期存在，且利润率高，特许人可以通过长期积累或者上市融资，获得开设直营店的资本。再者就是在美国国内无差异的市场扩张，市场知识可以通用。当美国国内市场饱和以后，开始向国际扩张，这个时候竞争者多了，利润率低了，市场差异大了，加之各国早期的贸易保护，麦当劳再采取单店直接特许根本不现实。

近几十年来，麦当劳除了在加拿大和英国等少数几个国家采取独资方式外，在其他绝大多数市场都是采取多店特许形式，即通过合资特许、主特许和区域发展特许形式。本地合作伙伴，在资本、资源方面给予特许人极大的补充，如在产品创新方面，麦当劳各国的多店受许人做出了积极的贡献。在经营管理、创业精神、过去的成功记录等方面，受许人的条件良好。在美国、欧洲开发较早的市场，市场机遇少一些，而亚太这些新兴市场机遇非常大。麦当劳特许体系中，特许人与受许人合作伙伴关系保持不错，本地合作伙伴的经营管理到位，双方关系维持最好水平。

2. 7－11 便利店案例①

（1）特许体系股东变革。

在 1920 年，7－11 便利店诞生于美国，由南大陆制冰公司创立。当时在店里出售冰块业务中，偶然中增加了牛奶、鸡蛋、面包等日常物品销售，不久店里开始销售多种产品，并开始特许经营，到 1945 年发展成为 60 家门店的企业，后更名为 7－11 公司。到 1981 年全美已经成立 6328 家7－11 便利店。北美的 7－11 便利店，在当时就有着统一的管理、统一的物流配送，以及很多便民服务，提供现磨热咖啡、速食、热食商品。此外，7－11 还提供自动汇款、复印及传真以及银行提款等服务，美国 7－11 便利店拥有全美最大零售商 ATM 网络。

1973 年，日本伊藤洋华堂从美国引进 7－11，以日本区域特许经营的方式引进，刚开始伊藤洋华堂支付营业额 1% 的费用给美国 7－11 公司，从此 7－11 走上了迅速发展的道路。而美国 7－11 总部由于经营不善，负债累累，1991 年被伊藤洋华堂收购了 73% 的股权。后来美国 7－11 总部将全部股份卖给了伊藤洋华堂。日本7－11 在本地得到了飞跃发展，母公司伊藤洋华堂收购美国 7－11 总部后，日本 7－11 带着“成功经验”对美国 7－11 的特许体系进行了改造。日本 7－11在食品开发、物流配送、经营管理等各方面均取得重大成就。日本 7－11 刚开始开发日本市场，精心挑选部分夫妻老婆店，说服他们加盟 7－11 特许体系，日本 7－11 向特许加盟店提供管理和基础支持，使得他们从购置资产、建筑和维护营运设施的负担中解脱出来。另外，日本 7－11 采取分区逐步发展、密集开店的做法。门店之间还彼此分享经营诀窍。

（2）特许体系在中国大陆发展。

华北——在 7－11 北京公司（株式会社“7－11”）中，日本持股 65%，首联集团持股 25%，中国糖业酒类集团公司持股 10%。2005 年，王府井百货公司收购首联集团持有的 7－11 北京有限公司 25% 的股权。在选址上集中在朝阳和海淀两个高端区，因为店铺多、规模小，所以在一个比较密集的地区高密度开店，可以降低物流成本，提高物流配送效率。7－11要求一个便利店价值链的每一个环节都要坚持品质到位。7－11 的“杀手级”服务则是以盒饭为主的中晚餐解决方案。

华南——2001 年，香港牛奶公司与广东信捷商务发展公司组建合资公司——广东赛壹便利店有限公司，后者获得授权经营华南地区的 7－11 便利店的权力，该

① 参见本书下篇案例 2。

公司通过收购，先后吞并 BP 石油集团的 AMPM、可的、快客（2007 年收购快客 110 家门店）等竞争对手，使门店数量短时间内达到400 家。截至2010 年，7－11 广州、深圳、东莞、珠海、佛山等华南地区的门店数已达到650 多家。[①]

广东赛壹便利店针对商务区、社区、写字楼、酒店、医院选择不同的开店策略，比如在社区创造150 平方米的模式，经营4000 多种商品，而在商务区受租金和物业限制，面积定位在 30～40 平方米，经营1000 多种商品。同时增加糕点、豆浆、咖啡饮品，广东赛壹便利店最终目标是将生鲜食品的比例由目前的20%增加到40%。

华东——2008 年在取得上海 7－11 经营权的统一集团，投入人民币 1 亿元，独资成立统一超商（上海）便利有限公司，从事 7－11 便利店经营。上海的统一 7－11 在鲜食、商品及服务上带来全新零售体验。7－11 提供复合式快餐岛服务，中午、晚餐时段供应现炒菜品，满足上班族及家庭需求。2009 年 4 月 30 日，台湾统一集团旗下的 7－11 如期在上海“四店同开”，并且创下上海便利店单店营业额最高纪录，到目前为止已经有 50 家门店。

我国内资便利店品牌，为了快速发展，首先瞄准较早进入中国的外资便利店品牌，如“罗森”，用“跟、卡、围、堵、截”等方法，进行地毯式开发市场。他们的逻辑是尽管单店业绩不如最强劲的对手，但店铺数、销售额、市场占有率却遥遥领先，目的是想建立了难以撼动“地盘优势”。然而，规模的取得是以巨额的亏损为代价的，总体开支过大，虽然目前账面已有盈利，但利润率非常低。

分析：7－11 在美国创立并得到初步发展，在日本得到发扬光大，日本 7－11的受许人就是伊藤洋华堂，这位有着丰富商业经验的经营者，拥有充足的资本、市场资源和积极的创新精神。美国 7－11 以许可方式，将便利店的经营诀窍，包括商业模式出售给伊藤洋华堂，应该说没有什么问题，日本 7－11 自己创造的经营管理方法与美国 7－11 传统的商业模式难以分割开来，二者融为一体，因此在许可协议的约束下，7－11 是不可以将自己的市场扩张到日本以外的其他国际市场的。但是，因为长期合作以及自己创新的结果，使得美国 7－11 也很难中止对伊藤洋华堂在日本市场的许可。如果美国 7－11 违约这么做，日本 7－11 可以轻易地采用另一个品牌继续在日本经营。日本 7－11 在商业模式创新取得巨大成就的基础是他作为被许可人，拥有极大的管理权限。如果以特许经营方式，比如主特许、区域发展形式，特许人控制力度强的话，可能不允许其进行如此广泛的特许体系创新。

日本 7－11 在中国三大地区采取合资特许的形式，特许人具备良好的条件，

① 田爱丽．第一财经日报，北青网，www. YNET. com，2007－9－13.

而市场机遇也非常有利于便利店的快速发展。进入中国大陆，7－11 均采取了稳步、集中式的市场拓展策略。刚开始以直营店方式尝试进入市场的探索，形成切实可行的模式后，再逐步放开特许经营。7－11 在中国大陆目前取得的成功，主要是特许体系的成熟、特许人在过去积累的成功经验，以及本地合作伙伴的成功合作。

7－11 的商业模式较其他竞争对手拥有较大的优势，从它的单店盈利水平较高就能看出来这点，这归结为特许体系发展比较成熟。在这样的基础上，再采取多店特许方式，抓住中国大陆的市场发展机遇，这才是正道。因为 7－11 在中国的发展，并没有抢在最前面，选择合适的本地合作伙伴，也费了很多时间，但是这完全没有影响其体系在中国的竞争力。

3. 星巴克咖啡的案例①

（1）中国大陆市场策略。从 1999 年开始，美国星巴克进军中国大陆，在京津、上海、广州三地分别授权北京美大、上海统一星巴克、美心星巴克（南中国）经营，美国星巴克在上海统一星巴克和美心星巴克（南中国）分别占 5% 的股权。2005 年，在中国允许外资企业独资开店后，星巴克将中国市场的授权、合作策略变为直营，开始在青岛、大连、沈阳、成都、重庆分别开设了其独资门店。从 2003 年开始，美国星巴克将上海统一星巴克的股份从 5% 提高到 50%。此后从汉高龙投资（香港）和北京三元回购了美大 100% 的控制权。2005 年，美国星巴克在美心的股权由 5% 增至 51%。2011 年 6 月，星巴克获得美心在广东省、海南省、四川省、陕西省、湖北省和重庆市六个地区业务 100% 的所有权。至此，星巴克拥有了中国内地超过半数的星巴克零售门店的完全控制权（控股权）。

（2）星巴克在日本。1995 年，星巴克与日本的零售分销商 Sazaby 成立合资企业，双方各享有 50% 的股份。为迎合亚洲人的口味，星巴克推出了绿茶口味的咖啡。亚洲夏天气温高，不适合喝热咖啡，星巴克推出冰咖啡，问题迎刃而解。星巴克咖啡馆内禁止吸烟、喝酒，使日本女性成为星巴克忠实顾客。统一星巴克的做法就是推出多种针对本地消费者的商品，比如统一星巴克与美国星巴克总公司沟通、测试，本土团队研发了新口味，比如适合东方人口味的“抹茶奶霜星冰乐”。再有就是在中秋节等特别时节推出独具特色的咖啡口味月饼。

（3）星巴克在欧洲。2001 年，星巴克进入欧洲市场，在瑞士苏黎世开设欧洲第一家门店，不久进入咖啡馆历史悠久的维也纳。2002 年，陆续进入西班牙、德国市场。星巴克的全球品牌扩张策略，是以合作拓展为基础，如非直营或者特

---

① 参见本书下篇案例 3。

许加盟，即与当地的零售商合作开店。在欧洲，星巴克遇到他强大的竞争对手，这就是麦当劳的咖啡店，当时后者计划在 2010 年底将欧洲的咖啡店扩张到 1200 家。

（4）全球市场策略。星巴克的全球扩张方式是：公司选择本地商业领袖进行合作，称之为合作伙伴，然后星巴克和本地合作伙伴尝试适应本地的商业传统。例如，在西班牙有星巴克外卖露台，而在日本星巴克拥有更多的座位并提供少量服务。星巴克不断地与经营者接触，紧密贴近市场。在合资公司里，星巴克的股份比例变化很大。最近星巴克采取最小化股份比例，通常少于 50%，以此来吸引潜在的合作伙伴。

星巴克在合作伙伴的帮助下进入一个新市场，并在那里迅速获得产品和服务。这种战略伙伴关系提升了星巴克在市场上的竞争力。星巴克能够实现自己的目标，拓展新的市场，与他们的策略联盟分不开。星巴克进入国际市场采取以下四种策略，即许可（Licensing）、特许（Franchising）、合资（Joint Ventures）、全资分支机构（Wholly - owned Subsidiaries）。

合作伙伴的雇员与星巴克公司的雇员，他们在待遇上差不多。虽然雇主不同，还是保持了星巴克文化的一致性。星巴克在中国大陆对门店会进行各级监管与指导，在监督体系中分为“区”经理和“区域”经理，负责对合作伙伴（或者合资）的门店进行监管，“区”经理管理 6 ~ 8 家门店，每天工作就是不断巡店和稽核，了解门店经营情况，对物料使用、财务进行稽核。星巴克一位“区域”经理管理 10 位左右“区”经理，总计 80 ~ 100 家门店，“区域”经理的上级主管就是中国营运总监，“区域”经理大概一年能把所有门店巡视一遍。

分析：从特许经营三要素，即许可、控制、收费来看，星巴克与各地合作伙伴的关系是特许经营的关系，而不仅是许可的关系。因为各地的合作伙伴，并不仅是以星巴克的商标出售星巴克的咖啡。经营星巴克咖啡的门店，门店设计来自星巴克总部，星巴克咖啡店接受星巴克公司的培训，门店不能出售其他品牌的咖啡。但是，星巴克的特许几乎全部采取多店特许方式，即以合资特许、区域发展的形式进行。这样星巴克与各地的合作伙伴关系非常重要。星巴克很重视他们的区域合作伙伴，在产品研发、本地化方面，密切与合作伙伴合作。受许人在经营管理中拥有很多的权限，并在星巴克进入中国市场发挥了重要作用。受许人通过与特许人的合资公司，拥有门店的所有权，所有权与经营权在本地合作伙伴这个层面实现了结合。

本地合作伙伴在资本实力、市场资源、经营管理能力，甚至创业精神方面，都具有先天的优越条件，这是星巴克在中国大陆取得成功的重要原因，另外在经营管理方面、特许体系品牌、伙伴关系方面，星巴克体系在开拓中国大陆市场均具备这些条件。而且，作为多店特许的方式，星巴克选择合资特许和区域发展这种形式，避免了中国特许经营发展基础薄弱的不利条件，而着眼于强化特许人与本地合作伙伴这层关系，使得品牌能够快速地在中国大陆消费者心目中树立起来，实现了稳步而快速的扩张。

4. 上岛咖啡的案例①

据《当代经理人》杂志介绍，目前，挂着上岛咖啡牌子的门店有3000多家，谁要想挂上上岛咖啡的牌子，相对容易，签完协议交完加盟费，特许人派人来指导完装修和做完培训，剩下的就基本上由受许人经营管理了。上岛咖啡的品牌，要追溯到一群中国台湾商人在中国大陆的发展。1968年，陈文敏在中国台湾创立了上岛咖啡，在中国台湾的门店很少。1998年，陈文敏联合几位中国台湾商人登陆中国大陆，在海南岛开了上岛咖啡馆，一时顾客盈门，生意红火。台商遂把目光放到了广阔的中国大陆市场上。

2000年，上岛咖啡的八位股东，以抓阄方式，将整个大陆市场分为8块，进行分区经营，每人负责一块，每人同时也是股东。这些股东在各区经营上岛咖啡，咖啡厅的资金门槛很高，由于早期各股东均缺乏资金，各区都积极发展特许经营，收取加盟费。谁知各区不约而同地把上岛咖啡当成自己的赚钱工具，对特许体系并没有积极精耕细作，也没有把很多投入放在特许体系的建设上。从各股东立场看，应该建设特许体系；从各区域负责人的角度看，获取短期收益更直接。上岛咖啡品牌的建设缺乏基本的支持。

2003年，上岛咖啡发生严重变故，原来的股东之一陈文敏声称，上海上岛咖啡的商标所有权不合法，要求国家商标总局撤销这一商标。就在陈文敏抛出这个“撒手锏”的同时，他早就在浙江成立了另一个品牌——“两岸咖啡”，将原来上岛咖啡的门店转变为两岸咖啡。有了上岛咖啡区域的独立经营经验，建一个新品牌易如反掌。与此同时，另外一个股东王阳发创立了苏州欧迪咖啡，他自己拥有江苏、河南和辽宁三省上岛咖啡的经营权，到2008年又收购了米萝咖啡（拥有上岛广东、广西、云南三省、自治区的经营权）。当时欧迪公司总部拥有接近800家咖啡连锁店。两岸咖啡、欧迪咖啡与上岛咖啡的竞争已不可避免。

分析：上岛咖啡在中国大陆海南才刚刚立住了脚，就采取分区发展的市场策略，这种做法时间过早，以后也没有持续地对特许体系进行投资和建设。各分区受许人既是股东，又是受许人，在利益方面两种立场的对立对特许体系产生了消极影响。从国内外其他特许体系的做法来看，股东获得区域特许经营权，往往脱离股东身份。从受许人权限来看，受许人的权限过大，没有受到特许人的约束和

---

① 参见本书下篇案例4。

监督，必然失控。而从资本角度看，受许人并没有资本，是在本地区出售特许经营权，收取特许经营费。分区受许人并没有在经营权与资本方面实现相结合。从多店特许方式上看，这种分区发展形式，就是主特许的形式，这是一种高级的多店特许方式，上岛咖啡这个特许体系一开始就采取这个形式，条件不具备，特许人的控制能力有限，最后出现失控的局面是必然的。

5. Wendy's 的案例①

Wendy's Old Fashioned Hamburgers 成立于 1968 年，由美国俄亥俄州哥伦布市的 Dave Thomas 创立。Wendy's 餐厅有名的菜肴包括鱼、定制汉堡和鸡肉三明治、沙拉、烤土豆、辣椒、冷冰和其他流行的日常有价值的菜品。

(1) Wendelta Inc. Carlisle Corporation 是一家专业的酒店管理公司，专注于领先的特许经营和房地产开发。它的全资子公司 Wendelta，Inc. 是一家领先的 Wendy's 特许经营者，在美国四个州拥有 97 家门店，收入在 Wendy's 特许体系中稳居榜首。

Carlisle 公司实施后勤办公服务和软件 Syrus Restaurant Information Services，用以帮助做出明智的业务决策，减少食物和劳动成本和更快地访问他们的信息。董事长兼首席运营官 Chance Carlisle 解释说："以前为 Carlisle 的门店做一个好的产品组合需要一个星期，现在使用 Syrus 可以立刻得到。现在 Carlisle 有一周时间分析数据。在所有 96 家门店使用 Spicy Nuggets，Carlisle 可以识别菜单组合的趋势以决定价格策略，评估产品的效果，且可以看到广告费用花到什么地方了。过去做决策没有凭据，全凭感觉。"他继续说道："借助 Syrus 的信息，Carlisle 做出策略，并且验证或推翻它。对于 Carlisle 这样规模的公司做这些分析如此迅速，真是了不起。并且，存在巨大的食品成本节省机会。以后将不再把 96 家门店当作一家来管理。现在，将有准确的信息来看到人口趋势和发现为什么一些门店做得比其他门店更好，将可以评估新员工的培训的效果。"

(2) Valenti Management. Valenti Management 由 Darrell J. Valenti 领导，是一家经验丰富的受许人，曾经是最大的 Taco Bell 餐厅受许人，当前拥有 99 家 Wendy's 餐厅，还有另外 3 家正在建设中，它在角逐第 100 家 Wendy's 餐厅。Grant 说 Valenti 是全美第二大或第三大的 Wendy's 受许人，他们的目标是增加到 200 家，在未来几年成为 Wendy's 最大的受许人。

1999 年，Valenti Mid - South Management 收购孟菲斯的 Wendy's 餐厅，并不断投入现金、设备、人员，现在正在收获这些利益。公司做出了重大举措切入快餐市场，承诺将提高员工收入，向从 Wenco Franchise Management 收购的孟菲斯

① 参见本书下篇案例 9。

地区54家门店投资1000万美元。“但是，最终公司加速了它的投资步伐，因为一些餐厅破落的经营条件”，Valenti Mid - South Management 的首席运营官说道。一揽子收购的门店中，有的是建筑过的，有的人员不足，还有的设备需要更新。

Grant 说：“我们很快认识到，并马上做出这些投资，而且非常认真，我们现在正在从中受益”。1999年，Valenti 排名100家私人公司的第64家，估计收入5700万美元，但是2000年到了60位，估计收入6000万美元（收入估计来自行业认识和其他资料，Valenti 不会公布确切的收入数字）。

Grant 说：公司计划未来五年再投资800万～1000万美元改善餐厅设施和设备，但是15个月后，他们已经投资了500万美元。在现有的餐厅，公司将在未来一年内投入200万美元，并且在未来两年内投资750万美元。Grant 说：“Valenti 更新了餐厅的装潢、改善了技术和设备，但是优先级最高的是人”。

Valenti 提高10%的薪水和奖金，开始为员工提供医疗保险和401（k）退休基金计划，雇用更多的经理和员工，在培训上投入更多。

Valenti Management 的副总裁兼 CFO Steven Nesbitt 说将餐厅与其他 Wendy's 组合看齐，刚开始是很困难的，但是公司领导认为通过这些改善，能够带来巨大的销售量增长。艰难的工作值得。

Nesbitt 说：“餐厅已取得令人难以置信的业绩，从1999年5月开始出现销售量增长，并且从此开始扎实增长，销售增长已超过12%。”

Grant 说：“自从 Valenti 接管以来，本地餐厅的服务响应时间下降了50%。我们正在通过真正的努力来提升服务，我们已经取得了进展。我们想给顾客最好的体验。”他说在像孟菲斯这样一个竞争性市场，那些做法是重要的。许多比孟菲斯更大的城市，只有四五个汉堡快餐竞争者。但在孟菲斯有八个，还不包括非汉堡快餐经营者。

Grant 说：“竞争让你做得更好，你或者起来挑战，或者出局。”Valenti 全面检查了它收购的所有餐厅，但还有许多孟菲斯市场的事情让 Grant 吃惊。Grant 说为自己如此喜欢这座城市而感到吃惊，员工超过了他的预期。他说：“人们太有才了，他们对自己的工作有个很好的承诺，Valenti Management 所有人不得不提供方向和给予他们支持。”

Grant 希望成为最大的受许人，Valenti 的目标是成为在当地的快餐市场的首选雇主。他说我们希望成为一个理想的工作场所，快餐业有个形象问题，但是 Valenti Management 为人们提供巨大的机遇，并且 Valenti Management 认为人们会为此感到吃惊。

（3）Wendy's Cedar Enterprises。1975年 Cedar Enterprises, Inc. 作为 Wendy's of Las Vegas, Inc. 开始运营。公司创始人 Joseph D. Karam 私下认识 Dave Thomas，

后者是 Wendy's International Inc. 的创始人。Dave 正在寻找投资来发展Wendy's，他很自然地找到了 Joe。Joe 参加了一家投资俱乐部，期间他选择一部分资产用来投资 Dave Thomas，以帮助 Wendy's 起步。当 Wendy's 成长起来并决定上市时，投资俱乐部决定将他们的投资转换到内华达州克拉克县（Clark County，Nevada）的特许经营权上。

在确保特许经营权后，Wendy's of Las Vegas 开了第一家门店。随后 11 年，Wendy's of Las Vegas 又建设了 12 家门店。David 来公司后立刻看到了业务潜力并实施了积极成长和经营策略。接下来两年，公司增加了 5 家新门店并开始搜索潜在的收购对象。1989 年 7 月公司能够完成第一桩收购——用原来的股票收购 21 家 Wendy's of San Antonio，Inc. 拥有的 Wendy's 门店。

公司继续在这两个市场发展门店，直到 1993 年从 Wendy's International 手中收购了在印第安纳波利斯、印第安纳州区两个市场的 17 家门店。在印第安纳波利斯收购完成后的很短时间内，成立了 Cedar Enterprises 作为管理各种分支机构的控股公司。1998 年 7 月公司收购了在西雅图、华盛顿地区两地的 17 家门店。和印第安纳波利斯收购相似，这些门店也是从 Wendy's International 公司购买的。直到 2002 年 4 月 15 日，Cedar 完成了最近在康涅狄格州哈特福德地区的 20 家门店收购，也是来自现有受许人。

（4）其他受许人。Wendy's 受许人 BR Associates，Inc. 经营 34 家 Wendy's 餐厅，分布在印第安纳州和肯塔基州，包括戴尔地区。1976 年 BR Associates 收购了第一家 Wendy's 门店。

Bridgeman Foods 近两百家餐厅，绝大部分是 Wendy's 特许经营门店。2004 年，该公司从 GE Capital Solutions Franchise Finance 获得抵押贷款 1900 万美元，用于收购 10 家位于密尔沃基和麦迪逊和 5 家位于圣路易斯的 Chili's 门店，并计划五年内收购 45 家以上新的餐厅。Bridgeman Foods 是全美最大的 Wendy's 受许人之一，门店主要分布在肯塔基州、威斯康星州、伊利诺斯州、田纳西州和佛罗里达州地区。

分析：以 Wendy's 为代表的美国特许经营，门店交易非常普遍，而往往是以区域若干门店为单位进行交易。这些市场交易，提供了门店的价值发现，门店所有权的流动，使得门店经营的价值能够最大限度地发挥出来。充分的市场交易也为受许人提供了退出机制。另外，很多受许人是通过很多次的收购，发展成为大型受许人。Carlisle Corporation 经营管理方面的努力表现在对管理软件的应用，这个应用使得受许人能够有针对性地、实时地管理旗下的 96 家门店，大大提高了生产效率。而 Valenti Mid - South Management 收购 54 家门店后的大胆及时投入，取得了良好回报，这表明受许人拥有决策权的重要性，这和该受许人之间拥有门店所有权，拥有充足资本，管理能力很强，有创业精神，都是分不开的。

Wendy's在美国这样发达的特许经营环境中，发展多店特许并取得成功，具有一定的代表性。特许人的本地合作伙伴的门店收购、再投资、管理软件和方法的创新，这些对我国发展多店特许经营有一定的启发。多店受许人只有通过不断管理创新，对特许经营门店进行再投资，搞好经营管理，才能创造出比单店受许人更佳的业绩。

三、影响因素分析

在案例的基础上，本书对多店特许影响因素进行了归纳总结，提出了受许人资本、市场资源、成功记录、创业精神、特许品牌、经营管理、门店交易、市场机遇、伙伴关系九个多店特许影响因素。本书对这些案例的分析采取了专家打分法，使用3分制，1分表示表现差，2分表示一般，3分表示很到位。最后将国内、国外以及国内与国际合在一起形成三张表格。

1. 对九个因素的解释

（1）受许人资本。受许人资本包括受许人的资本，以及那些通过第三方获得的潜在资本。我们先对这些因素进行解释，受许人的资本，在传统的单店特许中就引人关注，特许人希望将受许人的积极性调动起来，双方能有个长期合作，共同承担经营的风险。这时候特许人要求受许人对特许体系的专用资产进行投资，要求从特许人那儿购买这些专用资产，如门店里分散设置的专用资产。当然也有一些知名品牌，如麦当劳允许受许人租用门店的专用资产，以减轻受许人的资本压力。多店受许人，往往拥有的门店较多，资本总的额度较大，多店受许人在专用资产上可以自己进行投资。

此外，在运营过程中，各种设备设施的维护费用，各种市场推广费用，甚至门店的重新装修，或者是受许人区域服务机构的建立，都需要大额的资金。而门店的经营并不一直都是稳定的，很多时候在门店经营初期，或者经济不景气的时候，门店的营业收入可能不能弥补全部成本，比如人员、水电、房租等成本。因此，除了门店建设成本外，受许人的额外资本，对于维持长期持续经营非常重要。尤其是多店受许人，还可能在管理、培训等方面进行不断改进，这些都涉及资本的投入。

受许人拥有资本非常重要，一些知名的特许人，他们也有能力通过第三方或者资本市场获得融资，他们也可以将这些资本提供给受许人，比如一些投资额大的设备设施，特许人自己拥有，采取租赁的方式允许受许人有偿使用。市场推广方面，特许人也可以自己来做。但是，这带来的问题是：特许人替代了受许人的经营管理活动，包括一些投资活动。特许人在这些方面，因为市场的距离远，并不实际从事门店管理活动（不像多店受许人那样参与一部分门店管理），因此他们并不是很清楚持续的资本应该投入到什么地方，他们对市场营销也缺乏本地专业知识。因此，依靠特许人的金融资本往往与依靠本地合作伙伴并发挥他们的积极性这个根本动机相背离。

（2）市场资源。市场资源指受许人在细分市场，或者本地市场拥有的市场知识、独特的资源。市场资源是受许人一点点积累起来的，比如这个受许人从前就一直从事这个特许品牌的经营，随着这个受许人对该特许体系越来越了解，对市场越来越熟悉，也积累本地的市场知识，在本地拥有了良好客户关系。受许人拥有这些本地的市场资源，能够让门店经营更加顺畅。如果在该地区再新增门店发展计划，凭借这些市场资源，受许人将更容易成功。

还有一类市场资源是受许人从事相关的业务，比如日本的伊藤洋华堂从事大型商场经营的业务，就是与便利店相接近的业务，这些业务在资源上可以共用。商场经营要与供应商打交道，而在 7－11 刚刚进入日本市场的时候，供应商的传统势力非常大，便利店都不得直接从厂家进货，必须从供应商间接采购。伊藤洋华堂的市场资源，给予了便利店发展所急需的重要支持。很多特许品牌，看中的就是多店受许人在一大块细分市场的独特市场资源。

（3）成功记录。成功记录是指受许人过去从事过门店经营，特别是拥有多店特许经营的经验。受许人的成功记录的重要性，可以从特许人的顺序多店特许得到印证。这种多店特许的方式分为有计划的顺序多店特许和无计划的顺序多店特许。前一种情况，受许人的业绩优良是得到额外门店特许经营权的条件之一，只有特许人计划在这个地区新开门店，业绩优良的受许人才有机会新开额外的门店。后一种情况，只要受许人的业绩优良，或者超过特许体系中受许人的一般水平，就可以额外开设新店。这两种方式的顺序多店特许，前提条件都是受许人拥有经营特许体系门店的成功记录，而且还是优秀的受许人。

区域发展、主特许，实际上也是在特许人的计划之内，逐步增加门店网点，一般是设定若干年内，在某个地区新建一定数量的门店，而这些门店开发的权力由特许人卖给了多店受许人。有计划地开发市场，实际上，特许人也在逐年考察多店受许人的经营业绩，如果业绩达不到要求，经营不善，特许人可能改变在该市场的发展计划，如果不成功的情况很严重，特许人还可以根据合同终止授权，从而结束与多店特许人的合作。

门店交易（门店转让）过程中有两种情况，第一种是特许人自己出售直营店，第二种是现有受许人将门店转让给第三方。第二种情况成立的条件是得到特许人的同意，特许人只有同意现有受许人的门店交易，交易才能够进行。特许人对门店交易，一般要求收购方（潜在受许人）拥有成功的经营记录。

（4）创业精神。创业精神是指那些没有什么资源和门店的受许人，依靠自己的创业获得成功的情况。有的多店受许人的门店虽然具备了很大规模，但是他们中的很多都是由小变大，即使在大的受许人组织内，创业的精神还可以在多店受许企业负责人身上找到，事实上创业精神已经成为多店受许人的组织文化。虽然具备了一定规模，但是多店受许人要在未来经营管理以及继续发展新店中获得持久的成功就不能放弃创业的精神。没有积极性的发展计划将得不到特许人的认可，受许人也就失去继续扩大规模的机会。

大品牌特许人是一个大型企业，而他们的多店受许人一般都是中小型企业，甚至微型企业。多店受许人的规模决定了经营管理机制比较灵活，这是一个能够实现创业梦想的地方，尤其是以多店特许的方式与特许人合作，在一个具有众多特许门店的商业网络中，他们具备创业精神就容易成功。反过来说，他们没有更多的资本，没有更多的资源，不得不继续奋斗。

（5）特许品牌。特许品牌包括特许体系提供的产品、服务和生产的方法（商业模式），以及品牌认知。一个好的特许体系，要求特许体系本身，也就是特许体系的品牌必须得到发展。除了顺序多店特许、区域代理以外，主特许、合资特许、区域发展这些多店特许方式，往往是在特许体系发展到一定程度，特许人主导的特许体系建设达到一定水平，以及在市场机遇、多店受许人条件等均具备的情况，多店特许才能得到发展。

一些特许体系某个市场发展情况不错，要想在其他市场扩张，可以考虑采取多店特许方式。但是应该看到，特许人需要具备多店特许操作的经验，即明白在什么条件下采取何种多店特许方式，这是特许人自身的一种能力，也可以看成是特许体系品牌建设的相关问题。

（6）经营管理。经营管理是指受许人的经营管理，包括社区关系、管理团队、技术应用、成本控制、培训、服务。现代社会，永续经营的理念已深入人心，在特许经营领域也是如此，很多特许经营体系存在了多达半个世纪。特许经营在初期可能是一个投资问题，是一个市场的开发问题。但是一旦打开市场，正常运营后，特许经营门店就主要是一个经营管理的问题。多店受许人处在特许人与终端门店中间的位置，对门店的经营负有最大的责任。在特许体系没有问题的情况下，可以说多店特许人的经营管理，是门店业绩的决定力量。

受许人经营管理多个门店，多个门店的经营不同于单店经营，需要一种独特的技术和能力。多店受许人想要通过自己的经营管理，获得比单店特许门店更高的业绩，在管理上会有独到的地方，如多店受许人运用软件辅助管理自己的众多门店，还有的在自己经营的区域采用在线预订的技术。大多数多店受许人都要到自己的门店去密集巡查，与特许人对单店受许人的巡查相比，多店特许人的巡查更加务实、细致，更具有临场指导、指挥的作用。而在服务支持方面，多店受许人做的工作会更好。

（7）门店交易。门店交易是指门店在特许人与受许人之间，受许人与受许人之间的交易情况。门店交易，也就是门店的转让，是指特许人将自己的直营店出售的情况，或者将受许人的门店回购转换为直营店，更多的情况是现有受许人向第三方出售。要求是在特许经营合同存续期间，受许人转让门店的原因可能是门店的经营业绩下滑，自己的资金困难，等等。门店交易需要得到特许人的同意，对多店特许经营的转让尤其如此，因为这涉及的门店数量大，关系到特许人重大利益。

例如，交易的受让方，如果是自己的竞争对手，除非特许人准备退出这个市场，否则不会同意。再如，受让方没有从事区域特许经营的经验，或者在条件上不具备成为一个合格的多店受许人，特许人也不会同意这样的门店交易。通常情况，特许人会同意多店受许人出售门店。这可能是特许人与卖方、买方，甚至还有相关债权方，商量决定的结果。门店的交易可以采取拍卖方式，特别是对那些规模较大的门店交易而言，这样形成的市场价格，是一种相对公平的价格。

（8）市场机遇。市场机遇是指市场存在机遇，特许人和受许人都需要扩张，直到市场达到饱和的情况。特许体系的发展，虽然有个速度问题，但实质是一个市场机遇问题，在市场需求极大，如本地市场、异地市场，或者跨国市场，有了机遇，特许体系采取多店特许的方式才能成功。特许体系的完善与市场规模扩张并不矛盾，有时是同时进行，从特许人的角度看是一个成长速度的问题，从市场角度看是一个机遇问题，即市场增长的速度。

如果增长缓慢，没有竞争对手、没有替代品，那么特许人就采取单店特许，或者采取直营方式，也能抓住市场机遇。如果出现爆发式的增长，或者竞争对手发展很快，替代者很多，特许人就需要采取多店特许的方式，借助本地合作伙伴力量，共同占领市场。

（9）伙伴关系。伙伴关系是指特许人与受许人长期紧密地相互依赖的合作关系。在传统的单店特许中，将特许人与受许人的关系看成是伙伴关系，还有一点儿牵强，而多店特许情况下多店受许人拥有众多的门店，有的多店受许人比特许人的业务还要大、还要多，双方在规模上作为合作伙伴已经具备条件。

合作伙伴关系是一种企业间长期的合作、相互依赖的关系，特许人与多店受许人符合策略联盟的特征，是一种策略联盟关系。双方的合作超越了合同的内容，有的遵循一种原则，双方采取协商的机制，共同建设特许体系、共同开发市场、共同应对变革和竞争，应该说，将合作伙伴关系，或者策略联盟这些概念应用到多店特许，是对多店特许现象的深入认识。

2. 20 个案例按九个因素的得分

20 个案例情况见表 5－1。10 个国内案例平均得分见表 5－2，10 个国外案例平均得分见表 5－3，20 个国内及国外案例平均得分（除去门店交易因素）见表 5－4。

表 5－1　20 个案例各项因素得分情况

多店特许/相关因素		受许人资本	市场资源	成功记录	创业精神	特许品牌	经营管理	门店交易	市场机遇	伙伴关系
1	上岛咖啡	2	2	2	3	1	2	1	3	1
2	星巴克咖啡	3	3	3	2	3	3	1	3	2
3	麦当劳	3	3	3	2	3	3	1	3	3
4	7－11 便利店	3	3	2	3	2	3	1	3	3
5	福奈特	2	2	2	3	3	3	1	3	2
6	好利来	2	2	2	3	3	3	1	3	3
7	吉野家	3	2	2	3	3	3	1	3	3
8	赛百味	2	2	2	3	2	2	1	3	3
9	谭木匠	2	2	2	3	3	3	1	3	3
10	永和豆浆	2	2	2	3	2	3	1	3	3
11	Wendy's	3	1	2	3	3	3	3	3	2
12	APPLEBEE'S	3	2	3	3	3	3	3	2	3
13	BURGER'S	3	3	3	2	2	3	3	3	3
14	Chili's	3	3	3	2	3	3	3	3	3
15	Dunkin' Donuts	2	2	2	3	3	3	1	3	1
16	Jiffy Lube	2	2	2	3	3	3	3	3	3
17	KFC	2	3	3	3	3	3	2	2	2
18	Pizza Hut	3	3	3	2	3	3	3	1	3
19	Seattle's Best Coffee	1	3	1	2	2	1	1	2	1
20	Quizno's	3	3	3	3	3	3	3	3	3

表 5－2 10 个以国内市场为重点的案例平均得分

	受许人资本	市场资源	成功记录	创业精神	特许品牌	经营管理	门店交易	市场机遇	伙伴关系
多店特许	2.4	2.3	2.2	2.8	2.5	2.8	1	3	2.6

表 5－3 10 个以国外市场为重点的案例平均得分

	受许人资本	市场资源	成功记录	创业精神	特许品牌	经营管理	门店交易	市场机遇	伙伴关系
多店特许	2.5	2.5	2.5	2.6	2.8	2.8	2.5	2.5	2.4

表 5－4 20 个以国内及国外案例平均得分（除去门店交易因素）

	受许人资本	市场资源	成功记录	创业精神	特许品牌	经营管理	市场机遇	伙伴关系
多店特许	2.45	2.4	2.35	2.7	2.65	2.8	2.75	2.5

国内特许经营门店，除了个别的投资人变更外，门店交易不频繁，因此得 1 分。国外的门店市场交易很发达，得 2.5 分。国外的门店交易，一些第三方的融资机构给收购方提供担保贷款，美国很多大的受许人往往是通过门店收购成长起来的，同时门店交易活跃也为受许人提供低成本的退出方式。门店交易除了在受许人之间发生外，还有特许人降低自己的直营店，将门店出售给现有的受许人。

国内的市场机遇得 3 分，国外的市场机遇得 2.5 分。这反映了国内市场处在高速发展时期，充满市场机遇。而美国市场，很多特许体系提供的产品和服务，都处于饱和或者缓慢发展阶段，优秀的特许体系市场扩张的重心也放到了海外，如中国、印度这些新兴市场国家。国际市场存在机遇，也意味着那些关注全球发展的特许体系，市场机遇仍旧不少。一些学者研究认为多店特许与成长速度相关，但是从国内外的案例来看，主要是市场机遇在起作用，市场机遇来了，一个特许体系总会想方设法去抓住，多店特许就是抓住市场机遇的一种有效方式。

在成功记录方面，国外得分高一点，意味着国外多店特许选择那些大型的合作伙伴多一些，这些大型合作伙伴在相近的领域有着良好的成功记录。而中国大陆的特许体系选择多店受许人，往往发现中国大陆并没有很多有成功经验的合作伙伴。但是进入中国大陆市场的特许体系，可以选择中国港澳台的多店受许人来开拓大陆市场，而且随着一二十年的发展，在中国大陆也出现了一些优秀的特许经营运营商。因此，在成功记录方面，国内、国外得分相差不大。

特许品牌国内的得 2.5 分，国外的得 2.8 分，这反映的是国外特许经营发展比较成熟，国内还有一些特许体系在发展过程经受了挫折。特许品牌，除了产品、服务、生产产品和服务的方法以外，还有在消费者心中长期的形象和认知的问题，只有经历了长期的市场考验的特许经营体系，才是优秀的品牌。特许体系的成熟，还包括特许人在培训和给予受许人服务支持等方面。这些情况，多店特许与单店特许相似。中国的特许体系，包括在中国大陆上生存的国际特许体系，还处在发展过程中。

其他因素，受许人资本、市场资源、创业精神、经营管理、伙伴关系，国内与国外两组案例得分相近，这表明多店特许情况下，特许体系发展好坏与这些因素息息相关。受许人充足的资本不但可以应对市场波动带来的风险，还可以在特许体系升级，比如重新装修、管理变革方面等，提供强大的动力。这对单店特许来说，往往不能从容应对。

在市场资源方面，特许人按照国家或者大地区，或者某个细分市场，授权给合作伙伴。主要是考虑合作方的独特的本地资源，特别是市场知识、技能等方面。比如专门发展国际机场餐饮业务的受许人，就成为有意涉足这个市场的快餐特许体系的争取目标。而国际市场，优先考虑东道国的本土合作伙伴。

创业精神对多店受许人同样重要，很多大型的受许人是从单店特许开始，是伴随着特许体系的成长而成长起来的，他们的创业精神是成功的基础。而一些大型投资型受许人，他们作为多店受许人从创业精神中获得丰厚的回报。只是对大型企业而言，创业精神的成分相对少一些。

受许人的经营管理，无论国内外，都是成功的关键。如果经营管理做不好，特许人就没有理由将某个市场的经营权授予一个受许人，因为特许人可以采取直营、单店特许的方式扩张市场。从案例来看，多店受许人的经营管理在以下几方面取得了优势，即社区关系、技术应用、管理创新、成本控制、顾客服务、单店支持等。经营管理也往往和资本的重点投入相联系，这要求受许人有充足资本。

伙伴关系在多店特许中得到充分体现。在单店特许中，特许人与受许人双方经济地位不平等，单店特许人除了服从外别无选择，单店特许力量太单薄。即使在很多特许体系中，单店受许人通过受许人联盟，参与决定广告费用的使用方向、新产品采用等，但是他们还是处在从属地位。美国受许人协会（AFA）是代表不同特许体系受许人的组织，在积极推出国家立法以保护受许人权力。但是在多店特许情况，受许人拥有了所有权和经营权方面更大的分量，在事实上享有更高的谈判地位。特许人与多店受许人双方的关系，通常十分友好，相互依赖。

四、本章小结

在对多店特许进行高度抽象，即在提出多店特许的概念并对多店特许的形式进行分类之后，我们对多店特许的本质和规律有了认识，接下来就是应用这些概念和分类去解释和分析多店特许的现象。本章从 20 个案例中选择 5 个，做了示范分析。再在 20 个案例的基础上，结合文献回顾，以及多店特许的概念和两个维度的分类，提出了一个特许体系多店特许经营发展的九个影响因素。

多店特许发展受到特许人、多店受许人（本地合作伙伴）、终端门店主体特征、相互关系，以及外部环境的影响，主要的影响因素有九个，即受许人资本、市场资源、成功记录、创业精神、特许品牌、经营管理、门店交易、市场机遇、伙伴关系。这是特许人在选择分支机构，还是选择合作伙伴这两种市场扩张方式时考虑的因素，也是一个特许体系多店特许发展状况的分析工具。多店特许九个影响因素，是多店特许两个维度分类的进一步细化。

第六章　中间层分析框架

本章主要讨论传统特许经营理论与中间层的关系、集体行为和社会选择理论对多店特许的解释，提出中间层的分析框架，并运用这个框架对多店特许的现象进行解释。多店特许的概念、多店特许两个维度分类、多店特许的九个因素分析都是从不同层面、不同角度、不同方法对多店特许，从本质到现象的分析，从抽象到具体，对多店特许规律的刻画。多店特许的中间层分析框架是将多店特许概念、分类、因素整合起来，形成一套完整的分析方法。

一、传统基础理论与中间层

传统解释特许经营的理论一般都没有考虑多店特许的现象，多店特许与特许经营并不是一回事。传统解释特许经营的理论主要有资源理论、委托—代理理论、社会交换理论、进化论、国际化理论、交易成本理论等。

1. 资源理论与中间层

资源理论是一大类理论（Evelien Croonen，2005），可分为核心资源理论、互补资源理论和动态能力理论。在传统单店特许情况下，特许人具有商业模式这个核心资源，而受许人拥有创业精神、资本这两个核心资源，两者的资源互补，一起使用才能创造特许体系的价值。特许人与受许人都具备一定的能力，并且随着业务的发展，各自的能力也得到提高。[①]

对多店特许来讲，受许人（本地合作伙伴）具有的资源更加丰富，资本可能也更充足，这些中等规模的企业，保留着原始的创业精神，有一支职业化管理队伍，负责多个门店的经营管理。特许人与受许人拥有互补性资源和能力，他们的资源和能力，较单店特许扩大了许多。受许人除了直接或间接负责门店运营的权以外，还可能拥有市场开发权，拥有与特许人一道共同建设特许体系的权力，

---

① Evelien Croonen. Strategic Interactions in Franchise Relationships. Publisher：Labyrinth Publications，2005，Pages 10 – 30，http：//dissertations. ub. rug. nl/.

因受许人（或本地合作伙伴）在管理权限和门店所有权而异。从本书的案例分析来看，资源和能力永远都是特许人选择多店受许人考虑的重要因素。

特许人开拓市场所需的资源以及必备的能力，可能自己暂时无法得到，或者要得到这些的成本太大。国际特许体系进入另一个国家或地区，他们首先遇到的是管理本地雇员的能力，特许人如果要具备这方面经验，需要有长期积累。而本地市场知识和市场能力，也不是国际特许人短时间就能够具备的，麦当劳、KFC在中国发展了20多年才积累的一些资源和能力。即使是这样，他们仍旧希望拥有本地优秀的合作伙伴，后者给他们提供的资源和能力，比他们自己取得的成本更低、更优异，获得的速度更快。一个全球的特许体系，要适应千差万别的各块细分市场，完全自给自足，特许人的资源和能力上远远不够。

多店受许人能够补充特许人在门店管理、市场开发、体系建设（包括服务支持体系）所需的资源和能力，这无论是在特许体系刚刚进入新市场，还是稳定发展时期，以及面临挑战和变革时期，本地合作伙伴的资源和能力都是非常宝贵。

2. 委托—代理理论与中间层

很多学术研究者用代理理论来分析各种特许经营问题，比如特许人合同的结构、特定特许类型的选择，特许体系财务方面的成功（Bates,[①] 1998；Shane,[②] 1996a）。

一般认为，一个连锁店，特许人与门店经理之间是一个组织内部的体系，上下级之间是委托—代理关系，门店经理一般拿薪水。但是特许经营则是独立的经营实体，单店特许经营的门店经理就是门店的所有者，门店经理拿的是利润，他们的努力来自自身，这也是门店业绩的决定力量。采取特许经营方式，解决了连锁体系直营店中的监督和激励问题。代理理论中的道德风险，存在于连锁体系的门店的经理身上；而逆向选择存在于受许人的招募方面，特许人要寻找到理想的受许人，可以采取信号机制，即要求受许人过去有过某些成功的记录。代理理论也碰到了受许人公共产品中“搭便车”的问题，比如一个地区的特许经营门店，都需要服务支持，比如地区性公共广告，以及新产品开发，这些都是单店特许经营无法解决的问题。

多店特许经营，一个受许人拥有、经营或者负责监管几个门店，或者负责某个地区的门店。这个时候的多店受许人取代的是传统单店特许的方式下特许体系的中间层，即特许人的分支机构。换句话说，多店特许的代理问题，有两个层

① Bates. Survival Patterns Among Newcomers to Franchising. *Journal of Business Venturing*, 13, T.(1998), Pages 113 – 130.

② Shane. Hybrid Organizational Arrangements and Their Implications for Firm Growth and Survival: a Study of new Franchisors. *Academy of Management Journal*, 39, S. A. (1996a), Pages 216 – 234.

面，一个是特许体系总部与多店受许人之间的关系，另一个是多店受许人与终端门店之间的关系。这两个层面的划分非常重要。这样划分后我们看到了多店特许在特许体系中发挥的作用。

多店受许人，这里称为特许人的本地合作伙伴更恰当，因为在主特许这种方式下，受许人指的是终端门店的所有者。本地合作伙伴与终端门店之间，就是所谓的“微连锁”的现象，多店特许方式下，出现了特许体系下的“微连锁”，本地合作伙伴与终端门店之间构成了一个“微连锁”的关系。这里的“微连锁”，本地合作伙伴可以采取直营方式，有的情况是特许方式，特许方式的“微连锁”就构成了一个“微特许”（比如主特许方式）。本地合作伙伴与终端门店的关系，解决了某些代理问题，这与单店特许是一致的。与单店特许不一样的地方在于，单店特许存在的公共产品的问题，这里的多店特许，在本地合作伙伴权限足够大，且本地合作伙伴拥有门店所有权的情况下，公共产品可以在本地合作伙伴这个层面实现自给自足。即使在本地合作伙伴在管理权限和门店所有权不完整的情况下，也可以在一定程度上缓解公共产品的供给问题。

这是多店特许代理问题的一个层面，另一个层面是多店受许人，或者说特许人本地合作伙伴与特许人之间的关系。在没有采用多店特许方式情况下下，特许人规模壮大后，就有了分支机构这一层。本地合作伙伴与特许人的分支机构是对等的关系。特许人与分支机构也存在代理问题，这层代理关系使得特许人的目标发生偏离。分支机构的人员拿的是薪水，而特许人的本地合作伙伴，拿的是利润或者佣金，他们是独立的经营实体。多店受许人，比如拥有一个区域的特许经营权，包括市场开发、在本地集中做广告，以及对本地门店进行监管管理，多店受许人要为授权区域的门店经营业绩负责，多店受许人的收入与利润来自门店经营业绩，因此特许人无须激励多店受许人，他们有内在动力搞好经营。

多店特许通过服务支持外部市场内部化的方式，在相当大的程度上解决了特许人与分支机构的代理问题。但是更大层面公共产品“搭便车”的问题仍旧存在，这有待特许人设计激励机制去解决。

本地合作伙伴要解决这个层面的代理问题，与多店特许的形式是有关，或者说解决的程度与多店特许类型相关，将多店特许按照受许人的管理权限和在门店资本两个维度划分类型，可以反映特许人对多店受许人的授权程度，以及多店受许人在门店中经营权与所有权相结合的程度。

3. 社会交换理论与中间层

社会交换理论（Social Exchange Perspective）不是从经济的角度，而是从人际交往角度进行的解释，它并不是强调效率和治理结构，而是从关系中的社会心理和信任的角度看问题，这对特许经营有很大的解释力，特许经营是与合作伙伴一起开发市场存在不确定性的结果，双方的信任非常重要。特许人与受许人的关系中，很多行为是合同约束不了的，因此发挥信任在合作过程中的作用非常重要。单店受许人与特许人之间经济地位的不对等，使得双方无法真正建立平等的合作关系。①

在多店特许经营方式下，特许人与受许人或者本地合作伙伴，双方的信任拥有长期的合作基础，一些多店受许人是伴随着特许体系成长起来的，他们与特许人是生意上的合作伙伴，也是私下的朋友。信任在消除误会、密切合作中扮演了很重要的角色。信任是他们合作的基础，也是未来继续合作的依据。双方之间可能是一种战略合作，协议也可能是一些原则性的，一般性的条款，而信任、自觉自愿原则是双方战略合作的推动力。

4. 进化论与中间层

进化论理论（Evolutionary Perspective）②包括四个过程，即变化、选择、保持和扩散、争夺资源。变化包括有意识的变化，比如实验、无意识的变化是一些特殊事件的发生、机会、冲突等。一些变化在选择中留下来了，包括外部选择（如竞争压力），以及内部选择（如内部组织的压力）。保持和扩散，就是保持和复制那些选择保留下来的变化。争夺资源，即争夺稀缺资源，是给变化和选择过程施加的额外压力，因为并非所有变化都保留下来了。

对特许经营而言，包括变化、选择、保留商业模式，以及变化、选择和保留特许体系的受许人。商业模式并非一成不变，而是一个发展的过程，这个过程就存在变化、选择和保留等机制。特许人对特许体系进行有意识的改造，那些适应环境的改造就保留下来了。在无意识变化中，比如一些市场机遇的出现（如消费习惯的改变），都是促进特许体系商业模式改进的外部力量。另外，在长期的特许经营发展中，部分适应特许体系的受许人保留下来。

在多店特许经营情况下，特许人在商业模式的改进上充当了主要角色，同时，多店受许人或者本地合作伙伴因为自身地位提高了、规模壮大了，与特许人的关系更密切了，多店受许人在参与商业模式改造中发挥了更大的作用。他们在本地化工作中，拥有天然的，而且往往唯一机会，比如主特许，要想让一个特许体系适应某个国家或者某个区域市场，没有本地合作伙伴对特许体系进行的改造，特许经营想要成功是极为困难的。他们具有本地的市场知识，对本地的客户和业务熟悉，只有他们知道特许体系该如何改进才能更加适应本地市场。特许人与本地合作伙伴需要密切合作，在内外环境作用下，才能选择并保留下导致商业模式变化的那些积极因素。

---

①② Evelien Croonen. *Strategic Interactions in Franchise Relationships*. Publisher：Labyrinth Publications，Pages 10 – 30，2005，http：//dissertations. ub. rug. nl/ .

对多店特许而言，选择本地合作伙伴，既是特许人有意为之，又是一个进化过程，这个过程往往伴随着门店的交易。特许人降低直营店的比例，出售现有的直营店，有些受许人通过竞标拥有更多的门店，或者现有的受许人退出特许经营，而另外一些受许人将其收购。这样一来，一些受许人的规模就越来越大。这些受许人是那些业绩优良，经营有方，积极追求成长的受许人。他们成为进化过程中保留下来的特许人的合作伙伴。

5. 国际化理论与中间层

国际化理论（Internationalization Theory）是国际贸易学的知名理论，是公司海外扩张的理论，是一个行为理论。该理论认为公司将最小化不确定性，并且逐步地走向海外，从没有什么承诺的，如从出口的方式开始，只在他们获得成功的市场增加投入（Johansen 和 Vahlne，1977，1990）。这种国际扩张的观点与最大化价值的方法并不一致，后者，公司同样承诺逐步投资，且有机会照此更新其评价不同的机会。① 但是国际化理论，聚焦在风险厌恶的基础上，主张公司在他们开发完国内市场的机会后再向海外扩张，且他们首先向相似的市场扩张，即那些在文化和地理位置上与他们现有市场相近市场，在耗尽了各个市场之后再进入另一个新的市场。而经济理论主张公司在全部市场中持续追求那些最好的机会。经济理论认为多元化自然会分散风险，而在公司进入各种市场风险本身并不是重要的因素。

特许体系的国际化除了直接投资以外，基本都是多店特许的范畴。特许体系直接投资，在进入市场差异较大的市场，面临诸多的挑战，很多特许体系在尝试中失败了，他们过高地估计了自己管理东道国员工的能力，过高地估计了自己开发东道国市场的能力，他们缺乏本地资源，虽然可以通过长期的尝试以积累经验，但这除了成本巨大，还可能错失市场机遇。

6. 理论集体行为和社会选择与中间层

集体行为和社会选择理论是解释多店特许最新的理论。以 Olison（1965），② Miller（1992），③ Bradach（1998）④ 为代表的研究者，对这种理论做出了贡献。该理论的核心是特许体系为众多单店特许提供的公共产品有限，单店处于事实上的自治状态，在公共的广告费、新产品开发等问题上，单店各自都不愿意投入，而希望其他门店投入自己受益，即“搭便车”。而多店特许则克服了这个问题，

① Evelien Croonen. *Strategic Interactions in Franchise Relationships*. Publisher：Labyrinth Publications，Pages 10－30，2005，http：//dissertations. ub. rug. nl/.

② Olson. *The Logic of Collective Action*. Harvard University Press，Cambridge，1965.

③ Miller. GJ. *Managerial Dilemmas*. Cambridge University Press，Cambride，1992.

④ Bradach. Franchise Organizations. Boston：Harvard Business School Press，J. （1998）.

因为多店受许人在很多情况下对多个门店拥有所有权。社会选择的理论提出了解决众多经济上独立的实体在公共决策上的问题的最好的方法，就是出现一个独裁寡头。在多店特许经营的情况下，多店受许人充当了这个寡头，门店所有权都是自己的，公共决策变成了私人决策，多店受许人需要做的就是自给自足。

但并不是所有类型的多店特许都能克服这两个问题。在主特许以及区域代理这样的多店特许方式中，特许人的本地合作伙伴并不一定拥有门店的所有权，他们有权发展特许经营门店，而这些特许经营门店作为一个集合，并不是同属于一个所有权，“搭便车”的行为无法解决。这就是在所有权分散的单店特许经营中，单店不愿意缴纳一些公共费用和建设资金的原因，即使在他们和特许总部之间有区域代理，或者次特许人这样的中间层，也无济于事。公共事务的决策问题也是一样的，在多店受许人不拥有门店所有权的情况，问题也得不到克服。

总之，作为某个区域门店的公共产品的供给，有以下三种方式：一是通过受许人联盟；二是通过特许人的总部或者分支机构；三是通过多店受许人。通过受许人联盟方式，门店的公共产品供给和公共事务决策的问题最严重，通过特许人自己的组织也存在这样的问题，通过多店受许人在某些情况可以克服这个问题，或者在很大程度上缓解这个问题。

7. 交易成本理论与中间层

按照交易成本理论，企业的边界由外部交易成本和内部交易成本共同决定。在本书第三章图 3－2 中可以看到，单体店、小型连锁、大型连锁、小型单店特许、多店特许这种共存的市场格局，可以用交易成本的理论进行解释。在特定的市场环境下，如某些局部市场，就存在大量的单体店，因为单体店效率更高；如果区域性小型连锁品牌效率更高，可能小型连锁就占有市场。在向上关系中存在替代关系，即特许人的分支机构与特许人本地合作伙伴之间的替代关系；在向下关系中也存在替代关系，即本地合作伙伴与终端门店采取直营或者特许经营两者之间的替代关系。这也是由企业内部交易成本与市场交易成本的比较决定的。

本书提出的中间层的概念体系，包括向上关系，即本地合作伙伴与特许人之间的关系，是一种策略联盟的关系，是特许人与特许人本地合作伙伴组成的虚拟企业。这里的理论根源也是交易成本理论，即在外包市场的交易成本和企业内部的管理成本之间权衡后，企业寻求某种市场契约安排，建立虚拟企业，从而使交易成本最小化。在向下关系中，本地合作伙伴与终端门店有一种情况体现为“微特许”，基本是单店特许，特许人与受许人之间的规模相差甚远，若将其视为联盟关系比较牵强。若将本地合作伙伴与终端门店之间看成是一种市场契约关系，则可能更恰当一些。

二、中间层分析框架

本书提出来的特许体系中间层、两个维度多店特许分类、九个因素分析，以及相关的问题，这些是多店特许分析框架的基础。这个分析框架，可以用于从现象到本质，从抽象到具体，分析多店特许问题，见图6－1。抽象方式包括一个多店特许的概念，多店特许两个维度分类，这些抽象的分析用于解释多店特许的规律；而九个因素分析是分析多店特许具体问题的方法，这个方式适用于对各种特定环境和特定条件下对多店特许现象进行解释和分析。抽象的分析和具体的分析，都是多店特许分析不可缺少的方法。中间层分析框架，将多店特许抽象分析方法与具体的分析方法整合在一起，相互补充，能够更好地解释多店特许的运行规律，更好地指导人们多店特许的实践。

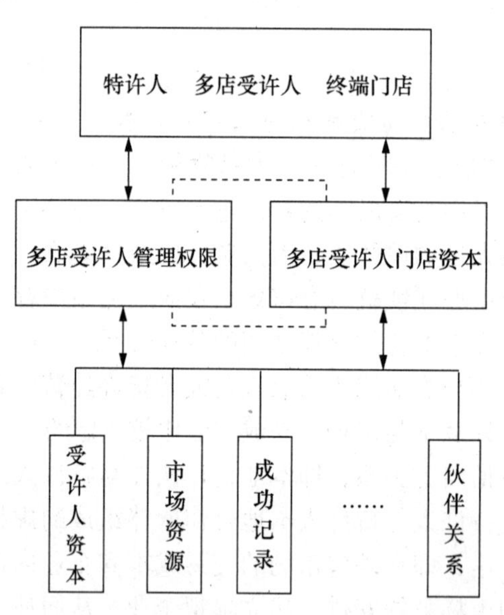

一个概念：特许体系的中间层，特许人本地合作伙伴，特许人分支机构替代方式，策略联盟与“微连锁”等

两个维度：反映了特许人与多店受许人的水平分工、垂直分工，以及分工的程度；分工与合作的程度

九个因素：主体与关系以及由此决定的影响因素，中间层的地位和作用，向上关系，向下关系，水平与垂直分工及程度具体化

图6－1　中间层分析框架示意

1. 一个概念

对多店特许给出一个统一的、整体的概念，这点非常重要。这就是从一个维度来看多店特许经营，也就是从整个特许体系看待多店特许经营。按照本书的定

义，多店特许是特许体系的中间层，是作为特许人分支机构替代者的身份出现和存在的。多店特许这个中间层包括多店受许人，是特许人的本地合作伙伴。但是多店受许人并不等同于多店特许，因为多店特许还包括多店受许人与特许之间的关系（向上关系），以及多店受许人与终端门店的关系（向下关系）（这包含或者说类似但不等同于“微连锁”的概念）。向上关系，即本地合作伙伴与特许人之间的关系，用策略联盟的关系来刻画比较合适。本地合作伙伴与终端门店的关系，可以分成以下四种：第一种“微连锁”，第二种“微特许”，第三种外包服务商，第四种混合方式。

2. 两个维度

与一个维度的高度概括不同，对不同类型的多店特许，包括非典型的多店特许方式，要进行深入研究，刻画每种方式的不同特性，需要对多店特许进行分类。作为多店特许的中间层，其形式多种多样，富于变化，这与另一种中间层特许体系分支机构相比，具有很大的灵活性，也是多店特许的一个优势。

受许人的管理权限与门店资本，在门店所有权和经营这个层面，可能是相关的见图4－7。但是在特许体系市场开发和特许体系建设方面，与门店的所有权无关，而直接由特许人与多店受许人的合同规定。门店运营权，对单店特许与多店特许是一样的，都不在特许人手中。但是对多店受许人，拥有市场开发和特许体系的建设权限，这一点很重要。因此这里的管理权限，除了一部分与门店资本相关外（门店运营权），还包括更重要的市场开发和特许体系建设的权限，后两者与受许人门店资本相互独立，直接由特许经营合同规定。

受许人管理权限和门店资本不单是分工与合作的形式，而且也反映了分工与合作的程度，如在某些情况下多店受许人拥有较少的权限，承担较少的职能。最终体现为不同形式的多店特许，他们具有的管理权限，或者门店资本，在程度和比例上存在差异。

3. 九个因素

具体到某一种多店特许经营，在特定的市场环境和历史条件下，从中间层这一个维度，或者从受许人管理权限和门店资本两个维度来分析，解释力还不够。这是因为我们还没有将多店特许的各个主体以及主体之间的关系展开，也没有对分工与合作的内容进行划分。为此，在对多店特许进行文献回顾和案例分析的基础上，本书提出了多店特许的九个影响因素。这九个因素是：受许人资本、市场资源、成功记录、创业精神、特许品牌、经营管理、门店交易、市场机遇、伙伴关系。

这九个因素是对特许体系中间层（一个维度）、受许人管理权限和门店资本（两个维度），以及一个维度和两个维度等价概念，即本地合作伙伴，特许体系中间层中分支机构的替代者，特许人与多店受许人关系（策略联盟），多店受许人与终端门店（包括“微连锁”），特许人与多店受许人在市场开发与特许体系建设方面的分工与合作等方面进行的展开分析。

但展开的方式并没有按照两个维度机械地进行，比如受许人资本，这是多店受许人拥有门店资本，也包括市场开发的资本，包括特许体系建设的资本。因为不同的特定条件，特许人与多店受许人的关系是不同的，特许经营的合同也是灵活而具体的，特许人与多店受许人完全可以选择不同形式的多店特许，或者不是典型的某种特许方式。这些多店特许的现象，从两个维度的分类解释也不能完全解释，而从九个因素进行解释就非常清楚和具体了。九个因素分析，既是对中间层概念、两个维度解释的进一步展开，也是对其进行的补充。

九个因素可以归结为特许体系的主体特征、相互关系以及环境因素三类，一是主体特许，包括：受许人资本、市场资源、成功记录、创业精神、特许品牌；二是相互关系，包括：经营管理、伙伴关系；三是环境因素，包括：门店交易、市场机遇。

三、对中间层的解释

1. 商品的分销、流通与特许体系中间层

在特许经营发展之前的销售渠道，或者说分销体系，厂商有各种销售渠道，而除了直销渠道外，其他渠道都由批发商和零售商组成。因为批发商的出现大大节省了交易成本，减少了厂商和消费者，或者说厂商和零售商之间的直接交易的数量。近年来兴起的厂商电子商务，以及第三方电子商务，让大的电子分销平台直接面向消费者。这种销售方法的变化，应当说与特许体系的发展有很多差异，但是阐述这些现象有助于我们理解多店特许的发展。

首先我们看到，特许经营从事的产品销售或者服务的商标，都具有区域性或者本地化特征，由一定分布密度形成的门店网点组成。这是特许经营的生命力所在。人们不必到很远的地方，或者大型购物中心去购买商品或服务，在自己生活、工作、旅行地点附近，就能购买所要某个品牌的东西。只是在近年来，特许经营商在一个城市，或者几个街区采用了电子商务的方式提供外卖商品。而另一些商品，如住宿消费的地点本身就不在消费者生活的附近，大量采取电子商务的销售方式也不足为奇。

还应当注意到，住宿业电子分销，或者直销方式，出售的是最终的商品或服

务。而特许经营中的门店特许，是生产供应网点的市场扩张，在形式上采取了出售特许经营权的模式。这是一个企业整个生产、销售和服务环节中的前端和上游环节。至少特许经营包括上游，也包括产品和服务的销售，传统的特许经营中的产品和服务销售一般都是现场销售，现代的销售融入了电子商务。

这表明特许经营相对电子分销，涉及生产和服务环节更广泛、更全面。分销方式负责产品和服务的销售，而不涉及生产环节。特许经营除了不占主导地位的商标和产品特许以外，绝大多数属于商业模式特许，这些特许门店，包括了整个产品或服务的生产和销售两个环节，而且最终的生产环节与销售以及消费往往是同时是发生的，比如快餐服务业。

分销方式与特许经营的不同之处还体现在控制手段和能力方面，分销商可以出售很多个品牌的产品或者服务，而特许经营门店是专营的，在厂商对门店的控制力方面，特许经营比分销方式强（特许人对受许人的控制）。特许经营的标准化、门店的专门投资都是对门店所有者的控制手段。

由此可见，无论是分销方式，还是电子商务，都不是特许经营。但是近期出现的多店特许经营方式，在门店特许经营权出售环节，形式上有点像分销渠道中的“批发商”，即本书提出来的特许体系的中间层。

特许经营的市场扩张，包括门店特许经营权的出售过程，因为特许人要将网点开到市场各个角落，就得找到潜在的受许人，把他们引进特许体系，组织起来。传统的单店特许是特许人总部，或者自己的分支机构，负责招募和管理大量的受许人，并为他们提供服务支持。这是一项浩大的工程，特许人需要耗费资源和时间，而且效果往往并不理想。随着特许体系的壮大，特许人越来越需要“批发商”，且需要多个“批发商”，这些“批发商”扮演了门店与特许人之间的组织，他们不仅负责出售单个门店的特许经营权，而且也可能拥有这些门店的所有权，并且组织这些门店的生产活动。在出售特许经营，或者为门店提供服务支持方面，特许体系中间层在含义上与“批发商”相近，但其具备生产活动，而批发商则不具备，因此本书称其为特许体系中间层。

特许体系有两种类型的中间层，一个是自己的分支机构，另一个是特许人的本地合作伙伴。在多店特许方式中，后者使得特许人可以将一个区域的特许经营权出售给本地合作伙伴，或者将服务支持，如招募、培训这些环节授权给本地合作伙伴。本地合作伙伴是特许人长期发展所需要的，本地合作伙伴的资本、资源和能力等充实了特许体系的竞争力。

2. 本地合作伙伴特点

（1）业务合作范围广。特许体系的中间层，包括特许人的分支机构，它们担当的角色，不仅是特许经营门店的销售环节，也包括生产环节，这是由特许经营主要应用在商业模式特许，而不是产品分销特许这个特点所决定的。特许人与本地合作伙伴之间的合作，除了门店运营还包括特许门店的市场开发，以及特许体系建设本身。特许人可能也把诸如培训、招募潜在受许人、市场活动等一些环节交给本地合作伙伴来做，具体的授权程度因市场环境和特许体系主体关系的特点而定，更具体的授权则在多店特许经营合同中规定。

（2）独立的商业实体。特许体系的中间层，一个是特许人的分支机构（内部组织，包括全资的分公司、子公司等），另一个是特许人的本地合作伙伴。特许人的本地合作伙伴，则是独立法人的经营实体，与特许人在资本上没有关联，不存在特许人控股本地合作伙伴的情况。其在成为特许人本地合作伙伴之前，可能与特许人之间的商业往来不算密切，或者仅仅是从单店受许人的身份发展而来。特许人与本地合作伙伴是一种长期的战略合作的关系，而且合作伙伴的规模越大，与特许人之间的合作关系越紧密。

（3）两个层次的关系。特许体系的中间层有两个层面的关系，一个是本地合作伙伴与特许人之间的关系，另一个本地合作伙伴是与终端门店的关系。分两个层面来考察多店特许现象有助于我们对多店特许的深入认识。第一个层面，即特许人与本地合作伙伴的关系是一种策略联盟的关系，是一种分工合作关系。第二个层面，即本地合作伙伴与终端门店的关系就好比一个“微连锁”体系，在本地合作伙伴全部出售特许经营权的情况下，又好像是一个“微特许”体系。

（4）按照两个维度分类。多店特许可以按照受许人权限以及受许人门店资本两个维度进行分类，本地合作伙伴不仅考虑与终端门店的关系，同时还考虑了与特许体系总部（特许人）的关系。这是两个层面的关系，它决定了不同多店特许类型的特点，有的资本参与多一点儿，形成了“微连锁”的形态；有的没有什么资本投入门店，就好像特许人的业务的外包。特许人给本地合作伙伴的授权程度变化，适应了各种环境和条件，使得特许体系在与本地合作伙伴的合作中体现出这种虚拟组织的柔性，体现了管理的弹性。

3. 策略联盟——向上关系

多店特许作为特许体系中间层两种方式的一种，也可以称为特许人的本地合作伙伴，特许人与本地合作伙伴之间是一种策略联盟的关系，这个联盟关系却因多店特许的不同方式而异，有的显示出强大的联盟关系，有的联盟关系相对较弱。

（1）跨国大区域——强联盟关系。直接投资的理论解释——企业进入一个新市场，通过建立自己的分公司，或者分支机构，以及通过本地的收购形成实体（这三者称为特许企业的分支机构），由特许企业本地的机构从事本地的特许经营活动，这里特许企业总部与国际市场的分公司或者分支机构，这两者的关系是企业内部关系，企业总部与分公司之间是委托—代理的关系，分支机构在企业内部关系系统下授权从事本地的特许经营活动，分支机构听从特许总部的命令，至于分支机构在本地是否拥有决策等管理权限，取决于企业内部管理体制的设计及管理权限的下放，其本质上是委托或授权关系。大公司通过分支机构拓展海外市场的例子很多，在特许企业范围也有一些。

通过分支机构拓展海外市场，初始的资金投入都来自特许企业（特许人）总部，而本地的资源有的是总部直接出资在本地开发。例如，餐饮企业所需要的专门规格的原材料，如麦当劳的土豆，刚开始在海外市场都没有供应，那么国际特许企业就在本地开发这些资源，或者通过自己直接投资，或者选择合作供应商为自己长期定制生产。这个过程可能很长，但是却是必不可少的环节。在其他方面，如市场、客户等资源，特许企业依靠自己门店一点点积累，或者通过收购本地的类似企业，比如 7 – 11 进入广州市场收购了快客 110 家门店。特许企业通过直接投资、培养供应商、长期积累以及兼并收购，获得了特许企业在本地发展所必需的资源或资产。

对于那些类似的市场，比如语言、文化、地理位置上比较接近的国家，特许人进入这些市场，在产品、服务和经营管理模式等方面，特许体系可能无须做出大的调整就能满足本地市场需求。例如，美国麦当劳进入加拿大市场，产品、服务和经营模式都很好适应。但是像 KFC 这样的企业以独资的方式进入中国市场，它首先面临的就是产品、服务和经营模式的大调整。这个适应的过程，使特许人分支机构在本地发展出了新的能力，这在管理上要求总部给予本地机构极大的授权。随着环境的变化，比如需求的变化和竞争的变化，要求特许人的分支机构具有动态的适应能力和调整能力。

但是直接投资，特许人面临的问题远比资金、资源、本地化、动态能力更加广泛。随着管理层级的增加以及管理幅度的增加（门店数量飞速增加），总部通过分支机构，对门店的实际控制力大大减弱了，管理上出现无效的局面。例如，在大的区域，门店得到总部的持续支持远远不够，受许人出现了事实上的自治。更大的风险在于，特许企业的分支机构在本地投入巨大，却没有打开这个市场。因此，在进入海外市场，特许人不得不考虑这一层面的特许形式，即许可、主特许、合资特许这些非直接投资的方式。

以多店特许方式进入国际市场——多店特许进入国际市场，特许人与当地合作伙伴，或者通过协议或者资本建立联系，实际上特许人总部与本地这些实体之间是一种联盟的关系，即使是合资特许这种形式，特许人总部与本地合资也不仅仅是资本关系，应当将合资公司的参股企业看成是联盟关系。仅靠双方的资本，合资企业是无法成功的。许可与特许，前者主要指的是技术和知识产权的转让，许可人不提供一套完整的支持系统，对被许可人未来的经营活动控制较弱。

联盟关系是企业外部的关系，但不是交易关系。在联盟关系中，特许人与本地合作伙伴双方瞄着未来共同的目标市场，各自将互补性的资源和能力拿出来，一起提供产品或者开发市场，服务顾客。多店特许的联盟关系，在国际化或大区域特许这个层面可以分成两种类型，一种是联盟双方直接合作，另一种是联盟双方通过合资公司合作。在直接合作的联盟关系当中，特许人与受许人在长期合同的约束下，各自投入优势资源，划分管理权限，如按照品牌建设、市场开发、门店运营等划分，各负其责。合资公司方式是特许人总部与本地合作伙伴通过合资公司来运作，双方分享利润，共担风险。

通过合资公司这种方式进入海外市场，使得特许人获得了本地合作伙伴的资金和资源支持，而且合资公司拥有比独资公司更大的自主权。因此在本地化经营方面，合作公司往往有更大的能力和积极性。但合资公司的股权比重决定了哪一方拥有更大的控制权和话语权，合作公司在管理上存在合资双方的协调问题。合资公司的管理，除了本公司内部的关系协调以外，还有合资公司与合资双方的协调问题，实际上合资公司与参股股东之间的协调问题是参股双方联盟关系的协调。

内部的协调问题，好比特许人总部与本地分支机构之间的关系。以多店特许方式进入国际市场的主要问题是特许人与本地合作伙伴之间的联盟关系的管理，如果这种联盟关系处理得好，对本地特许经营将起到支持作用。处理联盟关系主要是根据本地市场的特点、联盟双方的资源和能力，合理划分联盟双方的权限，再将这些权限赋予合资公司，如向合资公司注入特许人或者本地合作伙伴的特定资源，以帮助特许体系拓展市场或者实现本地化。

总之，跨国大区域特许是一种特许人与受许人之间的强联盟关系。

（2）区域发展——一般联盟关系。一个特许人在某个层次采取区域发展方式拓展市场，是因为在这个层次上特许人有本地市场成熟的特许体系，如根据特许企业总部的基本做法，完成了本地化的工作，建立了本地的支持服务体系。这时通过区域合作伙伴的资金、资源和管理可以帮助特许人获得发展所必需的资金、资源以及更好地实现门店运营管理。若采取区域发展方式，特许企业一般不进行投资，特许人要求区域发展商依靠自己的资金建立新店，不允许区域发展商发展特许经营门店，要求区域发展商按照事先预订的计划开店。

区域发展商在本地负责整个市场的开发和管理工作，与单店受许人相比，获得了更大的门店建设规模，受许人可以进行更大的投资，因此存在规模效益。计划开设的门店是按照计划逐步开发的，这样区域开发商就获得了学习曲线中的优势。而单店特许中，受许人之间一般没有联系，因此相对而言，区域发展商获得了相对优势。由于不允许区域发展商开展特许经营，资金主要来自区域发展商自己，管理上由区域发展商负责，所以如果区域发展商选择得当，特许人在授权的区域对门店的规范就有更大的把握。相对于个人而言，区域发展商的实力更大一些，区域发展商与特许人之间的合作关系更加稳定。

区域发展等区域市场的多店特许是特许人与受许人之间的一般联盟关系。

（3）顺序多店特许等弱联盟关系。很多特许人都在采用顺序多店特许，在第一代特许经营（商标和产品特许）中，商家也鼓励经销商投资开设多个门店。例如，谭木匠的管理层认为管理一个门店与管理五个门店的成本差不多。在顺序多店特许层面，特许人给予受许人的权限并不包括市场开发的内容，市场开发由特许企业或者特许人本地合作伙伴完成。多店特许受许人为特许人所做的贡献是资金和日常运营管理等。

在一般单店特许方式中，特许人将面临同时招募和管理众多门店的问题。在顺序多店特许的形式下，特许企业招募受许人，只需要考察受许人从前的业绩表现，免去了招募新的受许人存在的筛选和培训工作，同时，受许人可能出现的道德风险也可以减少。在管理方面，若顺序多店特许数量增加，那么特许人直接面对的受许人就减少，如受许人平均拥有两家门店，受许人数量就减少一半，这对特许人的管理将是一种减负。此外，这种方式形成制度对原有受许人也是一种激励，即只有那些业绩表现优良的受许人，才能有机获得新增门店的特许经营权。但是，特许企业总要发展自己的门店网络，而地理位置较远的情况，则增加了受许人的管理难度。因为门店过分地分散，受许人多开几家店也没有规模优势。新的受许人不断加入，也有利于保持特许体系的活力。

从受许人动机来看，增加门店数量，特别是地理位置相邻的新门店，可以减少该区域同品牌竞争强度，在管理上的经验可以分享，在一定程度上获得规模效益。规模扩大也满足了受许人创业愿望，如果获得成功，还有更大的收益。受许人现有门店业绩优良，也容易获得贷款。当发展到一定规模，受许人可以请人来管理门店，或者在门店基础上再设置协调管理人员，这样就出现了类似“微连锁”的模式。受许人可以对自己拥有的门店发挥更大的作用。

顺序多店特许方式，以及区域代理、特许中介等多店特许方式，特许人与本地合作伙伴可以理解为一种弱联盟的关系。虽然他们也是长期合作，相互依赖，但当时他们合作的地理区域、受许人的管理权限以及受许人资本参与的程度，与主特许、合资特许以及区域发展相比，都相对较弱，特许人与这些本地合作伙伴可以看成一种弱联盟的关系。

4. 微连锁等——向下关系

向下关系，即多店受许人与终端门店的关系，这里的“微连锁”，并不是一个新概念，已经有学者进行过很多讨论。但是因为受许人没有完整的本地特许体系的所有权，在特许体系无形资产方面，多店受许人只拥有局部的、有期限的、不完整的使用权。例如，多店受许人不能对本地的特许体系进行随意的改造，再如经过特许人的同意，也不能将这个“微连锁”扩张到授权范围之外的地区，这与一般微型连锁体系的成长性不符。而且多店受许人往往可以在本地区出售特许经营权，即体现为微特许的形式。总之，多店受许人与终端门店的关系，不是完全意义的微型连锁，只能说相似。更详细阐述参见本书第三章。

多店受许人与终端门店的关系，可以分成以下四种关系：第一种“微连锁”，第二种“微特许”，第三种外包服务，第四种混合方式。第一种“微连锁”是指多店受许人拥有自己的直营门店，并建立自给自足的服务体系。第二种“微特许”是指多店受许人向第三方出售特许经营权。第三种外包服务是指特许体系支持服务业务外包，多店受许人给特许人提供一些服务支持，就如同区域代理和特许中介。第四种混合方式，即多店受许人既在本地拥有“微连锁”体系，也作为区域代理向第三方门店所有者提供服务支持。

四、本章小结

资源理论，包括核心资源、互补资源和动态能力理论，结合特许体系的中间层的概念和规律，对多店特许有一定的解释力。对于代理理论，在单店特许中碰到的道德风险和逆向选择的问题在多店特许本地合作伙伴与终端门店关系中同样存在。但是在多店特许中，特许人与本地合作伙伴之间委托—代理关系得到了解决，或者缓解。社会交换理论提出了组织之间信任问题，多店特许中特许人与本地合作伙伴更需要信任。按照进化论的观点，特许人与本地合作伙伴的关系也是一个进化的过程。国际化理论从一开始讨论的就是多店特许的问题，只不过限于国际特许。集体行为和社会选择理论解释了多店特许解决公共产品供给及公共决策的问题。交易成本理论对于解释中间层的向上关系和向下关系的两种替代关系有一定的作用，即本地合作伙伴与终端门店中“微特许”与“微连锁”的替代关系，以及本地合作伙伴与特许人这层关系中的多店特许（多店受许人）与特许人分支机构的替代关系。

这些理论，在结合本书提出的多店特许概念，即特许体系中间层，以及两个维度的分类，能够在某些方面和某些层面，对多店特许做出更好的解释。

特许体系中间层的分析框架是分析多店特许现象的一套方法，包括多店特许概念、多店特许类型划分以及多店特许九个因素三个层面。

第一个层面多店特许的概念指的是特许体系的中间层，即特许人本地合作伙伴，是特许人分支机构替代方式。多店特许的概念将多店特许不同形式视为一个整体，多店特许中间层包括特许人与本地合作伙伴的关系以及本地合作伙伴与终端门店的关系。

第二个层面多店受许人的管理权限和门店资本这两个维度，作为划分多店特许类型的两个维度，反映了特许人与多店受许人的分工与合作的形式和程度，决定了多店特许形式的多样性、适应性。从本地合作伙伴管理权限看，第二个层面与第一个层面中间层概念存在联系，这是因为中间层的向上关系、向下关系与受许人的管理权限、受许人的门店资本息息相关。

第三个层面九个因素分析是多店特许现象各种具体形式在特定环境的分析工具，这些因素是在第一层面和第二层的基础上选出来的，是对多店特许概念和两个维度分类的进一步展开，九个因素可以归结为特许体系的主体特征、相互关系以及环境因素三类。

从特许体系中间层的角度来看，特许人的本地合伙，即多店受许人，具有以下四个特点：业务合作范围广、双方为独立的商业实体、具有两层次的关系、可按照两个维度分类。特许人与多店受许人，或本地合作伙伴，是一种策略联盟关系。在跨国大区域特许中，特许人与多店受许人是一种强联盟的关系；区域发展特许人与多店受许人是一般联盟的关系；顺序多店特许等特许人与多店受许人是弱联盟的关系。

第七章　发展阶段性及对中国的启示

本章主要讨论多店特许发展的阶段性、中国特许体系多店特许发展顺序、中国特许体系多店发展应对之策三个问题。多店特许的发展包括特许人、多店受许人以及终端门店，本章揭示的多店特许发展阶段性，落脚在中国本地特许体系（品牌）的发展问题，包括发展先后顺序和跨越式发展的问题。

一、多店特许发展的阶段性

1. 早期顺序多店特许

从克罗克接手麦当劳开始，麦当劳就面临单店特许与多店特许的选择。当时克罗克担心按照区域出售特许经营权，本地合作伙伴规模发展壮大后，会用他们自己的特许替代麦当劳的特许体系，与麦当劳形成竞争。但是他赞成使用顺序多店特许方式奖励那些遵守公司政策的、业绩良好的受许人，允许他们拥有几个门店。

顺序多店特许方式相对简单，在特许体系开始进行特许时就可以采用顺序多店特许方式。特别是那些门店分布密度较高的特许体系，受许人在相邻的地理区域，如一条街、城市的一个区拥有几个门店，受许人也容易管理，一些设施可以在几个门店之间共同使用，好的经营管理经验也能发挥更大用途。特许体系经营的商品或服务一般都有高度的分散性，这样才能近距离接近消费者，为消费者创造价值。因此，顺序多店特许方式从特许体系品牌发展初期就能使用的。

2. 大型多店受许人的出现

在20年前，美国的特许体系就已经开始广泛采取多店特许方式，一个原因可能是美国的特许经营发展的历史悠久，在20世纪80～90年代，已经达到了成熟的程度。多店特许现象并不是一夜之间突然出现的，早在20年前，一些先进的国际特许体系就在使用多店特许方式，见表7－1，一方面市场中依赖大的受许人，最大的受许人拥有270个门店，全部受许人的11%拥有的门店数量占到了所有特许门店的50%，另一方面 KFC 还有 350 个单店受许人。这反映了特许体系中多店特许与单店特许共存的局面。还有一些特许体系，如 Waffle House 与 Pizza Hut 的单店受许人非常少，他们主要依靠多店受许人占有市场。

表 7－1　1989～1991 年美国五个知名特许体系多店特许发展情况

指标 品牌	特许门店数	受许人数	平均特许门店数	最大规模	累计 50% 门店的受许人比例	累计 50% 门店的受许人数量	单店受许人数
KFC	3592	778	4.6	270	11%	17	350
Pizza Hut	2984	149	20.0	339	4%	29	18
Hardees's	2058	250	8.2	432	3%	8	88
Jack in the Box	320	120	2.7	30	16%	19	51
Waffle House	358	16	22.4	100	19%	3	0

数据来源：Internal Company Documents. Chains Within Chains：The Role of Multi－Unit Franchisees.

3. 国际化的培养与发展

像麦当劳这样的企业，虽然其国际特许最早可以追溯到 20 世纪 60 年代，当时向加拿大市场扩张，并在 20 世纪 70 年代向主要的发达国家包括英国、德国、法国和日本进行扩张，但是从图 7－1 的数据看，麦当劳直到 20 世纪 80 年代在海外的市场扩张才有实质性的增长，到 20 世纪 90 年代出现了海外市场巨大的增长，到了 2002 年海外市场门店数量已经超过了美国本国的门店。也就是说，在 20 世纪 90 年代之前，麦当劳的特许经营还主要是集中在美国国内。走向国际化，是麦当劳美国国内市场日趋饱和，而国际市场出现了发展机遇，并且自己的国内与国外的特许体系也比较成熟的情况下，成为自然而然的结果。

一般特许体系的国际化也是一样的，首先在发源地有一个良好的基础。在国内的发展是一个特许体系走向国际的重要基础。否则，东道国的多店受许人，或者本地合作伙伴，就不会采用你的特许经营体系，而可能会选择自己创立一个新的特许体系。

4. 多店特许发展的三个阶段

第一个阶段是顺序多店特许，这个时期特许人还没有按照区域来出售特许经营权，特许人也没有寻找区域代理，或者采取其他的多店特许形式。这是最简单的多店特许形式，因为顺序多店特许甚至其合同都是按照单店特许的合同样本来签订的。

第二个阶段是区域层面的多店特许，包括区域发展、区域代理、特许中介。

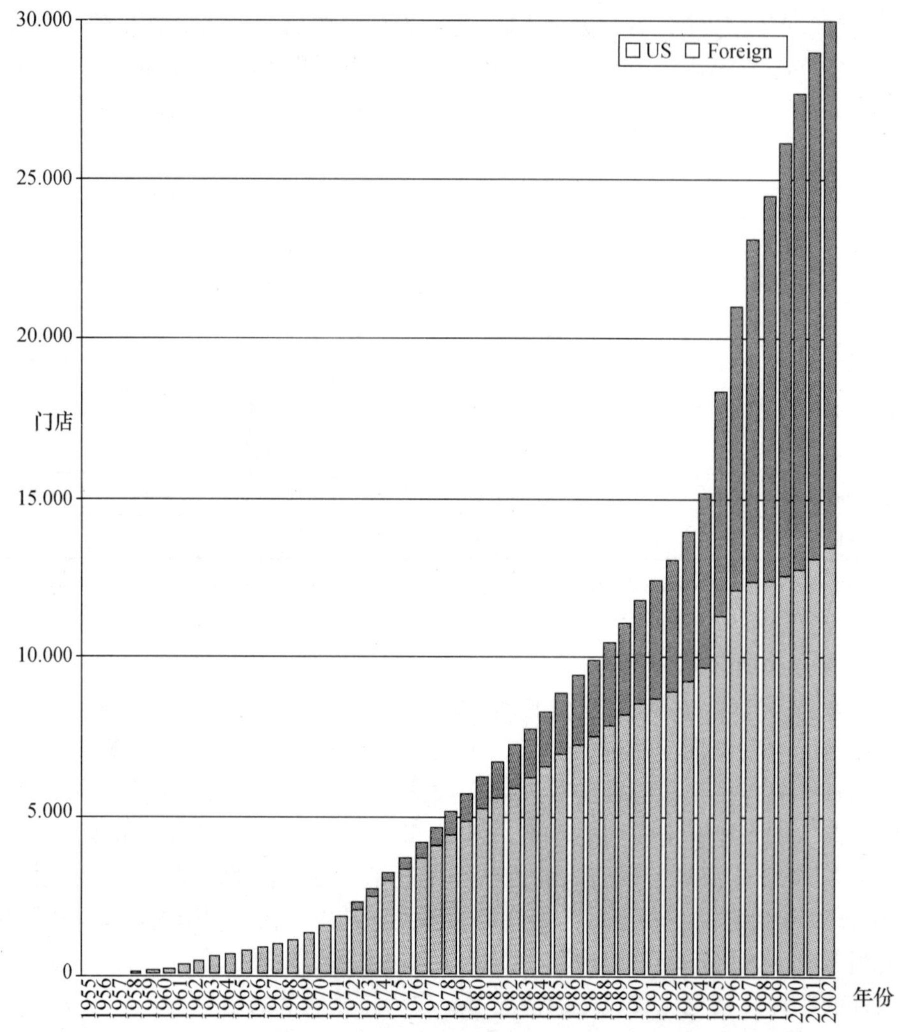

图 7－1　麦当劳 2002 年前在美国及海外的扩张

资料来源：Francine Lafontaine，David Leibsohn. Beyond Entry：Examining McDonald's Expansion in International Markets. Presented at the International Society of Franchising 19th Annual Conference，2005.

这时特许人将某个地区的特许经营权出售给多店受许人，如果本地有直营店也将其一并卖给这个多店受许人。多店受许人负责本地区的门店运营、市场开发，包括新门店的建设。多店受许人与特许人一道共同负责在该地区建设特许体系。多店特许人往往拥有该特许体系单店的长期经营记录，甚至可能完全是从单店受许人发展起来的，也就是依靠顺序多店特许的扩张而发展起来的。区域代理，是本地合作伙伴在本地没有门店资本的情况，也是区域这个层面，功能相对单一。特许中介也可以归到这个层面。

第三个阶段是大区域特许或者跨国特许，包括大型的区域发展、主特许、合资特许形式。这个时候的特许人已经有了小区域的发展基础，顺序多店特许和区域发展形式的应用上已经很娴熟。特许人采取大型的区域发展，如在一些国际特许体系进入中国市场，按照华北、华东、华南和其他地区的大型区域划分中国市场，分区域特许。主特许、合资特许都是更为复杂和先进的多店特许方式，他们或者是简单多店特许方式的复合形式，包括更大范围、更复杂的情况，更高层面策略合作。因此，第三个阶段是特许体系多店特许发展的最高阶段。

这三个阶段列举的都是典型的多店特许方式，实践中多店特许的形式更复杂一些。如果用受许人管理权限和门店资本两个维度的分类来分析，从低级阶段到高级阶段，受许人的管理权限在逐步增加，第一阶段顺序多店特许的受许人的权限比较低，第二阶段次之，第三阶段受许人的权限最大。门店资本方面。第一阶段顺序多店特许中受许人持有完全的门店资本，在区域这个层面，出现两种情况（区域发展的受许人拥有门店资本，区域代理和特许中介不拥有门店资本）。到了第三阶段大型的区域发展阶段，主特许、合资特许，受许人是否拥有门店资本，拥有的比例情况，也十分灵活。

二、中国特许体系多店特许发展顺序

刚开始，特许企业（特许人）自己发展加盟商（受许人），这时市场规模也不大，特许人没有分支机构，特许人集中在某个市场，总部负责受许人的招募、支持和管理工作。随着特许体系的成熟，特许人将拓展新的市场。这时特许人或者自己建立分支机构开拓新市场；或者与本地市场的合作伙伴成立合资公司，负责本地的市场开发和后期的支持服务工作；或者寻找没有资本参与的合作伙伴，委托合作伙伴承担市场开发部分或者全部职能。

特许体系的中间层，还可以按照特许人的市场范围及规模大小，分为以下三个层面：第一个是顺序多店特许方式，第二个是区域市场，第三个是大区域或国际市场。每个层面涉及不同的多店特许形式：第一个层面是招募新潜在受许人和奖励现有受许人，包括市场开发的任务；第二个层面主要是本地资源和资金层面的考虑，也有市场开发的任务；第三个层面涉及产品创新，以及特许体系的建设。

特许体系多店发展的顺序，也就是一个特许体系发展的阶段性，一般是按照以上三个层面的顺序进行的。换言之，第一层面对应第一阶段，第二层面对应第二阶段，第三层面对应第三阶段。而多店特许的类型，在三个层面发展过程中可能出现交叉的情况。

1. 第一个阶段（层面）——顺序多店特许

顺序多店特许是从两方面发展起来的。一是特许人在新开店的时候，招募和培训新受许人需要一定成本，而选择表现良好的现有受许人则是一个思路。特许人计划开新门店时，授权受许人开第二个店、第三个门店一可作为奖励手段，二是激励现有加盟商，使得现有加盟商更多地听从特许人的安排。在市场规模较饱和的情况下，特许企业要增加新的门店，往往会损害网点内现有受许人的利益。在这些区域内开新的门店，在很多情况，需要受许人联盟组织的认可，受许人联盟从自己利益的角度，一般要求新的门店由自己现有的受许人拥有。

还有一种情况可以使顺序多店特许的比例得以扩大，那就是门店的转让，这包括受许人想退出特许经营，在市场上出售该门店以及一些单店受许人购买其他人的门店，这样门店数量就得以扩大。更多的情况是特许企业原先直营店的比例很大，特许人为了提高业绩，或者为了获取现金投入其他国际市场，经常会出售一些直营店。而新招募一个受许人，也需要培训和咨询等工作，新的受许人的选择本身就有风险，还需要长期的培训，因此特许人将直营店的出售的对象限定在现有受许人的范围，具有很大的优越性。特许人出售直营店，现有的受许人可以扩大门店数量。

从管理活动上看，一个受许人开几个门店，可能具有规模优势。好的经验可以在各个门店共享；在服务支持方面，针对一个门店和针对多个门店，需要的投入往往差不多；受许人可以拥有更多的门店，可以期待更多的回报，满足创业动机需要；一些受许人在门店增加到一定数量后，可以组建管理团队，结合自己的个人管理经验，往往具有更好的效果。

2. 第二个阶段（层面）——区域发展型多店特许

麦当劳迫于市场的压力，2011 年首先在云南尝试了区域发展模式。特许体系国际化，进入其他国家或者大区域市场要进行本地化工作，即对原有的特许体系，包括产品、服务和商业模式，进行改造、革新，将全球标准化与某国或地区本地化的要素结合在一起。这个过程可能很长，特许体系进入某个市场有一个学习的过程，即使依靠本地的合作伙伴，也可能需要很长的时间。但是区域发展则不同，区域发展所采用的特许体系已经成熟，比如麦当劳在中国很多地区都成功地发展出了一定数量的门店，再对云南市场进行深度开发（云南市场也有一定基础），这个时候区域发展中的特许人和受许人面对相对成熟的特许体系，主要的使命就是市场开发，本地品牌的建设，以及门店的运营。

从这个意义上看，区域发展不适合第一个层面的跨国特许，因为进入一个新市场，本地化总得有实体去承担，因此区域发展只能是作为跨国经营本地实体之下的一个策略，如麦当劳在中国设有分公司，麦当劳分公司做了本地化的工作，再由分公司选择区域发展商，区域发展商负责市场开发、本地运营这些常规的活动。区域发展商给这个地区加盟店贡献的就是资金和本地的资源，而不是对特许体系进行的本地化，也不是对特许体系进行大的改进。

特许体系的本地化完成以后，后续的就是资金和本地资源的限制，这个时候区域发展这种模式起到了重要的作用，利用区域发展商可以将比较成熟的特许体系迅速做大，形成市场规模，因为区域发展商的资金和本地资源较为充足。对那些资金充裕的特许体系，或者本地有强大实力的合作伙伴，实际上这些合作伙伴起到了区域发展商的作用，如麦当劳和星巴克在中国各地的合资公司，这些合资公司的本地合作方在资金和本地资源上都有较强的实力。因此，区域发展这种模式更适合那些以直接投资方式进入国际市场的特许体系，当然特许体系进入国际市场也可能采取混合模式，在直接投资的分公司里开展区域发展模式。例如，麦当劳中国分公司进入中国后，在云南尝试区域发展模式。麦当劳中国分公司在北京与三元集团建立合资公司，一方面市场范围限定在北京、天津等地，市场规模有限，另一方面作为合资方的三元集团的资金和本地资金足以支持麦当劳在京津等地不断开设新店。

随着市场竞争激烈程度的加剧，区域发展商在打开市场后，除了日常运营之外，还有一个作用就是承担本地的经营活动，区域发展商先期在本地开发市场，拥有资金和本地资源，这些为其搞好本地经营创造了条件。同样重要的是，作为区域发展商，拥有多个门店，好比一个“微连锁”，区域发展商拥有的门店数量达到一定程度，也有管理上的规模优势，区域发展商在配送、本地广告等方面，相对于单个门店或者几个门店，具有更大的优势，投入产出的效率更高。再者，区域发展商在本地市场选址由自己决定，这样门店之间就有区域保护，而且即使个别门店亏损，只要整个授权区域盈利，区域发展商就获得成功。

3. 第三个阶段（层面）——跨国及大区域多店特许

从麦当劳在中国开拓市场的情况来看，在京沪广三地，以及天津、浙江都是采取合资方式，而在其他省区都是采取直接投资方式进入，即由麦当劳中国分公司负责其他地区。麦当劳直经营中国市场，有直营店和特许经营两种方式，不管是直营，还是特许经营，麦当劳中国分公司都全权负责整个业务发展。但是在中国的情况又有所不同，在取得京沪广这些城市和地区的成功经验以后，麦当劳分公司可以在内部分享，如对于供应商和支持系统，麦当劳分公司与三地的合资公司也都是共享的。现在还不确定麦当劳分公司直接经营中国市场，与成立合资公司与本地合资伙伴共同经营，孰优孰劣。但有一点是肯定的，就是在中国市场，先有京沪广三地合资的麦当劳的发展，后有麦当劳分公司的业务。合资公司为麦当劳分公司的发展奠定了基础。

KFC 的情况则完全不同，KFC 开拓中国市场，完全依靠自己在中国的分公司。KFC 在中国本土化的程度很高，开发了一些中式餐。现在深入到中国二、三、四线市场。

星巴克刚进入中国市场，在北京市场采取主特许方式（星巴克自称许可方式），将北京天津等地区的经营权授予美大等公司；在上海与统一合资，星巴克仅占 5% 的股份；在华南与香港美心合资，星巴克占 5% 的股份。这几年，星巴克收回了北京的经营权，以独资方式经营；收回了华南地区给予美心的经营权，独资经营；将上海星巴克将合资公司提升到 50% 。这些举措表明星巴克希望以直接投资的方式进入中国市场，而前期的授权及合资方式为星巴克打开局面、培育中国市场奠定了基础。

星巴克在国际化方面，采取许可、合资特许、直接投资三种方式进入各国市场，直接投资进入的市场为数不多，只有英国等少数几个国家。在合资公司形式下，星巴克的股权比例变化很大，最近的趋势是星巴克公司最小化持股比例（如在西班牙）。星巴克持有的股份少于 50% 。星巴克一直在吸引潜在的合作伙伴。

三、中国特许体系多店发展应对之策

1. 现实条件

中国的特许经营分成两部分，一部分是国际特许体系在中国大陆市场的发展，另一部分是本土特许品牌的成长与发展。国际特许体系进入中国大陆，还有一种情况是亚太地区的商业实体在吸收借鉴欧美发达国际特许经营技术的基础上将其发扬光大，在其本国或地区饱和后，向中国大陆扩张。它们大部分以国际特许体系的中国大陆区域受许人的身份进入中国，少部分以自己品牌进入中国（如日本的全家便利店）。

国际特许体系拥有全球标准化和其他国家开展特许经营的经验，在亚太其他国家和地区了积累了成功经验，这些亚太国家或地区与中国相邻，文化上接近。在过去二三十年，中国市场逐步向国际特许体系开放，它们在一线城市的尝试，很多都取得了成功。目前来看，它们多倾向于选择周边国家或者中国大陆本地的商业伙伴，通过合作伙伴，共同开发中国大陆市场。这些都属于多店特许的范畴。

中国本土的特许体系在多店特许方式也进行了尝试。例如，好利来采取分区开发与管理。创业时的五位股东退出特许体系股份（放弃特许企业股份），分别管理五个区域和开发各个小区域，并持有所管区域的股份。小肥羊拓展河北市场采取区域独家授权的模式。永和豆浆在烟台就采取区域发展模式。

在中国的特许体系发展中，多店特许也遇到过挫折，如上岛咖啡在海南获得初步成功后，以抓阄方式分区发展，但各自仍保留股东身份，各股东在各区域发展特许经营，因为特许体系发展不成熟，特许体系总部失去对分区的控制。

多个特许经营门店的交易，在中国也有很多。例如，拥有上岛咖啡江苏、河南、辽宁三大省份经营权的苏州迪欧餐饮管理有限公司（创始人为八大股东之一的王阳发）于 2001 年创立了新品牌迪欧咖啡，2008 年收购米萝咖啡连锁店（拥有上岛咖啡广东、广西、云南三省经营权）。再如，北京麦当劳公司收购了广州麦当劳公司的特许经营权。

中国的特许经营企业，很少走出国门，个别企业在国外开设了零星的几家门店，有的是跟本地华侨合作。鉴于多店特许的发展需要，国内的特许经营企业将逐渐走出国门，在特许体系本身，即产品、服务、商业模式成熟之后，可以考虑采取多店特许的方式，在各国和地区寻找最理想的合作伙伴，依靠合作伙伴，共同开发海外市场。

中国的商业环境在改善，消费的期望在提高，在服务业领域，特许经营使得单体门店转变为社会化大生产。多店特许是特许经营发展的高级形式，受许人的力量更强大，并结合优质的市场资源，为门店提供强大的支持。对发展中的中国特许体系来说，多店特许提供了一条可以借鉴的思路。

2. 发展基础与跨越式发展

多店特许经营，无论从环境条件，还是从这种特许经营方式本身的发展来看，中国与发达国家都存在较大的差距。但是我们应该看到，这里也有一个双重性的问题，即一方面多店特许经营的发展应当遵循一定的发展顺序，另一方面我们也有可能实现跨越式发展。中国的整个经济都有一个跨越式发展的问题，既面对我国经济基础比较薄弱、市场经济不完善的情况，如何吸收借鉴西方发达市场国家的经验，实现高水平、高质量发展的问题。这里，主要讨论多店特许实现跨越式发展的具体方式，或者方向的问题。

我们已经分析过，多店特许是以特许体系中间层的角色出现的，是以特许体系分支机构替代者的身份出现的，是特许人的本地合作伙伴。本地合作伙伴有“向上关系”和“向下关系”，向下关系即本地合作伙伴与终端门店之间关系，体现为“微连锁”、“微特许”、外包服务和混合模式这四种关系。向下关系是多店特许经营发展的最重要基础，发展的速度与中国的国情有关，这个基础是不能超越，只有经过长期的积累才能够形成。

但是在“向上关系”中，即本特许人与本地合作伙伴的关系，则有可能实现超越。本地合作伙伴与特许人之间是一种策略联盟的关系，这方面在特许企业发展初期，就可以有意识地发展，可以与区域合作伙伴密切合作，有意识地培育潜在的多店受许人。这样可能加速本地合作伙伴“向下关系”的形成。例如，在尝试区域发展方式的时候，特许人加大对本地合作伙伴的支持力度，增加一支队伍对本地合作伙伴的标准执行的监督与管理，增加对本地合作伙伴的辅导。虽然这样增加了特许人的成本，但是一旦本地合作伙伴健康发展起来，真正成为自己的策略合作伙伴，替代自己分支机构有效地管理门店，对特许人来说这是一劳永逸的成果。

因此，从向上关系上实现超越，也就是以这方面的为突破口，增加培育本地合作伙伴的投入，强化了本地合作伙伴能力和实力，这样就可以更好地依靠本地合作伙伴去发展向下关系，本地合作伙伴做好了向下关系，这个特许体系就成功地实现了多店特许方式的发展。特许人如果能够在一个不算太长的时间内，培育一批本地合作伙伴，那么这个特许体系就可以说实现了跨越式发展。

3. 发展的应对之策

中国特许经营发展的历史较短，如何处理跨越式发展与渐进发展式关系非常重要。多店特许选择上可以做到跨越式发展，关键是意识和操作的问题；多店特许方式的选择上是递进的，特许人与本地合作伙伴是在长期经营实践中积累一定经验的基础上才形成策略联盟的关系，尤其是国际特许这样的强联盟关系，在向下关系中，多店受许人与终端门店的关系，也是在多店受许人门店数量逐渐增长的长期过程中形成的。

中国特许经营的发展面临有利与不利双重性条件。中国的市场经济基础比较落后，传统的条块分割、地区自给自足的经济残余并没有根除，契约、诚信、商业道德等社会环境不理想，立法和政策还没有完善。但是中国的经济总体向上，处在不断发展阶段，发展创造出来越来越多的消费需求。另外，国际特许体系虽然大批进入中国，对本土特许体系造成很大竞争压力，但是他们带来的商业模式、商品、服务，也是中国大陆特许企业可以学习的榜样。

吸收借鉴国外先进经验的基础上，我们有可能实现跨越式发展，利用多店特许这样的特许经营发展的崭新手段，加快发展速度和发展质量。对一个国家特许体系的总体来说，多店特许发展是一个长期的过程，在打好基础的情况下，在一些环节实现突破（如特许人与本地合作伙伴的策略联盟关系的突破），就可能加快发展速度，实现跨越式发展。同时如果坚持正确的发展方向，还也可以少走弯路。以下是中国发展多店特许经营的几个对策。

首先，应该鼓励多店特许的发展。对中国这样的环境来说，特许企业（特许人）首先必须重视多店特许方式的使用，在产业和国家政策上也应当鼓励发展，包括鼓励特许人的对立面多店受许人的发展，两者相辅相成，互为补充。

其次，选择多店发展的恰当形式。从特许人与多店受许人的关系来看，即向上关系分析，采取多店发展方式是第一步，接下来是根据特许企业的实际情况，循序渐进地采取弱联盟、一般联盟、强联盟的发展策略，即先从顺序多店发展方式，小区域特许，再到大区域特许，最后才是跨国特许的发展顺序。

再次，要实现跨越式发展，可以强化特许人与本地合作伙伴的策略合作关系。特许人要加强对本地合作伙伴的培育力度，在本地合作伙伴具有了发展能力之后，就可以在本地合作伙伴与终端门店这层关系上也实现突破，最终实现一个特许体系多店特许条件的全面突破。应当清楚，实现跨越式发展是从个别特许体系开始的，依靠他们的创新获得成功。

最后，多店受许人与终端门店的关系，包括四种方式，即“微连锁”、“微特许”、外包服务、混合模式，因此，连锁店、单店特许以及外包服务，是多店特许发展的基础。连锁店、单店特许，如果在整个社会范围，都不能操作好，到达最佳的效率，那么多店特许的发展就缺乏基础。同样，培训、市场、门店交易等服务性支持做不到位，也不会多店特许好的发展局面。

四、本章小结

多店特许的发展可以分为以下三个阶段：第一个阶段是顺序多店特许，这个阶段特许人还没有按照区域来出售特许经营权；第二个阶段是区域层面的多店特许，包括区域发展、区域代理、特许中介；第三个阶段是大区域特许或者跨国特许，包括大型的区域发展、主特许、合资特许方式。这些是典型的多店特许方式，实践中多店特许的形式更复杂一些，一般的多店特许方式可以从受许人管理权限和受许人门店资本两个维度去解释。

特许体系开展多店特许经营，针对不同的市场范围，可以采取不同的多店特许方式，在跨国特许层面可以采取主特许、合资特许、区域发展等方式。在一个国家的大区域内，区域发展、区域代理这些方式比较适合。而在小一些的市场区域，则可以使用顺序多店特许方式。特许人需要根据具体情况选择，有时候是反复尝试后才找到恰当的形式。

中国的多店特许发展的基础比较薄弱，多店特许分为向上关系和向下关系，其中向下关系就是多店受许人与终端门店的关系，这与一般的连锁、特许、外包业务相似，因此连锁经营、特许经营是多店特许的基础。

作为发展中国家，我们拥有后发优势。在多店特许经营方面，我们应当首先是鼓励发展，其次是按照小区域、大区域、跨国特许这样的发展顺序来展开。鼓励有实力的、富裕创新、敢于实践的特许企业采取多店特许经营方式。对于顺序多店特许、区域发展等这些合适小区域、大区域的多店特许方式，在中国拥有现实的发展条件。

多店特许发展是一个长期的过程，在打好基础的情况下，在一些环节实现突破，就可能加快发展速度，实现跨越式发展。同时，如果坚持正确的发展方向，也可以少走弯路。我国的现有情况下，在本地合作伙伴与特许人之间的策略联盟这层关系上，可能首先出现突破，进而依靠本地合作伙伴去强化终端门店建设，最终在一些特许体系内形成多店特许条件的全面突破。在发展中不断总结经验，可能迎来多店特许良好的发展局面。

第八章　多店特许的微观条件

本章主要讨论多店特许的适用条件、特许人微观条件以及受许人微观条件。讨论过程中会用到前几章提出的多店特许概念、两个维度分类、九个因素分析以及中间层的分析框架内容。其中，多店特许的适用条件是对各种典型的多店特许一般协议的讨论。而主体的微观条件，主要包括特许人微观条件和多店受许人微观条件几个方面。

一、多店特许的适用条件

1. 主特许

虽然主特许能带来潜在的发展速度，特许人也能获益，但是主特许也存在缺点，即可能失去控制、损失忠诚费收入和增加法律负担，这让美国国内的特许体系在美国国内市场较少采用这种方法。但是在国际市场中，与其他进入方式相比，主特许缺点显得不那么严重，因此主特许成为有吸引力的扩张工具。赛百味将它的主特许称为发展代理，它在全球拥有200个发展代理人，发展代理拥有筛选受许人的权力，最终批准权仍保留在赛百味总部。发展代理人全权负责授权区域的特许经营发展事务。

主特许协议包括以下几个核心要素：①

（1）主特许经营权的授予。主特许人授予次特许人主特许经营权，要求后者遵守相应义务，要求在一定期限内在特定区域建立一定数量的特许经营门店。有些情况，次特许人也被允许开一些自己的直营店。

（2）批准受许人。虽然选择受许人是次特许人的工作，但是很多特许人仍旧希望保留批准受许人的权力（这些受许人是经过次特许人挑选出来的）。即使是在进入国际市场中的主特许，经常无需特许人批准，特许人仍旧希望至少将

① Bret Lowell，Esq. . *Multiple - unit Franchising*：*The Key to Rapid System Growth.* Published by DLA Piper Rudnick Gray Gray US LLP，Distributed by International Franchise Association，2006.

“对受许人的授权”和受许人的身份信息通知特许人。

（3）发展计划。主特许协议中，特许人通常规定在一定期限内，在授权的区域建立一定数量的门店。如果得到允许，计划建设的门店还包括次特许人自己的直营店。更多的情况是特许人都要求次特许人开一家或几家样板店。

（4）期限与续约。

（5）费用及收费。次特许人要向特许人支付费用才能取得主特许经营权。次特许人有权与特许人分享加盟费与忠诚费。

（6）商标及广告。

（7）反竞争盟约。特许人希望限制次特许人从事类似的业务。

（8）默认和终止。在次特许人没有达到特许要求情况下协议可能终止。

（9）缔约方的其他义务。如次特许人要求提供支持、培训等帮助。

2. 区域发展

区域特许使用的情况，首先受到历史的影响，其次受到特许体系发展的规模影响。麦当劳历史上对区域特许比较抵制，即使后来策略有所变化，但在美国采取区域特许方式也相对较少。而KFC、必胜客，采取区域发展模式比较多。特许体系规模壮大以后，特许人就不担心受许人的规模，受许人规模大些，反倒省去了特许人招募、培训、监管工作的难度。

区域发展协议的包括以下几个核心要素：①

（1）授予区域特许权。该经营权允许在一定期限内在特定区域发展一定数量门店，特许人不允许受许人将这个权力再授予其他人，受许人拥有门店所有权。

（2）发展计划。

（3）期限与续约。

（4）费用及收费。这包括发展费和单店费用。发展费是用来补偿特许人支持区域发展以及按照合同提供服务的付出。单店费用包括加盟费、忠诚费和广告费，按照每个门店收取。

（5）选址和建设。包括门店位置选择和门店的建设。

（6）转让。它包括发展起来的门店的转让，都要经过特许人同意。

（7）默认。主要是在受许人不能完成发展计划情况下起作用。

3. 区域代理

区域代理让特许人保留了对受许人的授权，受许人的费用也是交给特许人，特许经营合同是由特许人与受许人直接签订。区域代理克服了主特许中特许人缺

---

① Bret Lowell, Esq. . *Multiple – Unit Frtanchising*: *The Key to Rapid System Growth.* Published by DLA Piper Rudnick Gray Cary US LLP, Distributed by International Franchise Association, 2006.

少对受许人控制的缺陷。区域代理接受特许人的委托，向受许人提供服务支持，向特许人收取佣金和服务费。

区域代理协议的核心要素包括：[①]

（1）区域代理权授予。它包括排他性和发展时间表，以及约定区域代理是否可以自己拥有特许经营门店。

（2）区域代理的义务。它包括招募受许人、服务受许人。

（3）期限和续约。

（4）费用及收费。

（5）转让。区域代理对受许人的义务，就是特许人的义务，因此特许人有权拒绝转让，如受让人资格不具备，或者培训新代理人的费用过高。

（6）默认。这是在受许人不能按合同完成义务的情况下生效。

（7）特许人义务。特许人要通过自己机构和服务组织，向区域代理提供培训、咨询和建议等。

4. 合资特许

合资特许是指特许人与受许人合资成立一个公司，特许人将单店特许经营权、区域发展经营权，或者主特许权授予合资公司。[②] 另一种定义来自 Umwed. com。[③] 人们对合资特许的看法还有些误解，实际上因为它是一种复合的特许方式。特许体系与合资公司签订了一个许可协议，特许人在合资公司中拥有股权，这个合资公司具有区域发展、主特许这些特征。要正确应用该技术，需要澄清这几个问题。

单店特许有三个核心要素，可以作为判别特许经营的标准，即许可、控制和收费。但是多店特许与单店特许不同，有的多店特许，比如顺序多店特许、区域发展，具有类似单店特许这样的特征，对其他的主特许、区域代理、特许中介，这些方式用单店特许的三要素，就不足以做出区分。在本质上，多店特许是特许体系的中间层，是以特许体系分支机构的替代者身份出现的。这样将主特许、区域发展、顺序多店特许、区域代理、特许中介这些多店特许形式都纳入多店特许的概念中。

特许人与受许人在某个市场建立合资公司，合资公司负责发展该市场的特许经营（或者直营店），这种情况，就可以认定为合资特许。此外，合资特许中的许可，包括商标、商业模式等的许可与单店特许经营的特许并不矛盾，许可是特

① Bret Lowell, Esq. . Multiple – Unit Frtanchising: The Key to Rapid System Growth. Published by DLA Piper Rudnick Gray Cary US LLP, Distributed by International Franchise Association, 2006.

② Franchise Law, http: //gov. mb. ca/justice/mlrc, Page 16, 2008.

③ Http: //www. umwed. com/business – finance/home – based – business/joint – venture – franchise.

许概念的构成要素之一。合资特许中，通过商标、商业模式等特许品牌构成要素保留对合资公司的控制，只不过外加了特许人自身股权对合作伙伴的影响力（通过合资公司）。合资特许，合作公司需要给特许人支付许可费。因此，特许人与本地合资伙伴的合资模式，是一种多店特许方式，称为合资特许。

有种特殊的合资特许，就是在受许人开始经营初期，由特许人提供资本，受许人具备资金后，特许人再抽回资金。特许体系的所有者提供资金让受许人开展特许经营业务，非常重要的一点是保证受许人具有资格和技巧来运营和管理业务。从一开始，特许体系的所有者将冒险资助特许经营，因此必须让那些合格的人来处理业务。随着时间的推移，特许体系能够由特许人自己拥有，视受许人资金能力和管理的业务成长的情况而定。对那些没有充足资金拥有一个特许门店，但是具备必需的技能和潜力获得成功经营者，这种方式具有吸引力。

5. 顺序多店特许

2002 年国际特许经营协会（IFA）的调查显示，特许企业在开展特许经营后的两年半到三年后开始多店特许经营。但是这里并没有说明开始什么类型的多店特许经营。实际上，从麦当劳的例子来看，麦当劳的“当家人”克罗克一刚开始采取顺序多店特许经营在当时的情况下，顺序多店特许经营获得了成功。当时区域发展为克罗克所排斥。[①]

顺序多店特许经营，在受许人开业后，其实就可以采用，因为这个时候特许人可以观察到受许人的业绩，表现好的，受许人也愿意增加投资以开设二店、三店，这时候特许人可以支持这些受许人开更多的门店。如果特许人希望加速开店，强调特许体系的成长性，顺序特许经营在特许企业发展初期是不错的选择。

特许体系如果本身的市场吸引力就很强，特许人可以将新店授权作为奖励措施，激励现有的受许人。而如果市场的竞争程度很高，为了鼓励现有受许人成为多店所有人，特许人就需要在政策上给予鼓励，比如加盟费的优惠、更多的支持，或者给予受许人更大的自主权。但同时特许人应保留对特许体系的控制权，以确保品牌的成长。

特许企业建设更多门店，也需要考虑吸引更多的受许人，这个时候特许企业也需要限制顺序多店特许的发展，毕竟特许人将大量新店特许经营权出售给现有受许人，对潜在的受许人就缺乏吸引力，比例过大影响特许体系在市场上的声誉，不利于特许体系网点的扩张。

从特许人的角度考虑，采取顺序多店特许的条件有三个：特许人的目标，希望增加多少受许人；受许人历年的业绩表现，受许人行为是否符合特许人要求；

① Dr. Frank H. . Multi – Unit Owners Study，Prepared by the IFA Educational Foundation Using two Research Reports Submitted ，2002，http：//www. franchise. org/.

特许体系的品牌和市场工作由特许人承担，只是将单个门店开发和以后的运营管理交给受许人。从受许人角度来看，是否选择多店特许，首先是特许体系本身的吸引力，再有就自己的创业因素、管理幅度、资金等方面的条件。

顺序多店特许并没有专门的合同，特许人与受许人签的是单店特许的合同。

6. 特许中介

特许中介为特许体系的交易起到了积极的作用，体现在招募潜在受许人作用上。特许中介协议的核心要素包括：①

（1）区域独占权。特许中介有权在一定区域独家为特许人招募潜在受许人。

（2）期限与续约。

（3）经纪人补偿。特许人按照加盟费的一定比例作为支付特许中介的报酬，或者向特许中介提供咨询费和市场调研费。

二、特许人微观条件

主体的条件，静态地看是指其禀赋，动态地看是指各个微观主体采取的行为，是主体之间的关系，因此微观主体的条件和政策同样重要。从多店特许的参与方来看，由特许人、本地合作伙伴（多店受许人）、终端门店几个层面，而特许人与本地合作伙伴起到主导作用，因此，企业政策主要是讨论特许人的政策、本地合作伙伴的政策，以及特许人与受许人关系的政策。

特许人的多店特许既是业务层面的事情，也是战略层面的事情，业务层面涉及的是具体操作，而战略层面是特许人对于多店特许的政策。多店特许对特许人的影响体现在门店运营、市场扩张、特许体系建设方面。特许人的本地合作伙伴在资本、资源、管理、本地知识对特许人起到了互补作用，相对单店受许人而言，多店特许方式具有多样性、灵活性的特点。准备采取多店特许方式的特许人，政策应该向多店特许倾斜。

1. 门店运营支持条件

特许人具备进行多店特许的条件，并不意味着特许人就一定能运用好多店特许方式。特许人要在多店特许方式中要获得更好的利益，还必须采取主动的政策。在门店运营方面，采取直营店，则在对门店经理的激励方面存在问题；采取单店特许方式，特许人分支机构的公共产品供给能力有限，众多受许人或有“搭

---

① Bret Lowell, Esq. . Multiple - unit Franchising: The Key to Rapid System Growth, Published by DLA Piper Rudnick Gray Cary US LLP, Distributed by International Franchise Association, 2006.

便车”的行为，而且在资本、本地资源、能力等方面，单店受许人与多店受许人相比均存在劣势，这影响了门店的经营业绩，在市场充分交易的环境中，单店特许经营权向大的、现有的受许人（多店受许人）集中，这也从侧面证明了多店特许门店绩效的优势。因此，从运营角度，特许人应采取积极的政策鼓励多店特许经营。

在运营方面采取政策支持多店特许方式，就是指将那些原来属于特许人分支机构的工作委托给本地合作伙伴（多店受许人）去完成；或者将那些原来本该做而没有做的众多门店的公共产品的供给（或者说攻击不足）交给本地合作伙伴去做，也就是将那些原来特许人总部在做的事情，如培训、监督等一些工作交给本地合作伙伴。在门店的运营方面，特许人应当信任本地合作伙伴，以策略合作伙伴的关系来对待本地合作伙伴。

同时，特许人需要对本地合作伙伴在区域市场中的运营进行有效的监督，以保证本地合作伙伴在特许门店经营中，采取特许人的标准，只有这样才能保证特许人自身的品牌价值，否则经营时间长了以后，这些本地合作伙伴的门店对特许人的依赖就消失了。由于本地合作伙伴是用特许人的品牌在经营，如果本地合作伙伴的门店提供的产品和服务，与特许人的差异过大，或者质量低劣，那么整个特许体系的品牌都会受到侵害。因此，在运营方面，特许人应在本地合作伙伴进行密切合作的同时，加强对本地合作伙伴所辖门店的巡视和考察。

2. 市场开发支持条件

在市场开发方面，特许人的政策可以用这样的步骤来考虑。市场的发展是先从本国开始的，而且是从本国特许总部所在地开始，特许体系建立初期一般以直营店或者单店特许方式扩张市场，市场的扩张伴随着特许体系的成长而进行，特许体系的成长与市场扩张交织在一起。如果竞争不激烈，特许人的资本、资源和能力条件都比较好，特许体系可以慢慢地开发市场，积累资本、积累经验；或者以顺序多店特许的方式，对小型受许人进行奖励，KFC 就是采取这种方式在美国发展起来的。

在特许体系门店发展到一定阶段，抓住总部本地以外的市场机遇成为可能，如在特许体系的适应性增强，做过有益的尝试后，特许体系就出现了从区域品牌走向全国品牌的内在需求。此时，如果全国性的市场，出现很大的发展机遇，特许体系就出现发展机遇。特许人扩张国内其他区域市场，可以采取不同的方式，在缺乏其他地区的本地资源、缺乏资本、竞争对手扩张很快的情况下，特许人可以采取典型的区域发展、区域代理、合资特许，或者主特许、顺序多店特许以及特许中介方式。也可以采取以这些典型方式为基础，变通的多店特许方式，如从受许人权限和受许人门店资本两个维度对多店特许方式进行调整。总之，采取多店特许进行国内市场扩张的两个条件就是：特许体系成熟、市场机遇出现。

特许体系在一个国家内发展起来后，就会尝试进行国际特许，至于特许体系成长什么时候开始国际特许，一是看特许人自身条件，二是看国际市场机遇。进入国际市场在各种条件都具备的情况下，特许人就需要对进入方式进行决策，有时候几种国际特许方式都有效，有时只有一种方式更有效。以多店特许方式，或者说东道国本地合作伙伴方式扩张，是特许人进入国际市场的主流方式。这包括主特许、区域发展、合资特许等方式。国际市场特许，充分与东道国本地合作伙伴合作是成功的关键。

特许人的政策就是在这些市场扩张中，对多店特许方式给予充分支持。特许人首先是熟悉不同的多店特许方式的使用方法，对选择的合作伙伴有深刻认识，考察特许人自身需要在资本、资源、服务支持方面，要为本地合作伙伴提供什么支持。一般来说，首先，特许人在本地市场需要具备专用性的无形资产投资，如品牌的宣传，这有利于特许人对本地合作伙伴及该地市场的控制。其次，特许人需要在该地组织服务支持的供给，如培训、供应商的指定等，这些由特许人总部直接组织，具有规模经济效应。

3. 特许体系建设条件

即使在单店特许经营形式下，特许体系的建设也是由相关各方共同完成的，在单店特许情况下，受许人的力量分散，特许体系建设主要由特许人承担。单店特许情况下，受许人联盟组织，是为了扩大自身的组织程度，在广告费、产品使用方向等公共产品的决策方面，与特许人协调。在多店特许情况下，受许人的力量更大，本地合作伙伴拥有更大的自主权，特许人与本地合作伙伴是相互依赖的关系，受许人在特许体系建设中的地位和作用大大地提高了。而在国际特许中，本地合作伙伴可能起到主导作用。

在顺序多店特许的情况下，特许人选择的权力没有交给受许人。在区域发展方式中，特许人将选择的权力交给了受许人，特许人的决策是选择一个区域的受许人，即本地合作伙伴。在区域发展方式下，受许人需要自己实际情况提供本区域的公共产品，包括一些服务支持，受许人可能结合自己独特资源来组织特许门店经营活动。特许人在本地的特许体系建设中必须要考虑本地合作伙伴的自主性。

在主特许、合资特许的情况下，本地特许体系的建设包括产品、服务和商业模式，都需要本地合作伙伴的广泛而深入的参与；特许人标准化的特许体系，在这种情况下可能需要调整，如西方的快餐移植到东方来经营，产品需要调整以适合本地消费者口味，在服务方式上，需要遵循本地文化和消费习惯，在商业模式上，应考虑供应商等本地商业环境差异。这些必要的调整可能更多地由本地合作伙伴来完成。特许人需要更多地依靠东道国本地合作伙伴。

在区域代理和特许中介的情况下，本地合作伙伴可能对特许体系的建设贡献少一些，但是他们可以对特许品牌进行宣传，代表特许人收集市场信息，为特许人改进特许体系提供帮助，如了解消费者需求，以帮助改进产品等。

4. 差异化竞争优势选择

以上是从特许体系几个具体的方面阐述特许人在实行多店特许方式时需要采取的政策。此外，还可以从管理学角度考察企业对多店特许方式的政策支持。

特许体系发展到一定程度就会出现竞争，这是因为特许体系的知识产权可以得到法律保护，商业秘密也可以得到企业自己的保护，但是商业模式不是知识产权，也难以在商业运营中保密。再者，商业模式往往可以从向消费者的供给方式中考察出来。因此，特许体系获得成功后，模仿者很快就多起来。除了模仿者，还有替代品牌、相近的竞争者都会不断涌现。特许体系的生存发展需要有自己的战略。

差异化的战略是特许体系的一种战略，实践表明多店特许有助于特许体系的差异化，有助于形成竞争优势。在质量、一致性、广告、革新和本地化，多店特许更容易做到差异化。传统的单店特许，相对于特许人的直营店，在产品和服务质量上都下降了，降低了产品和服务的质量水平，从而就降低了差异化竞争优势。多店特许情况则不同，本地合作伙伴拥有门店所有权的情况，产品和服务质量下降的水平得到缓解，因此差异化竞争优势得到提高。

一致性是特许体系的价值所在，无论是对特许人的品牌资产，还是对消费认知而言，门店缺乏一致性的特许体系都没有竞争力。多店特许比单店特许具有更大的一致性。这是因为众多的单店受许人具有多样化，彼此间差异大，且多店受许人通常在他们的门店复制他们的管理活动；如果出现不一致性造成对顾客的不利影响，多店受许人损失更多；多店受许人更容易被特许人发现门店的不一致性。在这些因素作用下，相对于单店受许人，多店受许人体现出门店体系更大的一致性。

对差异化竞争影响较大的另一个因素是广告，特许人的本地合作伙伴，或者说多店受许人，在一个地区做广告，多个门店都受益，溢出效应使本地合作伙伴自己受益，他们有积极性投入广告。另外，相对单店特许，本地合作伙伴更容易看到广告的效果。本地合作伙伴在市场方面的权限，包括做广告的权限，如使用自己的经费在自己覆盖的媒体做广告。

在竞争性市场，为避免竞争对手的快速模仿，变革变得非常重要。在考虑变革不成功的可能性、模仿的威胁以及不担心“搭便车”的情况下，本地合作伙伴反对额外投资，倾向于快速变革。他们权衡变革的收益，采取一些如增加产品种类，以防止生产效率可能出现的下降。多店特许在变革中充当了重要的角色。

本地化方面多店受许人做得更好，因为特许人给予了他们更大的权限，他们本地化的工作，将惠及多个门店，比起单店受许人节省了大量成本。本地合作伙伴还拥有更多资源和资本，拥有更强大的团队、本地市场知识等。特许人应充分依靠本地合作伙伴做本地化工作。

特许人在采取多店特许方式增加差异化竞争优势中，从产品和服务的质量、一致性、广告、变革和本地化方面，引导多店受许人，多做工作，做好工作，实践表明特许体系的本地合作伙伴能够在这方面做得更好。因此，只要特许人的政策到位，多店特许将增加特许体系的差异化竞争优势。

三、受许人微观条件

有的受许人具备了良好的创业精神，受许人经营多个门店，在门店的经营管理方面发生了很大的变化。一般认为多店受许人会聘用职业经理来管理自己的门店，而不是像单店特许那样——门店的所有者就是门店经理。但是实际情况是多店受许人对门店的经营管理，非常重视，多店受许人的负责人有很多时间在门店度过，去巡视门店，了解门店经营。门店经理的职业化，这是多店特许经营一个特点。同时多店受许人还会在门店之上，组成培训、技术、营销、人事等部门，对多个门店进行职能管理，这点就像微型连锁体系的做法。

很多受许人倾向于收购现有门店以扩大规模，这种方法使受许人的企业快速增长，在几次并购并充分吸收后，就发展成为大的受许人。而受许人通过向现有门店输入管理，进行精细化管理，包括对陈旧的门店进行投资，凭借自己创造高业绩的潜在能力，获得额外利润。受许人将某个区域的特许经营权出售给某个受许人，如果该地已经有特许人的直营店，一般也一起出售给受许人。

四、本章小结

本章对各种典型的多店特许实践的微观条件进行了描述。但是在决定是否采取多店特许方式，以及具体采取哪种多店特许方式的决策中，还需要考虑特许体系各相关主体、相互关系，以及外部条件。每种典型的多店特许经营，其合同都有核心要素，只有这些要素具备，对应的某种多店特许才能够具体实施。特许人的微观条件主要体现在门店运营条件、市场开发条件、特许体系建设条件。这几个方面的支持到位了，多店受许人拥有足够的权限，才能充分发挥他们的作用。同时将多店受许人，即本地合作伙伴的行为进行约束和规范，可以保证特许人的利益。多店特许是特许经营发展的高级形式，在政策措施上也是比较复杂的。特许人在支持条件方面做的工作，比起实际的业务操作更加重要。

很多的多店受许人是从单店受许人发展起来的，在发展过程中，不断积累资金，积累管理经验，将自己的规模越做越大，直到发挥出最大的效益。而另一些多店受许人，是通过收购的方式进入这个市场，通过多次的门店收购，成长为大型多店受许人。多店受许人与特许人之间是策略联盟的关系，只有具备条件，并与特许人积极合作，才能在经营门店和市场开发，甚至特许体系建设中获得成功。多店受许人与终端门店的关系，类似“微连锁”、“微特许”、外包服务或者混合的模式，这是多店受许人业务的基础，也是特许体系多店特许成功的基础。

第九章　多店特许的宏观环境

本章主要讨论多店特许的兴起、多店特许一般宏观条件、中国多店特许发展的几个综合问题。微观条件是多店特许的基础，但在宏观层面仍有许多因素对多店特许的发展起制约或促进作用。

一、多店特许的兴起

1. 特许体系竞争加剧

最近二三十年，美国国内特许体系的机遇与挑战并存。在美国国内一些新发展起来的市场，如原来未进入的小城市，消费能力在逐步增强，给特许体系带来了新的市场机遇。经过几十年变化，现有的消费者，其特征也发生了变化，其消费需求发生了变化。例如，快餐业的消费更加注重健康，而老牌的特许体系，不能完全满足这些新的需求。市场在呼唤新的特许体系。新的特许体系处在成长过程，倾向于采取多店特许方式，这样便加快了发展速度，而大的合作伙伴充足的资源，也保证了这些新品牌扩张急需的资金和资源，而且也对特许门店的稳定运营带来了保障。

市场机遇虽然不少，但同时特许体系的数量也增加了，市场竞争加剧，这使得特许人不得不重新考虑在美国国内的单店特许方式。竞争对手在采取区域发展模式、区域代理模式。老牌的特许企业如果还采取单店特许方式，在新店发展速度上落后对手，在招募新的单个受许人方面也费时费事、存在风险，而多店受许人拥有的成功记录、独特的大块资源、充足的资本或者融资能力，这些方面的优势，都不能在传统的单店特许中获得。老牌特许体系，在美国国内市场也开始调整自己的多店特许政策，如麦当劳这样的老牌特许体系，截至 2011 年拥有 2147 个多店受许人，占全部 2635 个受许人的 81.48%（见表 1－5）。

2. 成熟特许体系进入国际市场

在 20 世纪 80～90 年代，虽然美国国内的特许经营发展速度降下来了，但是在加拿大、日本、澳大利亚这样的国家，却获得了飞速发展。这个时期的发展，很大程度归功于非传统的特许方式，即拥有多个特许经营门店所有者的出现（Kaufmann，1996；[①] Grünhagen 和 Mittelstaedt，2001[②]）。美国的特许体系进入国际市场，采取许可，或者直接投资的方式，事实证明这样的效果并不理想，转而采取主特许、区域发展、合资特许方式。美国的7－11便利店在世界各国采取许可的协议，这让日本得到许可的市场吸收借鉴了美国7－11便利店的核心商业模式，在日本建立卫星技术投资，增加食品等服务项目，这些可以在许可协议中实施，而难以在特许协议的严格控制下进行。而美国7－11便利店在北美，乃至其他国家的特许体系，竞争力下降，濒临破产，最终将整个股权卖给了伊藤洋华堂。

另一些企业，如星巴克，虽然在国际市场上有时采用许可方式，当很大部分采用了合资方式，实际上是合资特许方式，只不过星巴克只与本地伙伴合作，他们都采用多店特许方式，星巴克要求受许人只能自己出资开发和拥有门店，而不允许受许人再出售特许经营权。少数以直接投资方式进入中国大陆市场的特许企业，如KFC，得益于本地化做得很出色，而且任用华裔做中国市场的负责人。麦当劳，在中国大陆、中国台湾、日本，乃至世界上大多数国家和地区，都采取合资特许，或者主特许的模式。实际上，麦当劳只是在加拿大和英国等几个国家采取了直接投资方式。

发展国际市场是美国特许体系不得不做出的选择，其他国家的特许体系在国际上和美国国内与美国本地的特许体系展开了竞争。在国际市场上，各种方式经历了广泛的实践，最终形成了以多店特许方式为主导的模式。值得注意的是，在日本和中国台湾这些特许经营起步比较晚的国家和地区，它们在成功吸收借鉴美国发达的特许体系后，带着成功经验在新加坡、中国香港和中国大陆开拓市场。国际特许体系也借用它们的经验和力量发展中国大陆市场，如日本伊藤洋华堂、中国香港牛奶公司、中国台湾统一超商，都成为好几个国际特许体系在中国大陆市场的合作伙伴。

3. 多店特许模式成熟

多店特许是由特许人与受许人的动机共同驱动的，多店特许具有自身的优势和缺点，随着时间的推移，多店特许这种技术的越来越成熟，应用也日渐普遍。

进入国际市场，特许人刚开始采取直接投资的方式，但后来发现还是以主特

① Patrick J. Kaufmann. Rajiv P. Dant. Multi－unit Franchising：Growth and Management Issues，*Journal of Business Venturing*，Vol. 11，Issue 5，September 1996，Pages 343－358.

② Marko Grünhagen，Robert A. Mittelstaedt：Single－Unit vs. Multi－Unit Franchising：History，Typology and the Franchisee Perspective. Presented at the 14th Annual International Society of Franchising Conference，San Diego，California，February 19－20，2000.

许、合资特许和区域发展特许这些方式更加有效。直接投资的方式，特许人进入东道国，成立分支机构，建设支持和服务体系，开展直营店，或者按照单个门店出售特许经营权。实际上这些特许人过高地估计了自己在东道国管理职员的能力，结果是没有什么进展。以这几种方式进入国际市场，特许人纷纷在东道国建立培训学校，集中管理供应商。例如，快餐特许企业在进入国际市场初期自己组织特种食材的生产和加工，这些专门的投入加强了对东道国特许经营体系的控制力度。特许人与受许人建立了合作伙伴关系，保持长期的信任与合作。

在一国的国内，顺序多店特许成为特许体系发展多店特许的基本方法，受许人开二店受到鼓励，在加盟费等方面也得到优惠。甚至很多知名特许体系，目标瞄准能开几个门店的潜在受许人，不受理单店特许的申请。在中国很多特许体系对开二店还没有什么奖励。另外，区域发展成为美国国内市场特许经营的主流模式，在授权区域的多店受许人与特许人之间关系十分密切。此外，区域代理、特许中介、多品牌特许等都得到了很好的发展。

多店特许密切了特许人与受许人的关系，特许人与受许人更呈现出一种策略联盟的长期合作，双方分工合作，各自发挥自己的优势。在多店特许方式下，受许人的权限具有更大范围的调整余地，特许体系体现出灵活性。受许人拥有全部或者部分门店的所有权，是门店在多店受许人这个层面的经营权与所有权的结合，这种方式克服了直营店和单店特许中的委托—代理问题，对门店的业绩有积极作用。

因此，多店特许的发展使得多店特许这种方式不是特许人要不要用的问题，是特许人怎样使用的问题。受许人在市场开发过程中不断尝试，寻找适合自己的多店特许方式。

4. 特许人选择发展的方式

特许体系的受许人从一开始就出现了两极分化，起初特许人为了奖励受许人，给那些业绩优良的单店受许人以开新店的权力，这样单店受许人就成为一个多店受许人。这个时候的规模还是很小，多店受许人也就拥有几个门店。随着时间的推移，一些门店由于经营业绩和资本的困难，退出了市场。在某些情况下，特许人回购特许经营权。但绝大多数特许人都削减了直营店比例。因此，受许人退出市场，多采取公开拍卖的方式，除了竞争对手以外，具备资质的组织都可以参与竞拍。结果则是那些现有的多店受许人容易成为中标人，因为他们过去的业绩表现好，拥有一支良好的管理团队，拥有资本，得到第三方金融机构的支持，也具有创业精神。这样，他们的规模又扩大。特别是区域特许经营权的交易，让一些受许人的规模飞速增长。他们购得某个区域的特许经营权后，往往还得到特许人的特许，获得在这个区域再开若干家新店的权力。

还有的受许人，他们获得了特许人出售的区域特许经营权，甚至包括某个国家的主特许经营权，这些受许人往往也有着良好的成功记录，并因此得到特许人的信任。更重要的是，他们拥有这个市场独特的资源，以及开发这些市场的资本。而且他们在经营管理上的能力保证了这些新店的绩效。虽然，开发新市场存在风险，但是对具有专业技能的多店受许人来说，风险会降到最低，比特许人自己开发或者寻找众多单店受许人的风险可能小得多。即使在那些成熟的市场，随着时间的推移，也会出现零星增加门店的市场需求，特许人常常将新店拓展的权力交给现有的受许人。

对一个特许体系，有多种形式的多店特许可选择，如顺序多店特许、区域发展、区域代理、主特许（替代了许可和直接特许）。因为存在可选择性，特许人与多店受许人之间的管理权限分配就更加灵活了，特许体系组织的柔性增加了。

二、多店特许一般宏观条件

国家的商业环境，如商标、知识产权等都影响着多店特许的发展。从宏观的层面来看，多店特许的发展，受两方面条件的约束。一个是特许人的因素，另一个是多店受许人的因素。特许人的因素就是特许体系本身的发展，特许人对多店特许规律的认识，特许人在多店特许方面的实践和经验总结。在受许人这个层面，宏观层面就是指大量中小规模的优秀区域合作伙伴，或者称为区域加盟商的发展，这些商业服务企业规模一般，不是大而全，而是专而精，是卓越的中小型企业。这些企业的长期的稳定经营是多店特许成功的基础。

相对于单店受许人，受许人的组织程度高一些，他们一般是公司，承担有限责任。在美国，如果出现经营危机，还可以依据破产法寻找破产保护，或者依法破产。在国际上，特许人虽然在东道国拥有自己的本地合作伙伴，但是在经营中出现的问题，他们也要承担连带责任，在进入国际还要受到东道国的法律约束和政策调控，可能受到贸易壁垒影响。

无论是国内，还是国外，多店特许的复杂程度都是相当高的，比起单店特许经营，多店特许的特许人、受许人（或者本地合作伙伴）都将面临复杂的法律关系。因为与直接投资，直接特许，或者特许体系的部分直营店相比，多店特许多了一层关系，即特许体系的中间层。特许人与受许人在更多的时候是相互合作，他们的一些行为也超出了合同约束的范围，体现出一种策略联盟的关系。

但是法律是最后的底线和手段，在特许人与多店受许人关系出现破裂，如一方破产倒闭时，特许人与多店受许人合作关系结束，需要以双方签订的合同为依据，国家也将只保护合法权益。因此，国家宏观层面的法律规范对多店特许经营的发展非常重要。多店特许在一些时候代替特许人在某个地区出售特许经营权，对最终的门店，本地合作伙伴承担着直接责任，他们的活动也应受到与特许人相似的规范与约束。

在市场经济国家，多店特许经营中的法律关系，可能是国家层面或者地方法院采取的宏观政策的重点。因为多店特许是以特许体系中间层的身份出现，很多情况均有特许人与本地合作伙伴，本地合作伙伴与终端门店，这两层关系。因为在本地合作伙伴与终端门店这个层面，有时是两个组织的关系，因此这两个关系都存在法律上的关系。

特许体系中，受许人之间结成了联盟，他们形成合力，与特许人协调广告费使用和新产品的采用等问题，但是并不是所有的特许体系都有这样的组织，而且受许人获得的权力有时候也不是正式的，也可能没有写进特许经营合同之中。对大多数特许体系来说，单店受许人要与特许人对等沟通难度很大。但是多店特许情况，受许人本身就被授予了更大的权限，他们自身的经济地位较高，因此这些合作伙伴之间组成受许人联盟更容易些。受许人联盟甚至在推动国家立法，目的是保护受许人相对弱势的地位。如果特许人与受许人关系调节法得以通过，多店受许人的利益也将得到更好的保护。

在产业层面，也有金融服务机构对多店受许人的支持问题。相对于特许企业而言，多店受许人的规模较大，一些受许人同时经营其他特许品牌，甚至一些受许人还是上市公司，拥有强大资本及融资能力。但是对绝大多数的多店受许人，他们规模不大，属于中小型或者微型企业。他们要扩张市场，要对门店投资而拥有所有权，需要巨大的资金。在欧美等发达国家，专门支持特许经营的金融机构很多，如 GE 金融服务公司，就有专门针对特许企业提供融资服务的机构。在多店交易过程中，这些金融服务机构可以为受许人提供抵押贷款，受许人获得这些贷款，可以用于门店的收购，或者收购以后对门店的投资，如重新装修。

应当鼓励多店受许人的创业活动，他们的成长过程就是小（或微）企业的成长过程，而他们的坚实力量是特许体系未来发展的动力，如果没有这些优秀的区域合作伙伴，特许人向差异较大的地区，以及国际扩张，并且维持在本地市场的竞争力，这几乎不可能。在税收、财政、人才培养方面，产业层面应该给予潜在多店受许人大力支持，鼓励他们发展。

三、中国多店特许发展的几个综合问题

商业模式特许在中国各行各业有着广泛的应用，商标和产品特许方式也出现了一些比较有名的品牌。还有大量不知名的特许体系在不断涌现，它们可能不进行备案，如果进行特许经营就属于违法行为，但是很多小品牌可能采取连锁，而非特许经营形式。这个市场各种模仿特许体系的形式大量存在，要形成少数品牌主导情况，需要一个市场的选择过程。这就是那些知名的品牌，或者是地方性的优秀品牌，在竞争获得优势，获得市场越来越大的份额，在消费者选择和成本压力下，一些弱小的、模仿其他特许品牌的品牌逐步退出市场。

1. 产品与商标特许和商业模式特许

从传统来看，产品与商标的特许有一定的发展，主要集中在汽油零售（加油站）和汽车销售（如4S店）这样几个少数的领域，或者说在这几个少数的领域才出现了一定的发展。主要的特许经营类型还是商业模式特许，在美国有70多个行业采取商业模式特许经营。

特许经营的发展，对传统批发商、经销商、多品牌门店零售商这些传统的商业模式构成了冲击，一些商品或服务生产商纷纷尝试专卖店直销，或者采取特许经营的方式。例如，中国的家电企业、服装企业、电信营业厅等，除了主要依靠分销渠道外，还在发展专卖店，有时也采取特许经营的方式。例如，谭木匠、好想你都是产品和商标特许经营方式。

产品和商标特许发展的同时，商业模式特许也在迅速发展。大型购物中心、电子商务网站及交易平台，往往是商品或服务分销的主要形式。而商业模式特许的商品，一般都具备靠近消费者的门店网点，以非常便捷而有效的方式为消费者提供产品或者服务，这是分销渠道和网络平台无法替代的。

麦多馅饼这样一些微型的商业模式特许品牌，发展速度非常快。这说明，一个企业在提供产品和服务的时候，某些情况需要在接近消费者的场所开专卖店，形成门店网络，采取特许经营的方式。企业和门店以及中间环节有必要进行恰当的分工与合作，包括日常运营、市场开发、体系建设等方面，都需要合理分工与合作。如果门店直接从事现场加工、提供标准化服务，这些情况下，产品与商标特许就向着商业模式特许的成分发展了。

2. 直营与特许

直营式的连锁企业，或混合型的特许企业，企业自己拥有门店并且拥有全部

的管理权限。实际上连锁企业，或者特许企业的分支机构在负责门店的监管，他们聘用的门店经理在负责门店的日常运营管理。对连锁企业，或者混合型特许企业而言，直营店的总部不可能亲自管理各个门店，而将经营管理权分级委托给自己的分支机构和门店经理。对于高度分散的门店网点，连锁企业或者混合型特许企业，这种分级内部授权，存在管理效率的问题。

直营店还有一个问题就是门店资本的问题，因为是连锁企业，或者混合型特许企业自己投资，而不像多店特许那样将门店投资权赋予本地合作伙伴，或者像单店特许那样允许门店经营者（门店经理）投资拥有门店。这样一来，就存在连锁企业或者混合型特许企业，与特许人的本地合作伙伴与门店经理谁更了解资本的投资方向的问题，即资本的使用效率问题。

国外的连锁企业，或者混合型特许企业，也经历了长期的直营转为特许经营，特许经营转为直营，这样反反复复的过程。在市场发展初期，特许企业的投资业绩大起大落，波动很大，除了市场的原因外，还有特许企业的管理效率和资本使用效率的问题。多店特许方式在一些情况下，可以改善管理效率，降低投资风险。特许经营仍然是未来的发展方向。

3. 单店特许与多店特许

顺序多店特许、区域发展这些多店特许形式，在中国应该说已经具备了发展条件。与此相似的还有区域代理、特许中介这两种形式的多店特许。而主特许、合资特许是更为复杂的高级多店特许形式，是特许企业发展到一定阶段，具备扎实的基础之后，才可能成功使用。而另外一些非典型的多店特许方式，在实践中可能更加灵活。非典型的多店特许方式的本质及规律，按照本书提出的多店特许概念、分类、因素分析、分析框架，就可以做出解释。

在中国，单店特许经营方式，虽然发展很缓慢，基础很薄弱，但是人们对这种商业模式已经有了具体的了解，有了具体的实践。而多店特许经营这种方式，对人们来说还是一个新的名字，认识和实践都不多。在称呼上，与此最相似的是区域加盟。

《区域加盟七大弊端》① 文章的作者郑丹阳称中国特许经营企业利用区域加盟商开发市场的比例已经超过60%，但没有写明出处。同时，该作者指出了区域加盟的七个弊端。针对七大弊端本文进行一些分析，见表9－1。

① 郑丹阳．区域加盟七大弊端．连锁与特许［J］．管理工程师，2004（6）．

表 9－1　中国从业者对区域加盟弊端的看法及笔者的观点

序号	郑丹阳的看法	笔者的观点
弊端一	总部标准不易保持	标准可能不成熟、受许人管理不到位、门店管理不到位、支持服务体系不到位
弊端二	管理容易失控	特许人与受许人关系不到位，特许人没有专用的控制性资源，区分特许人的管理与多店受许人的管理，合理分工与合作
弊端三	不容易找到合适的加盟者	依靠长期积累，要鼓励中小型商业企业发展
弊端四	出问题往往是大问题	利益平衡、法律约束、提前发现
弊端五	特许人有被取代之危险	合同约束、社会环境、品牌制胜
弊端六	市场营销应变能力弱	主要依靠本地合作伙伴的市场资源和经营能力，结合特许人总部的集中营销
弊端七	商业秘密更容易泄露	法制环境和企业保密，对商业模式法律不能也不应该给予保护，企业选择规模或者差异化竞争，强化研发、市场、管理等核心能力

资料来源：郑丹阳．区域加盟七大弊端．连锁与特许［J］．管理工程师，2004（6）．

4. 多店特许方式选择

我们已经很清楚，多店特许方式的典型形式有主特许、合资特许、区域发展、区域代理、顺序多店特许、特许中介，还有各种非典型的多店特许方式，因本地合作伙伴与特许之间管理权限的划分而定，因本地合作伙伴拥有门店资本而定，或者本地合作伙伴拥有直营和特许两种门店的比例而定。那么具体到中国的情况，我们采取什么样的多店特许方式，先后步骤是什么，这些都是很重要的问题。

多店特许的各种方式我们都可以采用，但是必须有个先后步骤。我国的特许企业可以普遍采用顺序多店特许方式，特别是那些单店盈利比较好的特许体系，允许受许人开二店、三店，更多的门店，以后他们就可能发展成为一个区域的受许人，成为自己体系重要而优秀的本地合作伙伴。如果只是为了短期发展，加大向受许人的收费力度，门店经营者单店盈利很薄，单店经营者就没有积极性去开二店、三店。

区域发展主要是考虑本地合作伙伴的本地市场资源、资本、经营管理能力等，对那些已经有一定发展历史的特许体系，可以加大对拥有几个门店的受许人的培养，使之成为自己的区域合作伙伴。而对刚刚起步的特许体系，就要寻找那些经营相关业务的优秀区域加盟商，找到他们作为自己的本地合作伙伴，依靠他们，共同开发区域市场。从这个意义上说，只要特许体系本身具有足够的竞争力，如产品、服务、商业模式经过短时间的发展就体现出较大的竞争优势，那么特许人可以寻找现有受许人以外的本地合作伙伴开发区域市场。换言之，在这种情况下不必首先发展顺序多店特许，顺序多店特许与区域发展可以同时进行。

主特许、合资特许这种方式在国际特许中运用得多，因为操作复杂，需要特许企业本身及外部充分具备条件，才能够成功使用。否则，使用不当可能对特许体系造成负面影响，使自己失去市场和机遇，投入的资本也可能没有收益。

5. 国内发展与国际竞争

首先我们应该持有这样的理念，商业竞争是件好事，而不是坏事。我国的特许经营发展受到国际特许的巨大影响，在竞争的过程中，我们可以向国际特许体系学习、吸收借鉴他们的先进经验。以麦当劳为代表的国际特许体系进入中国大陆 20 多年了，使得我国的特许体系可以直接向其学习。另外，日本、中国台湾等特许经营起步较晚的国家和地区，从美国引进特许经营商业模式后，在本地消化吸收，发扬光大，开始向中国大陆以及世界各国输出特许体系品牌，并获得了巨大成功。至于学习借鉴的方法，我们应该向周边国家和地区借鉴经验。

竞争的意义在于在竞争对手身上发现优缺点，经过自己的创造，在某些方面胜过对手。而单纯的复制和模仿是没有意义的，在知识经济时代非法的复制和模仿还应受到法律制裁。竞争则不同，最后的结果是“青出于蓝而胜于蓝”，实现全面的进步。但是，商业竞争也具有残酷性，“胜者兴，败者亡”。国际特许体系进入中国，大多数采取本地合作伙伴方式，而中国本地的特许体系基本上采取单店特许方式，这体现出多店特许与单店特许两种方式的竞争。当然国际特许体系与中国的特许体系，两者发展阶段和发展基础不同，中国的特许体系规模普遍较小，门店数量少，市场范围较小。

中国的特许企业向海外扩张，这是必然的趋势，但是要具备以下三个条件：一是自身发展有基础，二是国际市场有机遇，三是的国际特许经验积累。麦当劳在国际市场的发展，从 20 世纪 60 年代就开始，直到 20 世纪 90 年代才取得了突飞猛进，从此国际市场门店数超过了美国国内市场。麦当劳在国际市场上的成功印证了这三个基本条件。

6. 就业还是创业

我们必须清醒地认识到“夫妻店”“实现就业又实现个人创业”最大的问题是组织程度低，有违现代服务业高度分工与合作的主流方式。一方面，要鼓励多店受许人的发展，使他们从微型受许人发展为中型受许人，甚至大型受许人企业；另一方面，要鼓励特许人的发展，使得他们创出特许体系名牌，在市场上立足，实现永续经营。而不是鼓励大家都去开“夫妻店”。“夫妻店”，夫妻双方既是职员又是老板的方式不是长久之计。

未来，“夫妻店”的就业和创业就将融入大的特许体系中去，他们可以作为具有竞争力连锁店，或者是直营—特许混合型特许体系的职业经理。在发达的特许体系环境中，他们的创业梦想，以大型特许体系多店受许人的身份出现，或者以自己的特许体系品牌所有者的身份出现。

门店经理未来的发展方向是专业化、职业化，这是因为多店特许方式发展的原因所致，终端门店的所有者与门店的经营者，至少在门店日常运营管理层面，实现了分离。在确定了发展中小型多店受许人与发展大型特许人并重这样的宏观政策后，我们就要着眼于门店经营人员的职业化制度，即有一套职业化的、专业化的终端门店的经理人员培训机制，为各类型终端门店的经理建立人才交易市场，促进人才要素正常流通。一些国际特许企业在中国开始建立专门的培训学校，企业办学，培养专门人才，这是件好事。从国家发展特许经营、发展多店特许经营的角度考虑，国家各类办学机构，培训机构、人才交流机构应当参与到门店经理的培养中来。

四、本章小结

多店特许经营的兴起应归于成熟的特许体系开始进入国际市场，相对于直接投资，多店特许方式具有更多的优点。特许体系的市场竞争加剧，使得特许人重新审视多店发展的策略，在竞争压力下，一些特许人采用了多店特许经营方式。多店受许人通过自给自足，在很大程度上解决了“搭便车”和集体决策的问题。特许人的壮大发展，除了依靠众多单店受许人外，还可以依赖多店受许人。经过人们几十年的实践，多店特许方式日渐发展成熟，尤其是在发达的特许经营国家，多店特许方式已经成为特许人普遍采取的市场扩张方式。

产业层面、行业组织、金融机构、外部服务机构等各方面的政策和条件都对多店特许的发展有着重要的影响。在国家层面，很多国家对特许经营做了专门的立法，主要的制度包括特许体系备案登记制度、出售特许经营权的信息披露制度，而对特许人与受许人的关系，还没有国家层面的立法。现实中出现的特许人与受许人关系方面的冲突，法院的判决难度很大。在多店特许经营条件下，特许人与受许人的很多问题可以通过更为平等的谈判和协商解决。

从中国多店特许发展的几个综合问题的讨论，可以得出以下五点启示：

一是产品与商标特许和商业模式特许在国内外都有发展的空间，如果门店开始直接从事现场加工、提供标准化服务，这个时候产品与商标特许就向着商业模式特许的成分发展了。

二是国外特许企业，经历了长期的直营连锁转为特许经营，又从特许经营转回直营连锁，这样反反复复的过程。直营连锁存在管理的效率和资本利用效率的问题。多店特许方式在一些情况下，可以改善管理效率，降低投资风险，中国特许企业可以进行尝试。

三是区域发展方式主要利用多店受许人本地的市场资源、资本、经营管理能力等，对那些已经有一定基础的特许体系，可以加大对拥有几个门店的受许人的培养力度，使之成为自己的区域合作伙伴。

四是中国的特许企业向海外扩张，这是必然的趋势，但是要具备三个条件：①自身有发展基础，②国际市场有机遇，③国际特许经验积累。

五是必须清醒地认识到"夫妻店""实现就业又实现个人创业"最大问题是组织程度低，有违现代服务业高度分工与高度合作的主流方式。"夫妻店"应该融入大的特许体系当中去。就业应当以大型特许体系职员或职业经理方式实现。在发达特许体系环境中，创业梦想应当以大型特许体系多店受许人的身份出现，或者以大型特许体系品牌所有者的身份出现。

第十章　贡献、不足及研究领域的拓展

本章主要讨论贡献与不足，以及研究领域的拓展（包括多品牌特许、第二代受许人、多店特许的技术、特许体系的决策权与所有权、特许人初始收费确认方法、许可与特许与多店特许）这几方面的问题。

一、主要贡献与不足

1. 贡献

（1）系统总结了国内外多店特许研究的文献，提出了多店特许的概念，认为多店特许是特许体系中间层的一种形式，是作为特许人分支机构的替代者出现的；多店特许中间层包括两层关系，即向上关系——特许人与多店受许人的关系，向下关系——多店受许人与终端门店的关系。提出了多店特许强联盟、多店特许一般联盟、多店特许弱联盟的概念。

（2）多店受许人的管理权限与门店资本是划分多店特许类型（包括典型的和非典型的多店特许）的两个基本的维度。多店特许的几种典型形式，可以按特许人本地合作伙伴管理权限和门店资本，进行逻辑分类。

（3）多店特许的发展受到特许品牌、受许人（本地合作伙伴）以及外部环境的影响，主要因素有九个，即受许人资本、市场资源、成功记录、创业精神、特许品牌、经营管理、门店交易、市场机遇、伙伴关系。九个因素是对多店特许概念、分类的进一步细化。

（4）提出了中间层分析框架，这个框架包括多店特许概念、分类和九个影响因素。可用一个维度、两个维度、九个因素来概括。一个维度：特许体系的中间层，特许人本地合作伙伴，特许人分支机构替代方式，策略联盟与微连锁等。两个维度，反映了特许人与多店受许人分工以及分工的程度；分工与合作的程度。

（5）指出国际市场机遇、国内外竞争压力、单店特许“搭便车”行为、特许人自我壮大以及多店特许模式发展成熟等因素是多店特许兴起的原因。提出了连锁经营、特许经营是多店特许的基础。应当鼓励多店特许经营的发展，按照小区域、大区域、跨国特许这样的发展顺序来逐步展开，或者从顺序多店特许、区域发展这些相对简单的方式开始，逐步向多店特许的复杂形式发展。实现跨越式发展的方法，可以考虑从中间层向上关系，即本地合作伙伴与特许人之间的联盟关系，率先突破，实现多店特许发展条件的全面突破。

2. 不足

（1）虽然有案例分析，但是缺乏实证研究，具体的调查不足。

（2）数据分析，特别是调查问卷方面，做得不够，文章使用是其他机构的数据。

二、研究领域的拓展

1. 多品牌特许

多品牌特许（Multi - concept Franchise）是一个受许人经营几个特许体系品牌的情况。一个多店受许人，或者一个特许体系的本地合作伙伴经营几个特许体系品牌，也就是作为几个特许体系品牌的受许人的情况，这样的现象并不少见。例如，中国台湾的统一超商在中国台湾和中国大陆华东地区，既获得了星巴克的区域授权，同时也有拥有 7 - 11 便利店的特许经营权。香港牛奶公司，既有美心糕点，又有星巴克的特许经营权，还与广州一家公司合资享有华南地区 7 - 11 便利店特许经营权。多店受许人同时经营几个相关品牌的特许门店，在提供的产品上可以起到互补作用，在供应链等方面，实现复用，节省成本。

多店受许人之所以在资本、资源和市场知识方面具有优势，原因一方面在于自身的积累，另一方面与母公司强大实力分不开。特许人往往正是看重本地合作伙伴这些方面的实力。事实上，多店受许人的母公司在促进各子公司资源整合方面发挥了重要作用。例如，日本的伊藤洋华堂从美国引进 7 - 11 便利店品牌，在日本能够将这个特许品牌发扬光大，除了子公司 7 - 11 便利店独立奋斗外，来自母公司伊藤洋华堂的影响，不容忽视。伊藤从事商业经营，涉及多个业态，在供应商关系、市场资源方面对 7 - 11 便利店发展起到了极为重要的作用。

随着多店特许经营的发展，特别是多品牌特许的发展，在市场上出现了食品服务管理公司（Food Management，或 Foodservice Contract Management Companies）。[①] 2010年美国排名前50名食品管理公司，年收入过1亿美元公司几乎为一半，达到23家（2009年是20家）。在美国经济目前的困难时期，排名前50的食品管理公司，2011年的收入增加了15亿美元，即4.6%的比例。这些公司拥有并经营着众多特许品牌门店，比如Aramak Corp. 2011年拥有404家门店，门店的品牌分属于Burger King，Chili's，Bagels，KFC，Long John Silver's，Pizza Hut，Quiznos，Seattle's Best Coffee，Subway，Taco Bell，Wendy's等30多个特许品牌。2011年，Sodexo Inc. 旗下也有259家门店，分属将近30个特许品牌。

这些食品服务管理公司，他们拥有并经营着知名特许体系的特许经营门店，他们自己却很少发展自己的特许品牌，根本原因还在于这两类公司的定位不同，多店受许人侧重于门店经营管理，有时候也包括开店的工作（即市场开发）。而特许体系的所有者，以特许人的身份出现，他们的主要职责是搞好一个或者几个特许体系的建设，包括特许品牌的建设，这主要包括商业模式等这些特许体系的无形资产建设。尤其是在市场逐步饱和以后，特许体系的市场扩张在一个市场趋于停滞，特许体系主要的任务就是体系建设和门店的经营管理。

门店的经营管理的目的指向于门店业绩，单店经营的制度化、公司化的管理不如多店受许人做得好。多店受许人作为食品服务管理公司的角色出现，更加注重门店业绩，而不是市场扩张，或者特许体系的建设，这个时候多店受许人也可以与特许人进行专业的分工与合作。各自从事擅长的事情，同时两个超级公司之间，在产品研发、品牌建设方面容易达成合作。专业化经营的门店管理公司，他们可以把一个特许品牌门店的经营管理经验，带到另外一个特许品牌，如通过门店经理的调换，从事这个特许品牌的门店经理可能去另外一个品牌门店从事经营。

与多品牌特许相关的现象就是特许人自身也采取多元化策略，如百胜集团就拥有KFC和必胜客，以及塔可钟这样几个品牌。特许人是多个特许品牌的所有者，他们的本地合作伙伴，往往也同时经营这几个品牌。经营多个特许体系品牌对特许人是一个挑战，就像经营多个特许品牌的受许人一样，虽然很多设施或资源可以共用，但是在管理上的冲突和复杂性，不容小觑。如果一个特许人，从事多元化经营，而忽略了对核心特许体系深耕细作，也容易引起特许体系受许人的担忧，缺乏对特许体系的持续建设，特许品牌的价值就会慢慢下降。

多品牌特许的情况，可以从Franchise Update每年评选的99家超级受许人的结果看到，见表10－1。一些多店受许人经营多个特许体系品牌，而另一些多店

---

① Mike Buzalka. FM's 2011 Top 50 Management Companies，http：//food－management. com.

受许人从事单个特许体系品牌的特许门店经营，两种情况共存。

表 10－1　多店受许人经营多特许体系品牌

RANK	COMPANY	UNITS	BRANDS
1	NPC International Inc.	1143	Pizza Hut
2	AAFES	1078	Burger King, Subway, Charley's Subs, Captain D's, Dairy Queen, Popeyes Louisiana Kitchen, Taco Bell, Pizza Hut, Baskin Robbins, Green Bean Coffee, Cinnabon, Manchu Wok, Blimpie's, Dunkin' Donuts, Einstein Bros. Bagels, Church's Chicken, Godfather's Pizza, Taco John's, A&W, Domino's Pizza, KFC, WingStreet
3	Aramark Corp.	790	A&W, AFC Sushi, Backyard BBQ, Beef O'Brady, Ben & Jerry's, Blimpie's, Burger King, Camille's Sidewalk Café, Cheeburger Cheeburger, Chick - fil - A, Chili's Too, Cosi, Denny's, Domino's Pizza, Dunkin' Donuts, Einstein's Bagels/Noah, Extreme Pita, Freshens, IHOP, Jamba Juice, Jump! Asian Express, KFC Express, Krispy Kreme, Long John Silver's, McAlister's Deli, Moe's Southwest Grill, Nathan's, Noble Roman's, Panda Asian Express, Papa John's Pizza, Petro's Chili & Chips, Pizza Hut Express, Pollo Tropical, Popeyes Louisiana Kitchen, Quiznos Sub, Raising Cane's, Sbarro, Starbucks, Subway, Sushic Sushi, Taco Bell Express, Taco Cabana, Wahoo's Fish Tacos, Wendy's, Zia Juice
4	Carrols Restaurant Group Inc.	556	Burger King, Pollo Tropical, Taco Cabana
5	HMSHost Corp.	539	Baja Fresh Express, Bojangles', Brioche Dorée, Burger King, California Pizza Kitchen, Chili's, Cinnabon, Famous Famiglia Pizzeria, The Great American Bagel, Johnny Rockets, Nathan's Famous, On the Border, Outback Steakhouse, Phillips Famous Seafood, Pinkberry, Pizza Hut, Quiznos, Romano's Macaroni Grill, Roy Rogers, Salsarita's Fresh Cantina, Sbarro, Tim Hortons, T. G. I. Friday's, Wolfgang Puck Gourmet Express
6	Heartland Automotive Services Inc.	400	Jiffy Lube

续表

RANK	COMPANY	UNITS	BRANDS
7	Boddie – Noell Enter prises Inc.	349	Hardee's, Moe's Southwest Grill
8	Harman Management Corp.	327	KFC, Taco Bell, A&W, Long John Silver's
9	Fugate Enterprises	300	Pizza Hut, Taco Bell, Blockbuster
10	Strategic Restaurants Acquisition Corp.	299	Burger King, T. G. I. Friday's
11	Pilot Travel Centers LLC	283	Subway, Wendy's, Arby's, Dairy Queen, Taco Bell, KFC, Pizza Hut, Chester's
12	ADF Companies	283	Pizza Hut
13	United States Beef Corp.	283	Arby's, Taco Bueno
14	Bridgeman Foods	283	Wendy's, Chili's
15	Mason – Harrison – Ratliff Enterprises	283	Sonic Drive – In
16	Apple American Group LLC	269	Applebee's
17	Love's Travel Stops & Country Stores	260	Arby's, Baskin – Robbins, Carl's Jr. , Chester's, Godfather's Pizza, Green Burrito, Hardee's, Subway, Taco Bell
18	Heartland Food Corp.	256	Burger King
19	The Pantry Inc.	229	Subway, Quiznos, Hardee's, Krystal, Church's, Dairy Queen, Baskin – Robbins, Bojangles'
20	Muy Brands LLC	226	KFC, Pizza Hut, Taco Bell, Long John Silver's, A&W

资料来源：The 2010 America s Mega 99 Franchisees.

2. 第二代受许人

第二代受许人①（Second Generation Franchisee）就是那些通过收购门店成为受许人的情况，出售方可以是特许人，也可以是其他受许人。第二代受许人拥有多个门店，他们是多店受许人。这种技术越来越被人们接受。2003 年，来自 ISoF 的一项调查表明，美国有 9.7% 的受许人是第二代受许人，也就是多店受许人全部，或者一部分门店是通过收购得来的，而不是完全来依靠自己建设。第二

① Frank H. Wadsworth. Kathryn Boe Morgan：Multi – unit Franchisee Ownership Study. Presented at the 17th Annual International Society of Franchising Conference, San Antonio, Texas, February 14 – 16, 2003.

代受许人规模都比较大，在门店转让中经常是区域特许经营权的转让，包括已经建立起来的特许经营门店的交易。

第二代受许人的对门店的利润期望要高一些，因为他们在收购这些门店的时候，就做过评估，包括被收购门店的经营情况的评估，收购之前首先测算自己能够做哪些改善，业绩能够提高多少，有了这些定量分析后，觉得合适才会收购。很多受许人都是以第二代受许人的身份出现，也印证了他们在追求比第一代受许人更高的利润水平是成功的。第二代特许人更容易接受新技术，倾向于扩大规模，可以花更多的时间在管理上面，而不是直接服务顾客。

门店的交易必须得到特许人的同意。特许人也倾向于那些现有的受许人作为收购方出现，因为现有的受许人熟悉该特许体系，具备经验。但是第二代受许人他们在创业精神方面，可能不如第一代受许人。第一代受许人向第二代受许人过渡，也是一个发展的过程，不可能是突然发生，或者在短期内完成。

门店交易与第二代受许人有些相似，但是两者是不同的概念。门店交易是一次性门店转让，是一种事件或者手段。第二代受许人是受许人长期的存在形式，门店交易是第二代受许人形成的基本条件。两者着眼的角度不同。

随着特许体系的成长，时间延续很长，规模扩张很大，第二代受许人的出现，表明了门店经营权退出机制的形成，这是一个好的现象。对特许人来讲，受许人的退出机制，对自身也有间接的利益。对特许人的直接利益，可能体现在特许人对受许人的选择机制的形成。比如那些熟悉该特许体系，愿意与特许人长期合作，在经营绩效表现优良的受许人，是特许人选择第二代受许人考虑的重要条件。

3. 多店特许的技术

（1）转化特许（Conversion Franchise）。日本 7 - 11 便利店刚落户日本时，并没有立即和大的零售商展开竞争，当时瞄准了一些“夫妻店”，从中选择一批，说服他们加盟 7 - 11 便利店特许体系，这些没有品牌的零售商店，就转变成了 7 - 11 便利店，价值飙升。因为采取的是特许经营方式，特许体系的所有者，并没有在市场开发中投入固定资产，特许人的资本消耗较少。在特许经营方式下，受许人拥有门店，他们的积极性得到了保护。而且，这些零售店，他们的地理位置得到了充分利用。“夫妻店” 本是 7 - 11 便利店的竞争对手，但 7 - 11 便利店采用转化特许的技术将对手变成了合作伙伴。

转化特许经营是一种削弱对手、增强自我的市场扩张方式。一般情况，竞争对手不会同意受许人将特许门店出售给竞争对手，而更不愿意受许人将直营店出售给竞争对手。只有那些准备彻底退出这个市场，不再寻求再次进入的情况下，特许人才向包括竞争对手在内的公司出售门店。一些小品牌退出市场，其出售的门店很可能为大品牌竞争对手的收购对象，小品牌门店被收购后其小品牌转化为大品牌的门店。

一个品牌的特许经营门店，在这个品牌准备退出市场，向大品牌出售特许体系时，其下受许人经营的门店，可能在交易后被转换成另一个特许品牌，不过涉及较为复杂的关系，新的特许品牌，需要在原先特许品牌的受许人的同意情况下，才能转换为新的特许品牌，原来品牌的受许人也才能成为新品牌的受许人。

（2）区域统治影响（ADI）。区域统治影响①（Areas of Dominant Influence，ADI），这是一种特许人通过区域发展协议拓展市场的技术，即特许人选择划分区域市场时，不是按照行政区域划分市场区域，而是根据人口等特点决定的 ADI 来划分区域，这就是区域发展的边界。特许人将这样区域内的特许经营权授予某个合作伙伴，该合作伙伴与特许人一起开发市场、运营管理这些门店。ADI 的数据在美国由专门的机构来提供，Arbitron 每年都发布 ADI 数据，这些数据反映了美国各州的人口和各指定区域的市场分组情况。

打个比方，在五个城市，每个城市开一个门店，与在一个城市开五个门店，前者的效果远远不如后者，后者在广告方面体现出来的效果好一些。在五个城市，需要做五次不同的广告，而在一个城市开的五个门店，只需要做一次广告，如果在一个城市做五次广告，对每个门店都有影响，叠加的效果就更强烈。进而，在同一个城市，从一个区域集中开店，这个地区饱和以后，再转到下一个区域，也会有更好的效果。比如，便利店扩张采取这样的做法，可以增加配送和补货的效率，强化对该区域消费者的影响力，在广告方面作用也会大大加强。

特许体系采取 ADI 方式集中开店，这与特许体系本身的特点相关，一个城市，或者一个区域门店的需求比较密集，ADI 才会有效果。例如，教育培训中心这样的特许体系，在一个小城市可能只有一个校区，在一个较大的城市才有几个校区，这种技术效果不明显。而像 KFC 这样的快餐特许品牌，门店网点就比较密集，ADI 的作用就能更好地发挥出来。

4. 从无形资产的观点来看决策权与所有权

从知识产权的角度②，决策权与所有权应该按照这样的方式分配，即决策权按照特许体系无形资产在特许人与受许人之间的分配来定，所有权应该按照剩余控制权，或者剩余决策权来确定。特许体系的无形资产，指的是特许人的体系专

① Robert T. Justis. Richard J. Judd. Ravi Chinta：Multi - unit Franchising. Presented at the 2nd Annual International Society of Franchising Conference，San Francisco，California，January 31 - February 2，1988.

② Josef Windsperger. Allocation of Decision and Ownership Rights in Franchising：Empirical Findings in the Austrian Franchise Sector. Presented at the 15th Annual International Society of Franchising Conference，Las Vegas，Nevada，February 24 - 25，2001.

用诀窍和受许人的本地市场诀窍。剩余包括加盟费、忠诚费以及激励机制产生的收入。具体到特许经营，当本地的市场诀窍是特许体系成功的关键时，特许人应该给予受许人更多的决策权（剩余决策权）和所有权。

多店特许经营的情况比较复杂一些，因为多店特许经营的方式有很多种，在某些情况下，本地合作伙伴在门店中没有所有权；有的则拥有完全的所有权；有的承担的门店经营管理任务，而没有市场开发或者特许体系的权限。还有几种多店特许经营形式，本地合作伙伴既在本地拥有了门店所有权，又得到特许人较大的授权，如主特许、合资特许、区域发展。这些多店特许形式，受许人不单纯拥有门店的有形资产，也拥有门店的所有权，而且在本地拥有资源，拥有市场诀窍，精通门店的经营管理，因此决策权下放是很自然的事情。

实际上，在所有权方面，本地合作伙伴虽然有很多情况拥有本地市场的无形资产，他们拥有丰富的本地市场知识，但是要拥有更多门店的所有权，还是需要有形资本的带动。不过本地合作伙伴若拥有融资的渠道和能力，那就很容易拥有门店的所有权。在没有资本这个有形资产的支持，本地合作伙伴经营管理能力再强，创业精神再强，也不能拥有门店。在门店所有权方面，还是有形资本带动无形资本。

但是，本地合作伙伴在将有形资本和本地知识等无形资本结合的过程中，可能扮演更重要的角色，因为门店开出来，没有良好的经营管理是不能盈利的，这些经营管理活动，就是经理人员将自己的知识资本与门店的有形资本相结合，从而创造利润。经理应该懂得顾客的消费习惯，采取恰当的方式组织门店的生产，提供顾客满意的产品和服务。经理人员不仅清楚本地市场情况，还了解特许体系的特点和规律，在需要额外资本投入的情况，提出门店装修等投资决策。这些无形资本，是通过管理活动这种方式体现出来的。多店受许人自身参与一部分门店经营管理，另一部分经理管理由聘用的经理承担。

门店所有权的分配，即特许人采取什么样的多店特许方式，是否给予本地合作伙伴拥有门店的权力，或者仅仅依靠本地合作伙伴为承接培训、招募、市场调查这些外包业务，还是将门店所有权，或者新开门店的权力交给本地合作伙伴，这涉及对本地合作伙伴的激励问题。可以这样理解，特许人选择合作伙伴，既要考虑受许人拥有门店是否能够创造更好业绩，也要考虑受许人实际拥有资本的情况。只有那些实际拥有充足的资本，又懂得门店经营管理，知道如何创造更好利润的潜在多店受许人，特许人才将区域的特许经营权卖给他，并与其长期合作，共同开发和经营这个区域市场。

5. 特许人初始收费确认方法

收入确认时间对特许企业（特许人）尤为重要，因为这影响到他们的损益表和资产负债表。特许人获得收入有以下两条途径：①出售特许经营权以及相关的服务和资产；②持续出售服务。绝大多数特许人的收入来自出售特许经营权、服务、提供给受许人的资产的初始收费。在20世纪六七十年代，通常的做法是在签合同的时候确认初始费用。但这导致了特许人收了钱，却没有按照合同提供相应服务的严重问题。

在1973年，the Committee on Franchise Accounting and Auditing of the American Institute of Certified Public Accountants（AICPA），对过早确认初始收费的问题做出回应，推荐在特许人提供的所有初始服务实质性完成稍晚一些时候再确认收入的方法。这是一个非常保守的方法，它是20世纪70年代中期唯一被接受的方法。

但是这种收入确认递延的做法却误导了成本和业绩。换句话说，这是对中期会计期的误导。而以“完成百分比的方法”确认收入提供了一个衡量定期收入更好的方法。这种方法使得股票市场对特许企业收入的估计以及对经理人员或者金融分析人员都是非常重要的。有些初始服务完成的百分比，也容易测量，比如选址、辅助门店建设、员工培训等。

初始的受许人费用有两个主要的问题与特许人会计相关，一是各种收入的分类，二是受许人确认的期限。初始费用通常包括那些不属于初始服务的收费，因为它们作为一部分费用的递延收取了，比如从特许人那里购买的设备，从特许人那里以折扣价对供货或存货的采购，因为持续收费不足以补偿特许人提供的持续服务，以及特许人合同中延伸了无形资产权力。

完成百分百的方法通常能够使用，因为初始服务费收入是按照特许合同建立的。在几个可用的测量手段中，“完成百分比的方法”和“实质业绩方法”两者之间，还是“完成百分比的方法”在服务持续期间初始服务费收入的确认更加准确。

对于区域特许，一个协议允许受许人在一个地理区域开若干个门店。区域受许人可以经营门店，或者想其他人出售单个特许门店，也就是主特许的技术。区域特许人提供的初始服务或者与建立门店的数量有关，也可能与建立门店的无量无关。如果初始费用与门店数量无关，初始服务与单店特许类似，FASE（Financial Accounting Standards Board）遵循AICPA的推荐，要求收入按照特许人实质性完成所有服务后确认。如果初始费与门店数量有关，AICPA同意按照服务完成比例确认区域特许费用。

特许企业的初始服务收费，以及持续性收费，是自己的收入来源，但是它必须建立在对受许人的初始和持续的服务支持上，这些服务和支持既是对受许人的支持，也是保持特许体系健康持久发展的基础。作为上市公司的特许企业，或者需要依靠第三方融资，他们本身价值的估计，是遵循真实的收益预测，虚假的和保守的估值，对各方都不公平，因此特许人将收入合理地分配到各期记账，真实反映特许人的收入情况，这是非常重要的。特许的本地合作伙伴，因为多店特许合同存在差异，对初始收入的确认有差别，也是遵循初始服务真实完成情况记账，不同的多店特许涉及的初始服务内容不同，性质有差异，在完全完成和“完成百分”比两种方式中，可以选择更加合适的方法确认初始费用收入。

6. 许可与特许

在中国国内，许可有时候称为“许可贸易”，按照合同法网[①]的定义：许可贸易（Licensing ）是专利权所有人或商标所有人或专有技术所有人作为许可方（licensor）向被许可方（licensee）授予某项权利，允许其按许可方拥有的技术实施、制造、销售该技术项下的产品，并由被许可方支付一定数额的报酬。许可贸易有三种基本类型：专利许可、商标许可和专有技术转让（许可），多数情况是以某两种，或三种类型的混合形式出现。

合同法网同时认为特许专营合同（Franchising ）是最近二三十年迅速发展起来的一种新的商业技术转让合同。[②] 特许专营是指由一家已经取得成功经验的企业，将其商标、商号名称、服务标志、专利、专有技术以及经营管理的方法或经验转让给另一家企业的一项技术转让合同，后者有权使用前者的商标、商号名称、专利、服务标志、专有技术及经营管理经验，但须向前者支付一定金额的特许费（Franchise Fee）。特许专营合同是一种长期合同，它可以适用于商业和服务行业，也可以适用于工业。[③]

在美国，美国法律对特许经营的保护非常重视。特许经营通常的授权包括：品牌、运营方法、援助（培训、操作手册等）或者支持（提供建议、质量控制、监督等），许可并不是特许经营，但是许可包含特许的法律成分，非法的特许经将面临巨大的法律后果和风险。

在美国有两部密切相关的法律来规范特许经营活动，即《特许经营信息披露登记法》和《商业机会法律》。《特许经营信息披露登记法》要求特许经营在授权前向潜在的受许人提供充分的信息，以便于受许人在交易前、合同签订前以及大量佣金交付前，能够做出投资决策。

公司或者个人将“特许经营”（Franchise）称为许可（License）是非常错误的。把特许当成许可也可以依据《商业机会法》得到保护，但是比起“特许”使用法律保障，后者需要更大的花费。另外，所谓的“单纯的品牌特许”豁免，已经从 2007 年美国联邦贸易委员会（FTC）修订《特许经营条例》中删除了，

① 许可证贸易合同范本类型，2009 年 9 月 26 日，http：//www. 9ask. cn/。

② 实际上其在美国等国家早已是一种成熟的商业模式，成熟期可以追溯到 20 世纪六七十年代。

③ 应该是特许经营，应为使用的是 Franchising 这个词，但是对其含义进行的概括不准确，这里的表述没有将许可这种商业模式区分开。

这意味着“单纯的品牌特许”也需要按照该法律进行登记。在州一级的法律中，加利福尼亚州也将“单纯的品牌特许”登记豁免的条款删除了。

2011 年加利福尼亚州的一位律师打了一场官司[①]，他的当事人把“特许经营”当成“许可”来操作，这位律师提出的理由是单纯的品牌特许豁免，殊不知这一条已从联邦法律《特许经营管理条例》中删除了，在加利福尼亚州也从来也没有认定单纯的品牌特许的豁免权，当时当事人没有按照特许经营进行登记，违背了联邦和加利福尼亚州的法律，因此这位律师和当事人败诉了。合同当事人在合同中将他们的关系称为什么并不关键，比如称为许可、分销关系、合资、经销商、独立承包商、咨询顾问、合作伙伴或法人团体。从美国联邦委员会（FTC）以及州政府法律角度来看，这是完全不相干的。他们的注意点不是字面上的意思，而是看几个定义的要素是否存在。

在学术上的区别，Rubin（1978）、[②] Brouthers（2003）、[③] McNicol（2009）[④]通过三个要素来定义特许经营：受许人的产品和服务（或服务）由特许人提供和出售，特许人显著控制受许人的经营方法，或者特许人向受许人经营方法提供显著的援助，特许人要求受许人支付使用特许经营的费用或者加盟费。因此，特许经营的特征是：特许人转让系统的专有品牌给本地的受许人，并且特许人显著控制合作伙伴的本地市场。

Hadfield（1990）[⑤] 依据所有权和控制对特许经营和许可进行了区分，特许经营的是个混合关注，在控制方面特许管理更接近于连续的就业，从所有权看特许经营很接近独立承包模式。特许人对受许人施加控制，不仅通过系统的专用资产，也至少控制部分本地市场互补性资产。Teece 等人（1986、[⑥] 1998[⑦]）认为许可是市场承包形式（Market Contracting）。许可人和被许可人各自拥有部分资产，

---

① Franchising vs. Licensing a Business - franchise vs. License Decisions, http://www.franchise foundations.com/franchisevs license.html, Posted on Jul 2, 2011 in Franchise.

② Rubin. The Theory of the Firm and the Structures of the Franchise Contract, *Journal of Law and Economics*, 21, P., 1978, Pages223 - 233.

③ Brouthers, K. D., Brouthers. Why Service and Manufacturing Entry Mode Choices Differ: The Influence of Transaction Cost factors, Risk and Trust, *Journal of Management Studies*, 40 (5), L. E., 2003, Pages1179 - 1204.

④ Lace Eliot Brouthers and Jason Patrick McNico. *International Franchising and Licensing*, the SAGE handbook of international marketing 2009, Pages 183 - 193.

⑤ Hadfield, GK. Problematic Relations: Franchising and the Law and Incomplete Contracts., 42 *Stanford Law Review*, 1990, Page 479.

⑥ Teece. Profiting from Technological Innovation: Implications for Integration, Collaboration, Licensing and Public Policy. *Research Policy*, 15, D. J., 1986, Pages 285 - 305.

⑦ Teece. Capturing Value from Knowledge Assets: The New Economy, Markets for Know - How, and Intangible Assets. *California Management Review*, 40, D. J., 1998, Pages 55 - 79.

在使用他们资产时，双方都是作为独立决策者实施控制。许可的特征可以概括为：许可人不允许自己的品牌名、商标和标识作为被许可人实质地和主要地作为其商业名称，而且许可人对合作伙伴本地市场运营和市场活动不实施控制。

Fosfuri（2006）① 认为许可是一个市场选择，为公司创新带来利润。公司典型的许可包括研究和发展思路、发明、程式、技术诀窍、服务、品牌、艺术、音乐、设计、商标。转让这些资产，被许可人通常支付许可人一次性总的费用，按每个单元支付忠诚费，或者根据合同支付佣金。公司缺乏产品或者市场能力最容易采取许可方式。因此，许可对双方来说都是一个财富提升的战略决策，因为许可人更熟悉许可资产的应用，而避免了成本（管理、资金和技术成本），不用自己来发展这些资产；同时许可人能够在他们不能或者不愿投资的市场获得利润（Kulatilaka and Lin 2006）。② 表 10－2 是特许与许可两种商业模式的特点比较：

表 10－2　特许与许可两种商业模式的特点

	特许经营（Franchising）	许可（Licensing）
机　构	显著的服务成分	仅仅出售知识产权
	特许人分配职责、决策权、特许人利润必须保持预定品牌质量水平和绩效	管理上放权，被许可人不必遵循预先设定的质量水平
	受许人负责制定价格、薪水和选址	许可人制定价格、薪水，选址
	特许人发展系统的商标和标准化产品	可以许可商标、专利，或者没有发展出标准化商业的运营系统
优　势	系统创造了信息、监督、规模上的效率	节省发展成本
	受许人接受服务（如培训，产品过程，蓝图等）	发展品牌，不需要专家、资本资源以及本地知识，降低了许可人风险
	品牌快速成长让公司迅速获得规模效益	被许可人使用强势品牌吸引顾客
	特许经营提高公司生存和成长可能性	
	创造品牌价值（特许声誉）	

资料来源：The SAGE Handbook of International Marketing，Page 186.

总之，许可和特许是很多企业普遍使用的商业模式，一般情况不同的商业适合不同的形式，但有一些商业形态，企业同时提供许可和特许两种模式，但是两

① Fosfuri. The Licensing Dilemma：Understanding the Determinants of the Rate of Licensing. *Strategic Management Journal*，27，A.，2006，Pages 1141－1158.

② Kulatilaka，N. and Lin. Impact of Licensing on Investment and Financing of Technology Development，*Management Science*，L. 2006，52（12）：1824－1837.

者也存在内容和转让价格上的差异。许可将品牌提供某个商家使用，但是并不要求提供者按照规定的方式提供相应的产品和服务，如T恤上印制的卡通形象，品牌所有者并不要求被授权的T恤商如何印制卡通形象，只是将商标、品牌这些符号授权给这个商家使用。由于品牌上没有提供相应的支持系统，没有提供特定的经营模式，因此许可比特许，转让的费用要低。

相反，对于特许经营，特许人除了提供品牌、商标，还有提供一套特定的经营模式（这里是指商业模式），受许人要求按照这个特定的经营模式运作，在经营过程中，无论是开业当初，还是运营过程中，特许人都要提供相应的服务支持，包括集中式的实际业务支持，比如便利店的配送服务。因为特许经营相对许可贸易，多了一些内容，特许经营权的授予要求受许人支付的费用要高很多，如许可支付的费用是特许的50%。在现实中，一些实际上是许可的转让，商家称为特许，为的是牟取高额利润，在运营过程，被授权一方发现得不到相应的支持，就产生了合同纠纷。有些情况，属于特许经营的范畴，却按照许可方式交易，企业没有按照国家特许经营法律法规操作，出现问题后将得不到法律的保护。

许可只包括知识产品，而特许经营包括了服务内容的转让，许可使企业在没有开发出运行系统的情况下，不依赖自己的资金和本地市场知识实现扩展，避免了风险。但是相对特许经营来讲，许可不能创造自己的品牌，对被许可人无法控制，公司的成长性不如特许经营。许可转让知识产品，而不是经营模式。在发达国家许可与特许经营分属不同的法律约束范围，如美国特许经营受到《特许经营条例》的制约，要求特许企业出售特许经营权之前进行登记和信息披露，对那些实际上是特许经营，而以许可方式交易的行为，法律将根据《特许经营条例》进行严惩，目的是规范特许经营售前行为，保护潜在受许人的权利。

7. 国内外特许经营的相关立法

许多国家对特许经营做了专门的立法，如美国、中国等，另外一些欧洲国家，在特许经营方面没有专门的立法，主要依靠民法，即一般的合同法、知识产权方面的法律来约束各方行为，保证正常的产业发展。对特许经营的立法首先包括对特许经营概念的界定。那些符合特许经营的商业形式受到法律保护，反之受到法律或者是国家政策的限制。

在对基本概念进行界定之后，最为重要的问题就是各国政府制定的各种制度，如特许经营登记备案制度和信息披露制度。进而，在受许人联合会推动下有些机构在尝试对受许人进行更强有力的保护，希望在特许人与受许人关系方面立法。但是各方的观点不统一，目前各国都还没有在特许人与受许人关系方面的专门法律。

（1）欧洲国家情况。特许经营虽然起源于英国，但英国没有专门的法律来规范商业特许经营，[①] 特许经营主要是通过特许人与受许人之间合作来约束。由于英国没有专门的政府部门来监管特许经营业，英国特许经营协会（BFA）逐步确立了行业自律的地位，BFA负责认定特许商资格、监督指导并改进特许合作的主要内容。按照英国特许经营协会（BFA）的定义，特许经营是指特许商（Franchisor）授予加盟商（Franchisee）特定许可，加盟商销售特许商的产品或服务，并得到特许商的经营指导和帮助的商务体系。

德国在特许经营领域也没有专门的法律法规，[②] 特许人与受许人之间的关系服从民法。相关的法律法规包括：债务法，商务、社会、竞争、消费者保护、专利、商标、著作权、劳动和社会保险方面的法规，以及德国和欧盟的反垄断法等。在这些法律框架下，具体规范特许人与受许人之间的关系的法律只有当事人之间签订的特许经营合同。德国的特许经营协会（DFV）承担了一些行业自律管理职责，最近的一个工作重点是对特许体系的质量进行检验。

欧洲特许经营联合会对特许经营的定义：[③] 特许经营是一种营销产品和（或）服务和（或）技术的体系基于在法律和财务上分离和独立的当事人——特许人和他的单个受许人——之间紧密和持续的合作，依靠特许人授予其单个受许人权利，并附加义务，以便根据特许人的概念进行经营。

（2）美国的情况。[④] 设在美国的国际特许经营协会（IFA）对特许经营的定义：特许经营是特许人和受许人之间的契约关系，对受许人经营中的如下领域，经营诀窍和培训，特许人有义务提供或保持持续的兴趣；受许人的经营是在由特许人所有的控制下的一个共同标识、经营模式和（或）过程之下进行的，并且受许人用自己的资源对其业务进行投资。

在美国联邦立法层面，按照FTC提议增加更广泛特许经营售前信息披露，20世纪90年代美国国会审计几次未能通过立法，各州仍然自行其是，特许人与受许人不平等的权力关系并没有在联邦法律层面得到进一步的规范。目前，美国的商业特许经营活动，在联邦政府层面，只受1971年颁布的《特许经营条例》保护。美国受许人协会（AFA）与美国国际特许经营协会（IFA）起到了行业协会自发管理的作用，对实际的特许经营关系调节发挥着重大影响。

美国的联邦贸易委员（FTC）与美国国际特许经营协会（IFA）对特许经营

① 财经纵横．新浪网站，http：//finance. sina. com. cn/roll/20041220/19161237716. shtml.

② 德国的特许经营．http：//de. mofcom. gov. cn/aarticle/ztdy/200412/20041200326235. html？2151883396 = 3859676628.

③ 欧洲特许经营联合会，http：//www. eff - franchise. com/spip. php？rubrique6.

④ 孙连会．美国特许经营法律介绍．连锁时代，http：//www. 3216. com/pan/ANLI14. asp？id = 31.

的定义不同，主要的区别在于前者认为特许经营包括产品分销型特许经营和商业模式特许经营，后者认定特许经营的范围只是商业模式特许经营。IFA 认为商业特许经营被许多行业的许多企业采用，行业之间存在巨大差异，通过联邦立法来统一规范所有行业特许人和受许人的关系，不如通过行业协会进行自我约束或行业自律。

（3）我国大陆的情况。早在 2004 年中国商务部就发布了《商业特许经营管理办法》，[①] 该办法指出商业特许经营（以下简称特许经营），是指通过签订合同，特许人将有权授予他人使用的商标、商号、经营模式等经营资源，授予被特许人使用；被特许人按照合同约定在统一经营体系下从事经营活动，并向特许人支付特许经营费。

中国 2007 年颁布的《商业特许经营管理条例》，[②] 将商业特许经营定义为：是指拥有注册商标、企业标志、专利、专有技术等经营资源的企业（以下称特许人），以合同形式将其拥有的经营资源许可其他经营者（以下称被特许人）使用，被特许人按照合同约定在统一的经营模式下开展经营，并向特许人支付特许经营费用的经营活动。

2007 年，商务部又公布了《商业特许经营备案管理办法》，[③] 旨在加强对商业特许经营活动的管理，规范特许经营市场秩序。根据《商业特许经营管理条例》（以下简称《条例》）的有关规定，要求申请备案的特许人应当向备案机关提交以下材料：商业特许经营基本情况、中国境内全部被特许人的店铺分布情况、与特许经营活动相关的商标权、专利权及其他经营资源的注册证书复印件、特许经营合同样本、特许经营操作手册的目录等内容。市场上特许体系的品牌得到法律的保护，特许体系按照国家的登记制度和信息披露制度，规范操作。这些法规为中国特许经营形成了健康发展的宏观条件。

中国国内特许人与本地合作伙伴合作的层次很低，普及程度不高。在一定情况下，或许不是特许经营发展形式的问题，而是整个商业服务业发展的法律环境问题，如商标等基本的知识产权，一些特许体系在发展过程就遇到了商标的问题。再就是市场管理的问题，虽然现在已经有了“特许体系登记备案制度”，而且要求特许人出售特许经营权的时候进行信息披露。但是这些制度的贯彻落实，是一个长期而漫长的过程，涉及大量的工作。

---

① 商务部令 2004 年第 25 号《商业特许经营管理办法》，商务部网站，http：//www. mofcom. gov. cn/aarticle/b/d/200412/20041200327166. html？742793860 = 3859676628.

② 中国《商业特许经营管理条例》全文 . 中国新闻网，2007，http：//www. chinanews. com/other/news/2007/02 – 15/875845. shtml.

③ 商业特许经营备案管理办法 . 商务部网站，2007 – 4 – 30，http：//www. gov. cn/ziliao/flfg/2007 – 05/08/content_ 607634. htm.

三、本章小结

多品牌特许是一个受许人同时经营几个特许体系品牌的情况，很多受许人既是多店受许人，也是多品牌的多店受许人。美国快餐服务行业最新的现象是：大型的多店受许人以管理公司的方式，经营多个快餐品牌。

第二代受许人就是那些通过收购门店成为受许人的情况，出售方可以是特许人，也可以是其他受许人。一些受许人天生就是多店受许人，其他一些受许人，鉴于市场现有门店转让的机遇，也收购一些门店，扩张自己的规模。多店受许人通过门店收购，其规模可以迅速增加。

特许经营的技术，这是操作层面的问题，对某些情况的多店特许发展也是非常有用的。例如，转换技术，一些大型受许人收购其他品牌的门店，将其转换为自己得到授权特许经营品牌。区域统治影响 ADI 方式，是很多特许人实施区域发展时划分区域的依据，这就是通过 ADI 方式将整个市场划分为若干区域，每个区域招募一个多店受许人。

按照知识产权的观点，特许体系的决策权由特许人的特许体系专有资产和受许人本地市场知识共同决定，而门店所有权由剩余决策权决定。

特许人收费确认的问题受到国家会计政策约束，也是评估机构对特许体系价值评估的依据。如果特许人的收费是未来各期提供的服务费，若在当期收取这些费用，就会鼓励特许人在未来提供不充分，或者根本不提供对受许人的服务。

由于许可没有当地市场的控制手段，不能对当地受许人的业务进行干预，因此单纯许可在连锁或特许经营中使用并不多。在合资特许方式，许可是作为国际特许的一个环节。单纯的许可，在知识产权贸易中应用比较多。

特许经营是法制经济下的商业模式，法律法规是它的基础，要建立、完善这些必要法律法规，并使其得到贯彻执行，是一个长期而艰巨的任务，需要不断积累。

下　篇

多店特许经营中间层案例

案例1　麦当劳

一、麦当劳在美国的特许模式

1937 年，麦当劳兄弟在洛杉矶创办汽车餐厅，而后克罗克发展了麦当劳的特许经营体系，特许经营制度有以下一些主要特点：①

第一，也是最重要的一点，就是不采用区域特许权制度。尽管出售区域特许权更容易赚钱，但同时也增大了风险。如果一家加盟店不成功，损失还不算大，但是，如果这家店拥有整个区域的特许经营权，那后果就可想而知了。克罗克决定麦当劳一次只出售一个餐馆的特许权。刚开始时，克罗克多以大都市为授权经营区域，但他很快就缩小了授权区域。1969 年以后，其特许经营合同甚至限制到城市、街名。对以前授权的那些大范围区域加盟店，原加盟店有权优先购买新店的特许经营权，但无权自行设店。

第二，规定表现优异的受许人可以拥有多家加盟店，而表现不好的受许人只能拥有一家店铺。克罗克从不把特许权卖给实力雄厚的人，深怕他们有一天超过总部，难以控制。他的逻辑是："如果你卖出一大块区域的特许权，那就等于把当地的业务全部交给了他。他的组织代替了你的组织，你便失去了控制权。"

麦当劳认为特许人、受许人和供应商的关系对业务成功极为重要。Ray Kroc 非常早就认可那些全身心投入餐厅的受许人，Ray Kroc 希望加盟的人放弃其他工作，以从事特许经营的冒险事业，将特许店作为收入的唯一来源，这样就有了高度的动机和专一性。因而，麦当劳不将门店授予合作伙伴、财团和投资而不经营的人。初始资本来自加盟商，作为其承诺的保证和严格的挑选过程，确保麦当劳只有招聘合适的人。②

---

① 舒蒂．克罗克——麦当劳王国的缔造者．《市场报》（第四版），人民网，2001 - 3 - 10.

② Http：//www. mcdonalds. co. uk/ukhome/Aboutus/Franchising/meet - the - franchisees. html.

二、麦当劳在英国的多店特许

在英国，主要的麦当劳门店为麦当劳公司所有，在英国麦当劳是独资公司。特许经营门店中，有一些采取了多店特许方式。以下是多店特许受许人的描述。[①]

Mike Smith 在 9 年前加盟麦当劳，在伦敦南部经营 4 家麦当劳餐厅。Zulfikar Somji 在 2001 年加入麦当劳，从此开始扩张，在伦敦东部经营 7 家麦当劳餐厅。Gerald 在 16 岁就在麦当劳做兼职，10 年前成为麦当劳的加盟商，目前在曼彻斯特地区拥有并经营麦当劳餐厅 4 家。1995 年 Paul Crocker 在加盟麦当劳之前，成功地经营着一些小的加油站，现在他在妻子的帮助下在肯特经营着 5 家麦当劳餐厅，他一贯都能“跑赢”全英国平均的销售增长。Tony 在成为拥有并经营麦当劳门店之前，是一个电子制造商的销售代表，他到麦当劳餐厅工作，三年里先后从一般职员，到餐厅经理，再到监察员，他在 1995 年加盟麦当劳，目前在路易斯安那州南部拥有 11 家麦当劳餐厅。不同于很多独立的餐厅业主当前的生意经历，Cos Constantinou 说他在南部开了四家麦当劳餐厅，雇佣了 300 人，从来就不觉得忙。

三、麦当劳在中国尝试区域发展

1. 通过合资公司进入中国大陆一线城市

1991 年北京麦当劳公司成立，由北京农工商联合总公司和麦当劳公司各持 50% 股权，麦当劳公司授权其经营北京、河北及山西等地的麦当劳快餐服务，期限至 2031 年。[②] 北京农工商联合总公司几经改组，所持北京麦当劳股份现在划到北京三元集团旗下。最初，麦当劳和广东国际信托投资公司成立合资公司，经营广东地区麦当劳餐饮服务业，2000 年广东国际信托破产重组，北京三元集团收购其 50% 的股权，并成立广东麦当劳公司，为方便管理，北京三元集团将这部分股权出售给北京麦当劳，从而北京三元集团间接持有广东麦当劳 25% 的股权。

---

① Http：//www. mcdonalds. co. uk/ukhome/Aboutus/Franchising/meet – the – franchisees. html.

② 北京三元食品股份有限公司首次公开发行股票招股说明书，2003 – 8 – 26，http：//www. sse. com. cn/sseportal/cs/zhs/scfw/gg/ssgs/2003 – 08 – 26/600429_ 20030826_ 1. pdf.

在上海，1999年麦当劳公司与上海华联合资，成立上海华联麦当劳公司，双方各占70%和30%的股份。目前，麦当劳在京沪广粤的业务，由三地的合资公司运营，而除此之外的其他城市和地区的业务，则由麦当劳公司中国总部统一负责。

2. 在华感受到强大的竞争压力

目前，麦当劳在世界121个国家和地区拥有超过31000家店。① 1990年，中国第一家麦当劳餐厅在深圳开业。截至2009年底，麦当劳在中国开店数达1137家。相比之下，KFC在中国大陆的门店数已攀升至3200家。根据总部在伦敦的市场调研公司Euromonitor International统计，如今，在中国大陆快餐连锁业，麦当劳市场份额为16%，KFC却高达40%，每18个小时，KFC便开出一家新门店。此外，德克士在中国大陆的餐厅数也已超过1000家，包括汉堡王、赛百味以及美国加州披萨厨房在内的多家公司均有计划要全速进军中国市场。②

此外，中国本土的快餐公司也发展迅猛，以永和大王、真功夫等为代表的快餐连锁公司的市场份额越来越大，对麦当劳形成巨大压力。麦当劳高管在不同场合均表过态："希望我们的店多点、开快一点。"③

麦当劳之前吃过大规模扩张的亏，所以现在才会小心过度，以非常规方法，一步一步开放。麦当劳热衷于"跑马圈地"的那段日子里，开设新店的最高纪录为每3小时开一家，然而，让人忧虑的是，1987~1997年的十年，虽然麦当劳的门店数量翻了1倍，但销售总额却下降了2%，单店利润也跟着急速下降。快速扩张在人才、培训管理方面都面临很大的压力，而目前在中国最大的问题是采取什么方式快速扩张市场，跟随中国大陆市场的发展速度，应对对手在这个市场的快速扩张。④

3. 在华初步尝试区域发展

2003~2006年，麦当劳先后在天津、沈阳等地尝试加盟业务，都没有获得成功。2010年，麦当劳正式将"特许经营"挂在官网上，在华重启特许加盟。2011年8月，麦当劳将云南麦当劳的特许经营权委托给诺仕达集团，合约期限20年，诺仕达接手11家老店，未来5年内开设20家新店。这便是麦当劳所谓的发展式特许经营，即在一个特定的地理范围内（比如一个省）授予被特许发展商运营现有餐厅和开设新餐厅的权利，麦当劳则按照协议在总营业额中提取一定

---

① 嘻嘻网，http：//shopping. xixik. com/.

②④ 特许经营开闸　麦当劳中国战略加速．新金融观察报，2011－9－5，http：//www. tianjinwe. com/tianjin/tjcj/201109/t20110905_ 4213868. html.

③ 和阳．麦当劳重启另一扇金拱门．商务周刊，2010（12）．

比例作为特许经营费用。①

麦当劳高层表示，麦当劳一直未在中国推广特许加盟事业，并非特别冷落中国的投资者，而是在耐心等待时机成熟。一是必须确保中国的加盟者从第一代开始就能赚钱；二是必须同时确保麦当劳也能获利。如果经济、市场环境不足以实现这两条，那我们就宁愿暂不做。因为“双赢”是麦当劳发展加盟店的一个铁的原则。同样，KFC 在特许方面亦是小心谨慎，最近出台了一种加盟方案——把一家成熟赚钱的店直接卖给加盟者，以保证加盟者一开始就赚钱。②

区域大型零售企业自然比麦当劳更了解当地市场的情况，更能掌握各种当地资源。寻找合作伙伴的思路不仅有利于麦当劳获得政策上的一些支持，也更有利于打开区域市场，实现快速扩张，同时还可以将先期投入的资金快速回笼，这将成为其在中国市场后发制人的重要砝码。麦当劳以此策略成功地开拓中东市场，在本地所有权结构下，中东麦当劳已经开设了 800 多家餐厅。在拉丁美洲、菲律宾、土耳其、保加利亚等多个市场，也因成功运用此策略而收到成效。在区域加盟业务推行最为成功的日本市场，麦当劳通过与进口商藤田公司的合作，打造了麦当劳日本 4000 家店面的超大规模，超越德国和澳大利亚市场，稳居麦当劳海外第二大经营大户的宝座。③

四、在日本的合资特许经营

日本麦当劳公司是由美国麦当劳公司（McDonald’s Corp）和藤田商社（社长藤田田）各出资 50% 而设立的合资公司。也就是说，美日双方各出资一半，成为合伙人。经营的知识财产（技术软件）由美方提供，而经营主权则以日方来掌握，美国没有派任何经营者、监督员。于是，在这种状况下，藤田可以掌握个人的经营权力，尽量发挥他的个人经营人才，不用受传统形式的约束。

美国麦当劳既能很准确地把握住顾客的新趋向，又能随时配合这种动向弹性进行机动调整，并配合时代的信息，做企划性的新发展。例如，在店内设置座位、开发汉堡包早点服务等许多基本概念都为当今的快餐业创造出新的领域。像

① 发展式特许经营在中国云南启动．麦当劳网站，http：//www.mcdonalds.com.cn/news/news_content.aspx？id = 191.

② 白鹤．麦当劳 200 万的图谋．数字商业时代，2010 - 6 - 3，http：//www.chinavalue.net/Media/Article.aspx？ArticleId = 59797.

③ 特许经营开闸 麦当劳中国战略加速．新金融观察报，2011 - 9 - 5，http：//www.tianjinwe.com/tianjin/tjcj/201109/t20110905_4213868.html.

这样基于这种观念而开发出的技术软件已达25000个。美国总公司企划研究人员有150人在不断地做研究，研究成果经试用之后，将其成品以技术软件形式转移给日本公司。这些知识财产的内容从接待顾客、调味、进货、贩卖、店面经营到利益管理等，对每一个经营部门来讲，都是很周到而彻底的。①

日本麦当劳开始调整遍及日本各地的约3800家店铺的经营形态。打算改变目前直营店与特许连锁店（FC）7∶3的比例，通过将直营店转让给特许连锁店业主等，在5年后逆转为3∶7规模。采取该措施的原因是：开设直营店不仅需要大量人员，而且还要进行店铺投资。通过降低直营店的比例，可将新菜品开发及建立高效食材的供应体制等集中到总部，从而改善收益能力。②

五、在印度两种方式并存

全球最大的餐饮连锁店麦当劳计划将其在一家印度合资公司的50%股权出售给当地的合作商，从而使后者成为麦当劳的特许加盟商。据《印度经济时报》周一报道，麦当劳将退出Hardcastle Restaurants Private Ltd，合资公司，后者是麦当劳在印度经营长达15年的两家合资公司之一。该公司拥有位于印度南部和西部的多家麦当劳连锁店，而另一家合资公司Connaught Plaza Restaurants Private Ltd. 则拥有印度东部和北部的麦当劳连锁店。该报称，麦当劳转让印度合资公司的股权，意味着将不再对Hardcastle Restaurants进行投资，而是将其品牌授权给后者使用，并给予员工培训、经营管理等方面的指导和帮助。

六、在各国开设门店方式

克罗克很早就看到先建好门店，再特许给受许人，这样能控制门店的统一性。克罗克判断如果特许门店的供应商不是麦当劳公司，从他的经验来看可能出现低质量、高利润的恶果。

---

① 麦当劳在日本的成功秘诀．招商加盟资讯，加盟一点通，2011－8－6，http：//www.001jm.com/news/32995.html.

② 日本麦当劳减少直营店数量，将特许连锁店比例倍增至7成．21保健品网，2007－3－19，http：//www.bjspw.com/news/showNews.jsp？id＝138519.

麦当劳的商业模式与其他餐饮连锁店有点不同，除了常见的特许收费外，麦当劳还从房屋租赁中收费，租金按照门店的销售量计算。

在其他国家，由麦当劳公司及本地合作伙伴或政府组成的合资公司运作。出于政策的考虑，麦当劳并没有直接将食物或者原料出售给受许人，而是通过认可的第三方物流公司运作。

印度麦当劳合资公司西部（目前已发展到印度西部和南部）和北部，分别由麦当劳全球公司与两个本地运营商成立的合资公司在运作。印度的麦当劳门店，15%由本地麦当劳合作拥有，85%由特许经营的受许人拥有。因为开发了复杂的供应链网络和分销系统，所以公司能够实现产品口味的统一以及质量的统一。麦当劳不仅关注于短期的销售，同样注意保护它的长期品牌声誉。①

七、麦当劳在中日的供应商

根据2010年麦当劳日本公司年报，麦当劳全球公司、麦当劳加拿大分公司在日本设立日本麦当劳控股公司，麦当劳日本控股公司作为合资方，是麦当劳日本公司的股东，麦当劳控股公司下设两个全资子公司，其中一个就是Every DMc, Inc.，它支持麦当劳门店和做客户服务，它由麦当劳日本控股公司直接控制，与麦当劳日本公司是分开的。日本麦当劳控股公司另一个全资子公司The JV Inc.则为新开业门店提供服务。

麦当劳进入中国的时候，很多麦当劳的供应商也进来了。因为他们知道在麦当劳系统里，他们可以提供一个更好的服务，也可以和麦当劳一起发展。麦当劳供应商之一的北京辛普劳食品加工有限公司，是由北京南郊农场、美国辛普劳公司和美国麦当劳公司合资成立。铭基食品有限公司主要股东分别为：中国粮油食品进出口总公司、美国大陆谷物公司、日本伊藤火腿食品公司、美国基斯顿食品公司和美国麦当劳公司。

作为麦当劳面包主要供应商的上海怡斯宝特公司是一家国际知名的面包生产集团，专门生产汉堡面包、麦香鸡面包、巨无霸面包和长芝麻面包生产，与麦当劳的合作时间超过50年。“要成为麦当劳的供应商并不容易，作为主要原料供应

① Sreejit Kaimal. A Study of the Marketing Strategies of McDonald's with Special Reference to Lndore, 2009－5－9, http://marketing.mediapartners.tv/marketingstrategies/marketing－strategies－of－mcdonalds/.

商，必须得是行业专家。”在面包生产过程中，麦当劳要求在每个环节加强管理。①

麦当劳的薯条供应商、经营历史超过半个世纪的辛普劳公司是世界上最大的冷冻薯条生产商之一。麦当劳要求的土豆要有较长的果型，芽眼不能太深，同时淀粉和糖分含量必须控制在一定范围内。怡斯宝特、辛普劳这样的行业专家，除了能满足麦当劳对于产品质量近乎苛刻的要求，还具备深入研究，不断自我改善产品品质的能力，这么多年的合作中，麦当劳和供应商相互学习，共同推动产品品质不断改善。②

圣农发展股份公司将与美国莱吉士公司设立中外合资公司——福建福圣农牧发展有限公司，该合资公司将成为中国区内继福喜公司、铭基公司之后，第三个直接向麦当劳公司提供鸡肉产品的供应商。合资公司设立时的投资总额为3.35亿元，注册资本为2亿元，其中圣农发展出资1.02亿元，占注册资本的51%；莱吉士公司出资9800万元，占注册资本的49%。合资公司设立后，将根据实际情况将剩余的1.35亿元用于建设种鸡场、肉鸡场等生产设施。合资公司将成为麦当劳指定的在中国的鸡肉“一条龙”原料供应商，经营范围为禽类的养殖和初级加工、禽类产品的销售，动物药材销售以及动物饲料的生产、加工和销售。③

点评：

麦当劳在各地采取多种市场进入模式，在国际市场（大区域）采用合资特许、主特许发展模式，在次一级的市场采取区域发展模式，而在微观层面采取顺序多店特许的模式。在合资方式中，合资公司使用麦当劳母公司的商标、产品、商业模式，接受母公司在标准化的支持系统。同时合资公司结合本地市场情况，开发本地特色产品和特色服务，负责特许体系本地化建设。

麦当劳的扩张，在各国或者大国家的大地区，采取合资或独资方式，同时加强支持服务体系的控制，如在日本成立专门的全资子公司负责新开门店工作，在中国对面包、鸡肉、土豆供应商进行统一许可，这些措施加强了对本地合资公司的控制，强化了对产品质量控制。

精耕细作，重在经营管理。连锁体系要取得好的业绩，不只是单纯地增加门店数量，更重要的是选择恰当店址，选择恰当的合资伙伴，由合作伙伴去负责日常运营，也就是单店的长期稳定经营和管理。在市场开发完成以后，或者市场的

①② 麦当劳揭示秘密 如何控制食品的质量安全. 好的蛋糕网，2008-12-29，http：//www.cakeok.cn/article/2008/1229/article_2240_2.html.

③ 福建圣农发展股份有限公司第二届董事会第九次会议决议公告. 证券时报，2010-12-6，http：//q.stock.sohu.com/cn/gg/113/939/11393977.shtml.

导入期完成后，这个时候的关键在于“经营管理”。一个特许经营体系若采取单体特许，更小市场范围内的区域授权，则是经营管理权的下放，有利于门店精细化管理。直营店出售给门店经理，或者长期租赁，也可以调动门店经营者的积极性，使其行为长期化。

两个层次的特许经营。日本麦当劳本身是麦当劳公司与日本本地企业的合资企业，近期将大量直营店转为加盟店，说明麦当劳的特许分两个层次，第一个是以国家或者大区域为单位，第二个是在国家或者大区域之下，再将若干个单店授权给更小的合作伙伴来经营。同时也表明了更细分层次的，即单店，对多店经营经营的重要性。

案例2　7-11便利店

一、概　况

1920年，7-11诞生于美国，由当时的南大路冰公司创立，在销售冰块的同时，在店铺提供牛奶、鸡蛋、面包、奶酪等日常生活物品。由于这些商品的购买者不仅仅是冰块的购买者，公司决定向有店经营方式发展，推出制冰以外的多元化经营，销售多样化产品，到1945年已经发展成为拥有60家加盟店的企业。后来公司将店铺更名为7-11公司，表示早上7点到晚上11点的意思。1952年第100家7-11店铺开张，1963年在拉斯维加斯开设第一家24小时便利店，随后推广24小时便利店。到1981年公司已经成立6328家7-11便利店。①

7-11便利店统一管理、统一配送系统，推出了更多便民服务。提供鲜磨热咖啡，多年不断开拓新的速食、热食等商品，为顾客提供多元化口味。此外，7-11提供的服务还包括自动汇款服务、复印及传真服务，自动银行提款及电话卡等服务。7-11便利店拥有美国最大的零售商ATM网络，并且是第一家提供预付电话卡的美国公司。②

1973年日本伊藤洋华堂从美国引进7-11经营模式，刚开始伊藤洋华堂支付营业额1%的费用给每股7-11公司。从此7-11走上了迅速发展的道路。而美国7-11总部由于发展不当，负债累累，1991年被伊藤洋华堂收购了73%的股权，后来将全部股份卖给了伊藤洋华堂。日本7-11在本地得到了飞跃性的发展，母公司伊藤洋华堂收购美国7-11总部后，日本7-11带着"成功经验"对美国7-11的特许体系进行了改造。日本7-11在食品开发、物流配送、经营等各方面均取得重大成就。

---

①② 姜啸．连锁便利店在新加坡的营销策略研究．硕士论文，上海交通大学，2007-1-28.

二、日本7－11

1. 引入美国便利店经营技术

提起日本7－11便利店，有两家公司不得不介绍一下，一家是日本伊藤洋华堂集团（Ito－Yokado Group），另一家是美国修士兰公司（The Southland Corporation）。洋华堂洋品牌店创始于1920年，1958年成立股份公司洋华堂，1962年开始致力于正规连锁经营，1971年更名为股份公司伊藤洋华堂，后在日本上市，逐步发展成为以综合超市、方便店、百货店、超级市场、专营店、廉价商品等零售业为主，业务涉及餐饮、食品加工、服务、出版等大型企业集团。其核心企业股份公司伊藤洋华堂在日本设有158家综合超市，经营业绩在零售业界颇受瞩目。①

修士兰公司在北美拥有5000多家7－11便利店，与世界22个国家签有专利协定，共有1.6万家以上7－11便利店。但是1990年，公司净亏损2.77亿美元，股东权益余额为赤字19.99亿美元。1991年日本伊藤洋华堂取得修士兰公司发行股票的69.98%，并应邀协助美国7－11公司重建，仅用3年时间便使公司扭亏为盈。②

2. 吸收借鉴再创新获得发展

（1）重就轻发展“带店”加盟商。便利店这个概念是在1970年左右引入日本市场的，到1974年，日本全国约有便利店500家，这一年，7－11日本（SEJ）的第一家分店开张了。Suzuki的经营战略是采取特许经营，实现快速扩张。在日本的零售市场上，小型的夫妻店长期以来占据了大部分的市场份额，成为一支强大的力量。进入日本市场初期，公司并未立即开设新店与当地零售企业正面交锋，而是精心选择了部分夫妻店，说服他们加盟7－11连锁体系。在选址过程中，公司严格遵循利润评估标准，确定新店铺的现有利润率是否能够在营业第五年达到一定的投资回报率（ROI）。7－11公司向特许加盟店提供管理和技术支持，从而使公司从自主经营所需的购置资产、建筑和维护等沉重的投资包袱中解脱出来。③

（2）快速密集开店战略。“7－11”在一定区域内店铺的密集程度大大地超

---

①② 吕虹，贺喜．日本“7－11”的开店策略．中国商贸，2001（5）．

③ 李悦．案例分析．7－11公司，配送中心，2011－6－10，http://blog.sina.com.cn/s/blog_65ae4e380100vivd.html.

过同业，这就是“7－11”所追求的“集中店铺战略”。1995年2月，资料显示日本“7－11”店铺数接近6000家。1996年2月发展到6400余家，数量超过北美，占全球“7－11”便利店总数的40%左右。而日本的国土面积比北美小得多。其店铺的密集程度可见一斑。从1993年到1997年决算日，平均每年店铺净增加数销售有400余家，这样的速度和数量都令人惊叹。①

“7－11”经营的主要是各种食品、日用百货和其他杂品，其销售的不仅是优质的商品，而且还有标准统一的优质服务和“方便”。每个便利店的规模很小，服务范围有限、商圈通常在一公里以内。标准的“7－11”卖场面积为30坪（原为日本依据尺贯法制定的面积单位，1坪＝400/121平方米）、销售3000种商品（后来筛选成2700～2800种）。正是因为服务覆盖范围小和统一的经营秘诀（Know－How）才使得“7－11”可以大量、集中开店，而不致引起公司内部各店之间的自相竞争。无论店铺数增加多少，都可以提供同一的经营诀窍，店铺数越多经营诀窍也积累越多，一样的经营诀窍也可以提供给更多的店铺使用，因此效率自然会提高。当然，也必须考虑不同地区的不同需求，不过，经营诀窍是所有店铺的共同基础，再根据各地区不同的情况加以活用，更能提高效率。②

更重要的是集中开店可以带来许多令人期待的效果：一是所需商品可在短时间内配送；二是配送距离短，延滞因素少；三是可在预定时刻配送；四是容易阻止竞争者加入；五是缩短OFC（现场咨询人员，即店铺辅导员）移动时间，使他们有更多时间辅导连锁店；六是提高区域知名度。③

（3）打破日本分销商传统。7－11日本公司投入运营后不久，Suzuki就由于企图打破长期以来的行业惯例以理顺公司分销系统，而误闯了日本传统文化的雷区。在日本，长期以来形成了特定的分销系统，制造企业与批发商建立长期合作关系，将产品销售给批发商。同样，批发商将产品销售给零售商。有时，传递过程包括了两层或三层批发商。Suzuki认为这样的分销系统太浪费时间，成本居高不下，效率极低。因此，推出了一项新政策，要求不同区域的制造商将产品统一销售给某批发商，由该批发商全程负责采购产品、包装整合、将产品送至不同门店。④

同时，另有专人对产品进行分类，送往温度分区综合分销中心（CDC），采用先进的数字识别系统，对每批产品进行分拣存储。2003年，公司在全国拥有294个CDC，分为4个温度区：冷冻区（零下20℃）；冷藏区（零下5℃）；保温

---

①②③ 日本“7－11”的开店策略．全球品牌网，2010－8－11，http：//www.globrand.com/2010/474197.shtml.

④ 7－11案例分析（二），2005－5－28，http：//blog.tianya.cn/blogger/post_show.asp？BlogID＝163222&PostID＝1857944.

区（20℃）；干品和非食品区（室温）。新分销系统效率高（极大地降低了库存量，提高了资本利用率），运输成本低，公司从中获益匪浅。借助这套综合分销系统，7－11 公司的门店运输频率从 1974 年的每天 70 次减少到 1998 年一天不到 10 次。整个分销系统的所有权和运营权均归第三方控制，由其为 7－11 公司提供服务，这样一来，公司就从巨大的固定成本负担中解脱出来了。Suzuki 认为，日本的传统关系很麻烦，需要非常小心处理，为了尽可能降低批发商的不满情绪，他一直向每家制造企业的主要批发商支付佣金，就算他们什么也不做，也照付不误。①

三、中国市场

1. 华北

在 7－11 北京公司的股权结构中，株式会社“7－11”日本持股 65%，首联集团持股 25%，中国糖业酒类集团公司持股 10%。2005 年，王府井百货公司收购首联集团持有的 7－11 北京有限公司 25% 的股权。②

在选址上集中在朝阳和海淀两个高端区，因为店铺多，规模小，所以在一个比较密集的地区高密度开店，可以降低物流成本，提高物流配送效率。7－11 还有一个让对手望而却步的竞争优势，只要它看上的店址，租金多贵都敢进驻，而且基本都能实现盈利。7－11 的便当开发细致到惊人的地步。便当必须是可微波的、要在 18℃恒温条件下生产配送，原料要开发，包装材料厂商也要开发，要不断变化，否则无法带给客户新鲜感。米、肉、菜各种原料的来源也要严格把控。7－11 要求一个便当价值链的每一个环节都要坚持品质到位。③

而 7－11 的“杀手级”服务则是以盒饭为主的中晚餐解决方案。为了解决顾客尤其是上班一族的吃饭问题，7－11 在便利店里设置了加工间，即使销售高峰时段也可以为顾客现炒现做。为了保障饭菜的质量和成品速度，7－11 设置了一套严格的加工系统。先由中心工厂进行统一粗加工，然后制成包装好的半成品，包括油、盐、酱、醋包装等，再配送到门店。门店厨师只需在加工点按标准制作

① 7－11 案例分析（二），2005－5－28，http://blog.tianya.cn/blogger/post_show.asp?BlogID=163222&PostID=1857944.

② 吕强．王府井借 7－11 强势介入便利店．中国证券报，2005－11－21，http://finance.sina.com.cn/stock/t/20051121/0817407254.shtml.

③ 赵晓娟．北京 7－11 开放加盟底气从何而来．中华合作时报·超市周刊，2011－11－22，http://www.linkshop.com.cn/web/archives/2011/185258.shtml.

就可以了。这样也保证了饭菜口味的一致性。不过，胡春才认为："盒饭还大有文章可做，即便现在的7－11也还有很大的潜力可挖。"①

2011年11月，7－11北京公司透露，公司将在北京、天津及河北三地开展加盟店铺业务。据称，这次开放加盟，是以资源结合、以加盟商已有的店铺为前提，北京地区的加盟金额为70万～100万元，加盟店面积无需太大。7－11在海外一直是以加盟店方式开拓市场，但是2004年进入中国，受政策限制只能开直营店。目前，7－11在北京拥有106门店全部为直营。7－11参股公司负责人透露，在其半年前就已开始加盟业务，加盟方必须是有一般纳税人资格的公司，7－11方面为加盟商提供商品、技术和管理方面的支持，但不针对个人加盟。不过，目前加盟业务已放宽到个人。②

2. 华南

（1）积极进入广州等华南市场。香港牛奶国际公司最先在内地市场抢得开局，取得7－11在华南地区的经营权。在2001年，香港牛奶公司与广东信捷商务发展组建合资公司——广东赛壹便利店有限公司，经营华南地区的7－11。此外，7－11通过收购，先后吞并英国石油集团的AMPM、可的、快客（2007年收购快客110家门店）等竞争对手，使门店数量短时间内达到400家。截至2010年，7－11广州、深圳、东莞、珠海、佛山等华南地区的门店数已达到650多家。③

华南7－11针对商务区、社区、写字楼、酒店、医院选择不同的开店策略，如在社区创造了150平方米的模式，经营4000多种商品，而在商务区受租金和物业限制，面积定位在30～40平方米，经营1000多种商品。同时增加糕点、豆浆、咖啡饮品，7－11最终目标是将生鲜食品的比例由目前的20%增加到40%。还和航空公司配餐公司合作，提供7～20元不等的快餐食品。在日本7－11加盟店比例占99%，在中国台湾地区，占85%，而在中国香港也达到65%。7－11的加盟方式一种是带店加盟，另一种是销售分成，由于涉及7－11自身投资，目前华南已有的30多家特许门店全部实现盈利。作为投资方最擅长的拓展方式，7－11未来在华南的特许门店比例将逐步提高。④

（2）香港牛奶公司：多业态抱团作战。身为一家能够分别在伦敦、新加坡及百慕大证券交易所上市的跨国集团，香港牛奶公司以特许加盟者的身份取得了

①② 赵晓娟．北京7－11开放加盟　底气从何而来．中华合作时报·超市周刊，2011－11－22，http：//www.linkshop.com.cn/web/archives/2011/185258.shtml.

③ 徐春梅．伊藤洋华堂幕后掌控7－11内地授权存悬疑．中国经营报，2005－9－25，http：//www.ce.cn/cysc/sylt/gdxw/200509/25/t20050925_4783728.shtml.

④ 田爱丽．7－11拟三年内在华南拓店至1000家．北青网，2007－9－13，YNET.com，http：//bjyouth.ynet.com/article.jsp？oid＝23767353.

7-11在中国香港地区、中国华南地区及新加坡三地的经营权。而香港牛奶公司的背后，站着的还有老牌英资财团怡和集团。①

在强大资本的支撑下，牛奶公司集团业务遍布亚洲，除7-11外，还经营惠康超市、万宁健与美连锁店、宜家家居、美心饮食、星巴克咖啡店，以及在新加坡及马来西亚市场份额占第一位的Giant大卖场、Hero及Cold Storage。该集团每年的总营业额以10亿美元计，店铺总数超过2500家。②

牛奶公司属下控股公司美心集团与国际咖啡大王星巴克联合拓展的咖啡帝国已扎根广东。万宁步屈臣氏后尘，也在中国大陆布局近百家门店，而美心西饼则借助7-11及专卖店的形式在华南遍地开花。事实上，万宁、7-11、美心并非单独作战，三种业态选址相同，在店铺资源上三位一体抱团作战。③

3. 华东

"早在几年前，日本7-11就开展了对上海地区的商业，特别是便利业的调研。"上海流通经济研究所所长汪亮说。而在20世纪90年代进入上海的便利店罗森就来自日本，隶属于伊藤洋华堂集团。那么，罗森在一定程度上可为7-11的进入提供探路经验。④

（1）统一超市获得上海地区7-11特许经营权。2008年5月29日，台湾统一超商股份有限公司（简称统一超商）宣布，该公司已从7-11中国公司获得在上海经营7-11便利店的特许经营权，并计划于年底前开出第一家门店。统一超商是台湾统一集团旗下子公司，在台湾和中国内地拥有多个食品和饮料品牌的经营权，其中包括统一星巴克、统一多拿滋等，该公司已在台湾经营有近4800家7-11便利店。⑤

取得上海7-11经营权的统一集团，投入资本额人民币1亿元，百分之百独资成立统一超商（上海）便利有限公司。这家公司由统一企业集团总裁林苍生兼任董事长，黄千里担任总经理。董事长说，上海7-11集合了台湾统一超商30年的丰富经验，并结合来自全世界7-11，如日本、美国与中国北京等地所得到的成功秘诀及经验，提供符合上海顾客所需的服务形态。⑥

统一企业集团总裁林苍生说，未来在上海的7-11便利店将会把前店后厨房

①②③　7-11三强豪取大陆便利店授权　统一遂愿空降上海．南都网—南方都市报，2009-5-8，http：//finance. ifeng. com/news/industry/20090508/635257. shtml.

④　徐春梅．伊藤洋华堂幕后掌控7-11内地授权存悬疑．中国经营报，2005-9-25，http：//www. ce. cn/cysc/sylt/gdxw/200509/25/t20050925_ 4783728. shtml.

⑤　胡笑红．统一超商获上海7-11特许经营权．京华时报，2008-5-30，http：//paper. people. com. cn/jhsb/html/2008-05/30/content_ 29137. htm.

⑥　统一集团独资7-11登陆上海．星岛环球网，2009-4-30，http：//www. stnn. cc/chinafin/200904/t20090430_ 1020683. html.

的复合式快餐到和快炖服务作为经营的差异化重点，因此也会在未来加强对后台物流配送系统的投入和管理，以满足门店日益规模化带来的配送要求。“由于经营业绩得到市场的肯定，统一集团陆续获得了菲律宾与中国大陆上海的授权，得以输出中国台湾地区的经验。”林苍生在2009年4月29日表示。7－11在鲜食、商品及服务上都可能带来全新零售体验特色。7－11将提供复合式快餐岛服务，在午、晚餐时段供应现炒菜品，贴近上班族及家庭需求。并且提供20种好炖产品以及平价的台湾当红的意式研磨现煮咖啡——City Café。①

（2）上海市场便利店的竞争格局。自从1993年便利店进入上海以来，到2010年，上海市场已经拥有5000余家便利店，销售规模达100多亿元。从1995年到2001年前，上海先后出现了“可的”、“罗森”、“联华”、“良友”、“85818”等便利公司，并成为五大主导品牌。但到了2001年，由于“好德”、“喜士多”、“21”三个新品牌的诞生打破了原有市场格局。2004年全家进驻上海，再次打破原有格局。2009年4月30日，台湾统一集团旗下的7－11如期在上海四店同开，并且创下上海便利店单店营业额最高纪录，到目前为止已经有50家门店。②

经历四年洗礼之后，在门店数上，好德、可的与快客仍占据着主导地位，除良友出现负增长外，其余均有不同幅度的增长，但是在门店占比方面除光明有所增长外，其余内资便利店均出现下滑，而下滑的市场空间则由外资便利店迅速填补，初步显示出内资与外资的差距，然而根据目前的市场来看这一差距在今后几年仍会继续扩大，不少内资便利店隔壁就是外资便利店，外资便利店内的顾客盈门与内资便利店的门可罗雀形成鲜明对比。③

（3）本土便利店与上海7－11对比分析。上海本土品牌便利公司在成立之初就选择了快速发展模式。最典型的上海光明食品集团旗下的农工商超市集团创办的“好德”便利，它于2001年4月15日创办，当年开店150家，仅用了3年时间店铺总数就达到了1000家，以后连续盘整3年于2007年收购了拥有1000多家店铺的“可的”便利，如今2000多家店铺实施“双品牌”运作。我国内资便利公司为了快速发展，首先瞄准较早进入中国的外资便利店，如“罗森”，用“跟、卡、围、堵、截”等方法，地毯式开发市场，实践结果是：尽管单店业绩不如最强劲的对手，但店铺数、销售额、市场占有率却遥遥领先，从而建立了难以撼动“地盘优势”。④

① 胡怡琳．统一拿下7－11便利店上海授权．经济观察网，2009－4－30，http：//www.eeo.com.cn/industry/shipping/2009/04/30/136472.shtml.

②③④ 何理海．上海便利店发展现状及经营模式探析．联商，2011－3－26，http：//www.qegee.com/news/20110326/6477_1.shtml.

然而，规模的取得是以巨额的亏损为代价的，内资便利公司总体开支过大，虽然目前账面已有盈利，但利润率非常低，不足1%，仍然是亏多赢少，而海外品牌则是相反，如台湾统一集团旗下的7－11是先总结成功经验，慢慢地开，时刻琢磨，把亏损的道理想透了再快速扩张，发展初期8年只开了100家店。其实当时台湾最大的便利店系统已经拥有500家门店，最后还是7－11和全家分别占据行业第一与第二的位置。统一集团旗下的7－11首先是作为中式快餐的竞争对手，把很多小餐档打垮后，又推出“汉堡”，成为洋快餐的竞争对手，台湾7－11净利润率则达到5%以上。在全球金融危机的影响下，本土品牌便利店发展速度由快变慢，而外资品牌则由慢变快。①

点评：

很早以前，7－11就在美国已经建立起来，但在日本得到发扬光大。日本伊藤洋华堂，有着丰富商业经验的经营者，拥有雄厚的资本、充分的市场资源、积极的创新精神。美国7－11以许可方式，将便利店的经营诀窍，或者说商业模式出售给伊藤洋华堂，日本7－11自己创造的经营管理方法与美国7－11传统的商业模式难以分割开来，二者融为一体，因此在许可协议约束下，7－11是不可以将自己的市场扩张到日本以外的其他国际市场的。但是，因为在长期合作中，日本7－11对特许体系进行了创新和发展，美国7－11很难中止对伊藤洋华堂在日本市场的许可。如果美国7－11违约这么做，日本7－11可以轻易地采用另一个品牌继续在日本开展特许经营业务。日本7－11在商业模式创新取得巨大成就的基础是它作为被许可人，拥有了巨大的控制权。以特许经营的方式，如主特许，或者区域发展，特许人控制力度强的话，可能不允许日本7－11进行如此广泛的创新。

日本7－11在中国三大地区采取合资特许的模式，特许人具备了良好的条件，而市场机遇也非常有利于其快速地拓展市场。进入中国大陆，7－11均采取了稳步、集中式的市场拓展策略。刚开始以直营店方式进入探索，形成切实可行的模式之后，再逐步放开特许经营。7－11在中国大陆目前取得的成功，主要是特许体系的成熟、特许人在过去积累的成功经验，以及本地合作伙伴的功劳。7－11的商业模式较其他竞争对手拥有较大的优势，从它的单店盈利水平较高就能看出来，这应归结于特许体系发展比较成熟。因为7－11在中国的发展，并没有抢在最前面，选择合适的本地合作伙伴，也费了很多时间，但是这完全没有影响其体系。其商业模式创新在中国形成了竞争力。

---

① 何理海．上海便利店发展现状及经营模式探析．联商，2011－3－26，http：//www.qegee.com/news/20110326/6477_ 1.shtml.

美国7－11便利店在日本市场采取许可的方式不算成功，反倒不太妥当。这样表明连锁体系，以许可方式扩张市场的传统方式的诸多劣势，而多店特许方式则是一种更好的替代方式，后者强化了特许人对本地市场的控制力。但是7－11便利总部被伊藤洋华堂收购以后，7－11总部在中国大陆市场采取合资特许的方式，因为是合资方式，特许体系总部不担心本地合作伙伴控制本地市场。

案例3　星巴克咖啡

星巴克咖啡（以下简称星巴克）总部设于美国西雅图和华盛顿，海外扩店出奇成功，占星巴克总店数的20%。其国际业务始于1996年在日本东京开办星巴克海外店第一家，随后延伸至整个亚洲的13个区域市场。1998年，星巴克并购了英国的“西雅图咖啡公司”，并接收了该公司的60家店，现已扩增至300家。今天，星巴克在北美、欧洲、中东及太平洋地区的总店数已超过5000家以上。①

美国星巴克在全球拥有咖啡店8000多家，没有一家是加盟店，而是根据各国各地的市场情况而采取三种商业组织结构：合资公司、许可协议、独资自营。其中星巴克在亚洲市场的合作模式中普遍采取所持股份低于50%或者许可经营的模式。其在日本、韩国等市场的星巴克公司中持股50%，在中国台湾、中国香港、美国夏威夷以及增资前的上海等市场持股5%，而在菲律宾、新加坡、马来西亚以及北京等市场则不占股份，纯粹授权经营。②

一、在中国大陆的扩张

从1999年开始，美国星巴克进军中国大陆，分别在京津、上海、广州三地授权北京美大、上海统一星巴克美心星巴克（南中国）经营，其后范围略有扩大，美国星巴克在上海统一星巴克和美心星巴克（南中国）分别占5%的股权，在北京美大未持股。随着中国市场的飞速发展，以及中国开始运行外资到中国独资经营连锁店，美国星巴克开始筹划在中国大陆市场推行独资直营的模式。

2004年11月30日，美国星巴克咖啡宣布其在中国大陆第一家直营店落户青

① 解开星巴克经验之谜.7P营销组合+顾客经验模式．中国时尚品牌网，2007－12－5，http：//www.chinasspp.com/News/Detail/2007－12－5/56496.htm.

② 刘昊，曾昀．美国收购在华授权店　北京星巴克可能易主．北京现代商报，2004－12－2，http：//finance.sina.com.cn/money/consume1/20041202/17511198089.shtml.

岛阳光百货。美大一直在和美国星巴克争取京津两地以外的市场授权经营权利，青岛也曾是美大所争取的市场，星巴克亚太区总部直接在青岛开店。2005 年，在中国允许外资企业独资开店后，星巴克将中国的市场的授权、合作策略变为直营，开始在青岛、大连、沈阳、成都、重庆分别开出了其独资店铺。①

看到中国大陆巨大市场潜力，美国星巴克决意收回中国大陆经营权，采取直营模式。从 2003 年开始，美国星巴克将上海统一星巴克的股份从 5%，提高了 50%。此后，从汉高龙投资集团（香港）和北京三元集团回购了 100% 的控制权。2005 年，美国星巴克在美心星巴克咖啡餐饮（南中国）有限公司的股权将由 5% 增至 51%。同时，美心将与星巴克在成都以合营方式开设星巴克咖啡店，成为其开拓西南市场的合作伙伴，香港美心占 30% 的股份。2011 年 6 月 2 日，星巴克咖啡公司宣布与香港美心集团签订协议，星巴克将获得美心集团在广东省、海南省、四川省、陕西省、湖北省和重庆市六个地区业务 100% 的所有权。由此，星巴克将拥有中国内地超过半数的星巴克零售门店的完全控制权。

2010 年 3 月，星巴克尝试将在全球其他市场成熟的茶饮料复制到中国市场，并开发了三款颇具中国风的白牡丹茶、碧螺春茶以及东方美人乌龙茶。2010 年 10 月 19 日，位于西雅图议会山庄区的 1 家星巴克分店经过 3 个月关门整修之后重新开张，除了咖啡之外也卖啤酒与其他酒水，创下星巴克旗下分店第 1 家贩卖酒精饮品的纪录。与两岸、上岛咖啡等的大咖啡模式（咖啡 + 餐饮）不同，星巴克的经营产品过于单一，此次尝试卖酒水，可能是其期望突破单一产品供应的一次有益尝试。②

二、日本的对等合资模式

1995 年 10 月，星巴克与日本的零售分销商 Sazaby 组成了合资企业，双方各享有 50% 的股份。Sazaby 在日本经营“下午茶”连锁店，在日本许多重要地方拥有经营场所，共有 180 家分店，同时涉足从家居、服装到茶叶、糖果等诸多领域。许多亚洲国家都拥有历经几个世纪培养起来的浓厚茶文化。然而，星巴克改变了这些模式。后来的发展证实 Sazaby 是一个十分优秀的合作伙伴，在饮品零售

①② 刘昊，曾昀．美国收购在华授权店　北京星巴克可能易主．北京现代商报，2004－12－2，http：//finance. sina. com. cn/money/consume1/20041202/17511198089. shtml.

行业和地产方面有着丰富的经验。①

为了迎合亚洲人的口味，星巴克推出了绿茶口味的咖啡，亚洲的夏天气温高，不适合喝热咖啡，星巴克就推出冰咖啡，使问题迎刃而解。星巴克在日本坚持了自己的做法，并且获得了成功。星巴克禁烟、禁酒，使日本女性成为星巴克忠实顾客。星巴克进入日本，促进了日本本土企业提升水准，日本的 Doutor 公司拥有众多咖啡连锁店，已经将连锁经营根植于市场，业绩不俗，成为星巴克的强劲竞争对手。此外，在日本星巴克上市连续盈利两年后，开始亏损，2005 年星巴克在日本的合资公司全年亏损 390 万美元。②

三、中国台湾的对等合资模式

1997 年，统一与美国星巴克签下合资协议，由统一超商持股 50%，统一企业持股 45%，美国星巴克持股 5%，以 1.98 亿元资本额成立统一星巴克，1998 年春天，统一星巴克在台北市天母西路上挂起绿色美人鱼招牌，正式“点燃”连锁咖啡店的战火。自 1998 年台湾第一家星巴克门市（天母店）开店以来，到 2002 年 6 月为止，星巴克在台湾已达 92 家。据悉，美国星巴克在进入台湾市场前，均需严格评估合作伙伴，除了要有建设公司为背景之外，强而有力的通路策略是首要考量，统一集团正是符合条件的最佳人选，因而选中统一集团，成立统一星巴克。③

全世界的星巴克咖啡在本质上是一样的，但每个国家的商品内容会小幅调整，以吸引更多的消费者，这种做法称为本土化。在中国台湾，统一星巴克的做法便是推出多种针对本地消费者设计的商品，像是抹茶奶霜星冰乐。统一星巴克公司经长时间与美国母公司沟通、测试，首度由本土团队研发新口味，开发出符合东方人口味的“抹茶奶霜星冰乐”，是全球星巴克第一次由海外子公司所调配出本土化的星冰乐商品，并获得母公司的肯定，在台湾地区首先上市，未来台湾统一星巴克的这份产品也将在新加坡及其他的国际市场销售。另外，还在中秋节

① 陈怡君，林茂仁. 统一超 传有意代理 Atermoon Tea. 经济日报，2007 - 8 - 13，http：//www.tcfa.org.tw/asp/left_ main.asp？ act = anndetail&sn = 9173835&class = 4.

② 从星巴克体验式营销看武汉家政的经营. 2011 - 5 - 28，http：//www.hongjimeng.com/wuhan/zxxx_ xx.asp？ newsid = 4199.

③ 潘莹斌，干晔. 星巴克危机. 国际市场，2007（11）.

的时候也推出了特殊的咖啡口味月饼。①

2004 年，面对在台湾地区已有 140 多家门店的星巴克，一群有志青年白手起家，短短三四年时间，他们将 85℃从零开始做到在台湾地区拥有 340 多家门店，全年营业收入逾 15 亿元人民币的连锁企业，超越了在台湾 200 多家门店的星巴克。台湾市场非常细分，如面包、蛋糕有元祖，咖啡有真锅还有美式星巴克等，都很受欢迎，而后来者 85℃并没有简单去做一个蛋糕店或者咖啡馆，而是将西点和咖啡、饮料结合，并实行大大低于星巴克等其他企业的价格，做到了薄利多销。此外，与其他企业不同的是，85℃除了给厨师等适当股权外，甚至连切蛋糕的阿姨都可能获得股权、红利等，这使其企业向心力十足。②

四、欧洲的星巴克

2001 年，星巴克的首度在欧洲大陆开店，在瑞士苏黎世开办欧洲第一店，不久，又进入已拥有 300 年以上咖啡馆历史的维也纳。2002 年，陆续挺进西班牙、德国、奥地利的维也纳。星巴克的全球品牌化扩张策略，则以合作方式为扩店基础，如非直营或特许加盟者，即与当地的零售商合资展店。在瑞士、奥地利和亚培提特集团（Appetit Group）合作。③

五、全球市场策略

星巴克通过全球扩张获得发展，其进程是：公司选择本地商业领袖企业作为合作伙伴，然后星巴克和本地的合作伙伴尝试适应本地市场的商业传统。例如，西班牙的星巴克咖啡店有外卖露台，而日本的星巴克比其他国家拥有更多的座位并提供少量的服务。星巴克的国际化有着程度上的变化（许可、合资和独资的分支机构），因为星巴克公司不断地和运营者接触，以便紧密贴近市场。在合资公

① 星巴克之全球布局与组织协调．企业管理学习网，http：//www.5ixue.com/e/search/result/?searchid=60186.

② 乐琰．85℃如何在台湾打败星巴克．第一财经日报，2008-7-22，http：//www.p5w.net/news/gatxw/200807/t1788091.htm.

③ 解开星巴克经验之谜：7P 营销组合+顾客经验模式．中国时尚品牌网，2007-12-5，http：//www.chinasspp.com/News/Detail/2007-12-5/56496.htm.

司里，星巴克的资产比例变化很大，最近的趋势是星巴克公司最小化持股比例（如在西班牙）。星巴克持有的股份少于 50%。星巴克一直在吸引潜在的合作伙伴。①

星巴克的合作伙伴帮助咖啡公司进入一个新市场，并且在那个市场迅速获得产品和服务。战略伙伴关系提升了星巴克在市场上的竞争力。他们同时帮助星巴克跟上技术变革的步伐。星巴克能够实现自己的目标，拓展新市场，通过与恰当公司的策略联盟夯实自己的基础。

星巴克进入国际市场采取四种进入策略：许可（Licensing）、特许（Franchising）、合资（Joint Ventures）、全资分支机构（Wholly - owned Subsidiaries）。

许可是许可人和被许可人通过一种协议保障双方的利益。许可将出售“诀窍”（Know - how）给被许可人，通常约定一定的期限。诀窍指的是无形资产，如专利、发明、配方、工艺、设计、版权和商标。被许可要向许可人支付忠诚费。特许经营与许可的进入模式相似。通过支付忠诚费，受许人在特许人的同意下，获得主要商业的诀窍。与许可进入模式不同点在于：特许人必须遵循特许人要求的特许规则。特许经营在服务业中最常见，如麦当劳。而许可进入模式通常由制造型公司使用。合资公司是世界范围典型的进入模式，两个或多个的个人或独立公司联合起来，实现更好的市场地位。通常合资公司股份是 50/50，双方各持 50% 的股份。合资公司的运作独立与双方的母公司，同样的角色由双方管理团队分担。很可能一个公司的投资比另一个多一些，这样就可以获得更大的股份而且保持对合资公司更紧密的控制。②

同样，投资少的一方控制力弱一些。全资分支机构进入模式意味着公司拥有 100% 海外实体的股份。有两个办法来建立国外的全资分支机构。第一个是新建企业，母公司在通过全新的运营和法律实体来进入国际市场。第二个是收购，公司通过受过另一个公司实现直接进入国际市场。因此，通过收购策略，公司可以获得巨大的优势并且提升自己的产品。③

以下表 1 是截至 2008 年，星巴克进入各国市场的方式以及持股的比例。

①②③　Beatriz Santamaría，Shuang Ni，Entry Modes of Starbucks，Date：3 June 2008，Master Thesis Course - International Business and Entrepreneurship，EFO 705/MIMA，http：//mdh. diva - portal. org/smash/get/diva2：121498/FULLTEXT01.

表1 星巴克的国际战略

Country (and Area)	Partner	Agreemant	Starbucks' Ownership
Australia	—	Majority - owrer	90%
Austria	Bon appétit Group	Joint venture	19.5%
China (Beijing)	Mei Da Coffee Co	License	—
China (Shanghai)	Shangai President Coffee Co.	Joint venture	5%
Germany	Karstadt Quelle AG.	Joint venture	19.5%
Greece	Marinopoulos Brothers S. A.	Joint venture	18%
Chinese Hong Kong	Maxim's Caterers Limited	Joint venture	5%
Indonesia	PT Mitra Adiperkasa	License	—
Israel	Delelk Development	Joint venture	19.5%
Japan	Sazaby Inc.	Joint venture public	40%
Malaysia	Berjaya Coffee Co.	License	—
Mexico	S. C. de México, S. A. de C. V.	Joint venture	18%
Middle East	M. H. Alshaya CO. W. L. L.	License	—
New Zealand	Restaurant Brands Ltd.	License	—
Philippines	Rustan Coffee Corp	License	—
Puerto Rico	Mac Naughton Group	Joint ventureure	5%
Singapore	Bonvests Holding Ltd	License	—
South Korea	Shinsegae Department Store	Joint venture	50%
Spain	Group Vips & Europastry, S. A.	Joint venture	18%
Switzerland	Bon appétit Group	Joint venture	19.5%
Chinese Taiwan	Prisident Coffee Co.	Joint venture	5%
Thailand	—	Majority - owned	97%
United Kingdom	—	Wholly - owned	100%
France	Group VIPS	Joint venture	50%

资料来源：Merrill Lynch and Starbucks Homepage.

点评：

星巴克借助本地合作伙伴导入中国大陆市场，市场成熟之后回购授权，采取直营模式。星巴克给予大陆合作伙伴的授权，是区域开发的权限，要求合作伙伴自己投资经营。星巴克总部根据各个市场发展阶段、发展潜力，选择参股比例，在大市场完成导入期后，运营回购策略，增持股份，甚至完全控股当地星巴克特许企业。

在各个市场争取选择最合适的合作伙伴，这些合作伙伴有资金实力，运营经验丰富，在快速扩张的同时确保了门店质量。在各个市场都采取区域开发，或者叫“多店特许”的方式拓展市场，要求本地合作伙伴自己投资、自己经营，不允许吸收加盟店。从中国地区的发展来看，在单店特许外部环境不理想的情况下，这种区域特许方式，往往可能收到奇效，本地合作伙伴采取直营方式，保障了门店规范操作，有利于特许体系在本地迅速而稳定地成长。

星巴克在全球标准化产品的基础上，针对本地市场的特点进行调整，各地合作伙伴有着强大的经营能力，确保了国际星巴克产品的本地化。星巴克除了在机场等少数地点外，不开放单店加盟，而是采取区域发展方式，通过本地合作伙伴对各地门店的实施强大的控制力。

案例4　上岛咖啡

上岛咖啡已经开遍了中国的大江南北，目前挂着“上岛咖啡”牌子的咖啡馆达3000多家，数量超过星巴克、COSTA、SPR和雕刻时光等的总和。在许多消费者心中，“上岛咖啡”排在了咖啡馆品类中的第一位。据了解，想在咖啡店挂上“上岛咖啡”招牌，是一件相对容易的事。“签完协议，交了加盟费，上面有人来指导一下装修和培训，之后基本上就是自己的生意。”①

一、　股东另立新牌

1968年，陈文敏在台湾创建了第一家上岛咖啡店，规模很小，与如今城市角落的餐饮小店并无二致。30年之后的1998年，陈文敏推动上岛咖啡在海南顺利上岸。上岛咖啡海口店一时顾客络绎不绝，生意越做越大，上岛的目光开始瞄向广袤的中国内陆版图。2000年底，八位股东以抓阄的形式“瓜分”商业领土，进行分区经营。陈文敏抓到了浙江片（包括浙江、江西、安徽、陕西和内蒙古），于第二年在杭州注册成立了杭州上岛。在2001上岛被撤销，其中的几位股东以游昌胜为主，在上海注册成立了上海上岛咖啡。之后，还在北京、福建、重庆等地成立了几家分公司。②

所谓“分区经营”，仅是指深度拓展加盟店，收取更多加盟费，本质上，是“空手套白狼”。这在某种程度上，取决于咖啡馆经营中的资金高门槛。早期各大股东普遍缺乏资金，分区经营后，上岛咖啡在短期“加盟费”的利益驱使下，被各大股东拓展到全国各地，由此上岛咖啡确立了在消费者心中咖啡馆品类的领军品牌。然而，八大股东不约而同地把“上岛咖啡”当作收取加盟费的工具，而毫无动力去深度巩固“上岛咖啡”品牌，因为短期而言，他们不能从协助管

①② “发家史”埋下隐患：“上岛咖啡”的品牌危机．当代经理人，2010－9－12，http：//news.fznews.com.cn/bgt/2010－9－17/20109173YL9YN3fVU204911.shtml.

理上岛咖啡加盟店中受益。①

2003 年，上岛体系发生严重的品牌变故。原股东之一陈文敏宣称，上海上岛的商标所有权的取得本身不合法，要求商标总局撤消这一商标。就在抛出“上岛咖啡”品牌这个杀手锏之前，陈文敏早已悄悄给自己准备了另一条退路——在其大本营浙江，陈文敏已建立了一批名为“两岸咖啡”的连锁店，其中很大一部分是原来加盟杭州上岛的咖啡店。②

“一开始，八大股东到自己的片区的目的是开发‘上岛咖啡’这个品牌，但真正来到这个片区后，心态就开始发生变化。到了新区域后，他就成了这里的一方‘诸侯’，拥有这个区域的绝对权力”，曾经为上岛咖啡以及星巴克咖啡当过顾问的张果宁教授如是说。有了上岛咖啡的区域经验，重新经营起一个全新品牌，陈文敏等股东易如反掌，对于新品牌，不但可以坐收 100% 的收益，而且未来新品牌还可能成长为全国性品牌；足可升级加盟模式，如参股加盟店、控制终端标准等。③

咖啡馆行业资深投资分析师齐鸣表示，“上岛咖啡那套极为简单的‘加盟店’模式只能创造几个百万富翁，商业格局不够，不能成就真正伟大的企业”。的确，加盟店模式，使得上岛咖啡各分公司只能获取初次加盟费以及后期续约费，但却无法分享其日常的经营收益，于是各大股东们在利用“上岛咖啡”品牌基础上，创立全新品牌，并升级其加盟模式。显然，上岛咖啡已经成了股东们手上一个目前还能产生高额现金流的工具，有了现金流后他们正专注于打造与“上岛咖啡”直接竞争的全新品牌，并加大对新品牌加盟商“锁”的力度。在股东们的强力推动下，“上岛咖啡”的品牌价值正在日渐被侵蚀。④

拥有上岛咖啡江苏、河南、辽宁三大省份经营权的苏州迪欧餐饮管理有限公司（创始人为八大股东之一的王阳发）于 2001 年创立了新品牌迪欧咖啡，2008 年收购米萝咖啡连锁店（拥有上岛咖啡广东、广西、云南三省经营权），迪欧公司总共已有近 800 家连锁店，其中，直营店占 30% ~40% 的比例。2007 年，迪欧获得美国风险投资基金凯雷 2100 万美元资金，计划于 2011 年在中国台湾上市。而陈文敏所创立的两岸咖啡，2008 年获得高盛集团及华生资本投资 3000 万美金，2012 年两岸咖啡将在上海 A 股主板市场或大陆创业板上市。⑤

①②　“发家史”埋下隐患：“上岛咖啡”的品牌危机．当代经理人，2010 –9 –12，http：//news.fznews.com.cn/bgt/2010 –9 –17/20109173YL9YN3fVU204911.shtml.

③④⑤　上岛咖啡的品牌危机．新浪博客，2012 –4 –6，http：//blog.sina.com.cn/s/blog_80c03ee501010w3z.html.

二、加盟商不必忠诚

加盟商才是“上岛咖啡”的真正承担者，他们承担着作为行业领军品牌“上岛咖啡”高昂的加盟费。上岛咖啡北京分公司的“加盟流程”文件显示，要经营一家上岛咖啡加盟店，需要的资金条件包括以下几项：“加盟费 26 万元，经营保证金 5 万元，装修费 1200 元/平方米，预备资金 150 万元左右（含加盟费、装修费、首批物料购进等，为总计费用）。这 150 万元，是一次性投入，经营时间越长，每个月摊销成本越低；反之，经营时间越短，摊销成本越高。外加每月高额房租，不可否认，咖啡馆行业是资金密集型的重资产行业。①

深究咖啡馆经营的本质，在经营成本中，房租占比高达 40%。要么在较短时间内出售少量饮品，接待更多的人，靠翻桌率制胜，类似星巴克模式；要么在较长时间内出售更多饮品、点心、水果、主食，类似上岛模式。于是，选址成了咖啡馆经营中最关键的要素，一旦选址正确，就意味着成功了一半。然而，上岛咖啡从来不会干涉加盟商选址。②

加盟商在担负最大成本之后，也就完全主导了自身经营权，并独立承担着最大风险。对拥有上岛咖啡经营权的分公司而言，能多收一份加盟费，就多收一份；而对加盟商而言，上岛咖啡则是一块吸引消费者走进去店里的招牌。至于消费者走进咖啡馆，是否真能享受到最基本的服务，全看各大加盟商的“十八般武艺”。在北京的上岛咖啡蓝堡店，你看到的是个酒吧；在现代城店，你看到的是穿着牛仔裤的男服务生，提着扫把和簸箕不时在桌间穿梭；在温特莱店，你看到的是富有艺术气息的雅致环境和服务员优雅的微笑。③

虽然，服务在咖啡馆经营方面可以贡献和挖掘的价值的确不高，但如果消费者享受不到最基本的咖啡馆服务——优雅安静的环境、温和微笑的服务员等，一旦竞争出现，顾客不会二次光顾。2009 年，在北京地区，上岛咖啡关的门店超过新开门店。④

对于那些已经加盟上岛咖啡一年多并且经营良好的加盟商而言，在已经拥有足够多且稳定的顾客群，优雅安静的环境和简单温和的服务后，“上岛”二字已

①② 上岛咖啡的品牌危机．新浪博客，2012 - 4 - 6，http：//blog. sina. com. cn/s/blog_ 80c03ee501010w3z. html.

③④ 分区经营加盟模式是空手套白狼　谁的上岛咖啡．当代经理人，2010 - 8 - 19，http：//www. cnwnews. com/plus/view. php？aid = 252521&pageno = 2.

经不重要。这也是为什么不少加盟商在已经过了合同期限后，仍在使用上岛咖啡，而不怕打官司的原因所在。因为精明的商人会算计，“上岛”究竟已经给我带来了什么价值？未来还能产生什么价值？据悉，北京某家上岛咖啡，卸除“上岛”二字，仅剩“咖啡”，其销售额反而上涨40%。①

当股东们毫无动力投资于“上岛咖啡”，并且抱着竭泽而渔的心态时，上岛咖啡的新加盟者经营成功概率将会降低。伴随着股东们全新品牌的日渐成熟，它们更有动力把上岛加盟商们从左手倒到右手的自有品牌手里，并提供给加盟商更多的附加价值。而上岛咖啡的加盟商们在单打独斗的同时，也都在想着借助这个招牌迅速积累资源，早日挣脱它的残酷剥削展翅高飞。②

在未出现一个强有力的领导者之前，我们很难看到上岛加盟模式的改变。伴随着一个个上岛咖啡的门店的倒下和不再扩张，以及新品牌的开疆拓土，消费者自然会渐渐放弃“上岛”，在不远的未来，“上岛”将真正与“大名鼎鼎”无缘。③

三、商标之争与前车之鉴

1. 上海上岛与杭州上岛

2001年下半年，陈文敏和上海上岛分道扬镳，原来由他管辖的浙江一域交由江裕昌代管。但江裕昌还没来得及进入这个市场，陈文敏就在浙江打造了“杭州上岛”，发展杭州上岛咖啡的连锁经营。原来，杭州上岛在2001年1月就已注册成立，法定代表人是金梅央。金梅央是陈文敏的妻子。2001年1月，陈文敏以妻子金梅央的名义与台湾名人何丽玲女士等3人在杭州注册成立了杭州上岛咖啡有限公司。陈文敏不担任杭州上岛公司任何职务，在法律上也与杭州上岛没有任何关系，但却与杭州上岛有一份合作协议，授权杭州上岛使用“上岛（及图）”商标。④

2003年2月，上海上岛状告杭州上岛侵犯其商标权，杭州上岛与上海上岛历时数年的商标诉讼战由此开始。经历双方一系列“攻守”之后，2005年7月，北京市高级人民法院做出终审判决，撤销上海上岛“上岛及图”商品类商标，

①②③ 分区经营加盟模式是空手套白狼 谁的上岛咖啡．当代经理人，2010-8-19，http://www.cnwnews.com/plus/view.php?aid=252521&pageno=2.

④ 路治欧．上岛内讧调查．东方今报，2006-3-29，http://www.jinbw.com.cn/jinbw/xwzx/dfcjzk/dyzd/20060329927.htm.

12月，商评委又做出撤销上海上岛服务类“上岛及图”商标的决定。[①]

至此，上海上岛此两项“上岛咖啡”商标注册登记都被依法撤销，上海上岛及全国数百家加盟店不能再卖“上岛咖啡”，并面临着杭州上岛提起的侵权的法律追诉。

后来上海上岛公司不服这一裁定，又向北京市第一中级人民法院提起诉讼，诉请法院撤销商标评审委员会的这一裁定，维持“上岛及图”商标继续有效。北京市第一中级人民法院经过审理，于2006年12月12日做出了判决，撤销了商标评审委员会的行政裁定，维持上海上岛公司“上岛及图”注册商标继续有效。[②]

2. 前车之鉴

目前，国内从事特许经营活动的商业模式主要有两种：一种是厂家直接特许给终端加盟商；另一种是厂家先授权给中间商，再由中间方特许发展终端加盟商。所以，有意从事特许经营的商家，必须注意理清楚其中几层基本关系，并注重其中的每一个细节。[③]

（1）特许总部与特许中间商的关系。从事件来看，杭州上岛一方只是海南上岛（后来的上海上岛）的特许中间商，海南上岛作为特许总部，即商标的所有人。杭州上岛只有商标的使用权，而使用期限、双方的权利和义务等，得由双方的合同决定，才具有法律的约束力和受法律保护。陈文敏是原海南上岛的股东，正因为这种特殊关系，也许使得当时海南上岛和杭州上岛的合同存在诸多不完整，因而导致了后来事件的发生。当特许总部涉及产权交易、商标转让等时候，往往是事故高发的时段，特许中间商尤其要注意用合同来保护自己。[④]

（2）终端商与特许中间商、特许总部的关系。终端加盟商不管是和特许总部直接加盟，还是通过中间商加盟特许体系，在选择品牌加盟时，都必须要注意以下几点：[⑤]

第一，所加盟的品牌的商标的真伪及合法性。

第二，商标的所有者是谁，是否具有法人资格。

---

① 两家“上岛”恩怨史．青岛新闻网，2005－7－27，http：//www. qingdaonews. com/content/2005－07/27/content_ 5128468. htm.

② “上岛咖啡”之争没有赢家．食品产业网，2007－1－10，http：//www. foodqs. cn/news/jszl01/200711014745. htm.

③ 雷全林．上海上岛 VS 杭州上岛　谁来保护加盟商的利益．浙商，2004－10－28，http：//finance. sina. com. cn/review/20041028/16101116145. shtml.

④⑤ 艾浪滔．杭州上岛事件，特许的咖啡有点苦．中国营销传播网，2004－3－10，http：//www. emkt. com. cn/article/145/14580－2. html.

第三，上级特许者如果是中间商，则要求其出示其与特许总部的合同，审视合同是否具有合法性及其合同约定的权限等，中间商所提供的产品、服务、价格等体系是否和总部一致；如果是厂商，则要关注其是否具有特许资格，是否拥有合法的商标、债权状况等。

第四，自己的上级管理者是谁，是接受总部的统一管理还是由中间商的管理，货品配送是源自总部还是中间商等。

第五，如果是通过中间商加盟，则要特别注意特许中间商是否具备实力和一定的抗风险能力。

本次事件还没有最终结束，在事情没出最后结论之前，广大已经加盟杭州上岛咖啡的加盟商们，则显然只能在忐忑不安中等候和维系着他们的经营，品尝着优质的上岛咖啡苦涩的另一面了。

点评：

中国台湾品牌上岛咖啡进入中国市场，正好碰到中国大陆市场特许经营的萌芽期，作为中国台湾一个小品牌的上岛咖啡在进入大陆，获得了市场先机。按八个股东，划分大陆市场范围，各区域获得次特许经营权，各股东发挥超常的经营能力，开放加盟，“上岛咖啡”这个品牌迅速走红。商标问题实际是利益的分配问题，在多年的知识产权所有权争夺，致使几个地区上岛咖啡经营商纷纷转换门庭，发展新的品牌。

这些内耗使上岛咖啡丧失了市场机遇，否则中国大陆可能出现一个超级规模的咖啡品牌，或者一个国际化品牌。在没有统一的品牌建设情况下，分散发展，即深度加盟的方式，虽然大大提升了扩张速度，但是各地的利益冲突和产品差异使得这个品牌在实质上分化为几个品牌，即现在的上岛咖啡、两岸开发、欧迪咖啡。而上岛这个品牌，也只是有一个统一的名字而已，大量分散的单体店经营并不规范。如今上岛咖啡这个品牌，这个特许体系，名不副实。

上岛咖啡是分区域经营（称为主特许经营），在发展过程中，出现了混乱或失控。从各区授权经销商的情况来看，他们的积极性都很高，市场效果也不错。但是上岛咖啡、两岸咖啡、欧迪咖啡几大品牌的兴起，说明了区域发展加大了市场开拓力量。虽然欧迪咖啡与上岛咖啡在广东、广西、云南三省至今还保留着特许经营（多店特许方式）的合作关系，但是这与典型的多店特许中多品牌经营的情况不同，特许人一般不允许受许人发展自己的品牌，特别不允特多店受许人发展与之相竞争的特许品牌（或者连锁品牌），尤其是在同一个市场上。上岛咖啡，存在多店受许人品牌与特许人的品牌相竞争的情况。

案例5　福奈特

一、基本情况

1997年，福奈特洗衣连锁店（以下简称“福奈特”）始建于在北京最繁华的西单大街。福奈特诞生于一个很偶然的机会：一天，几个在欧洲生活的华裔商人在巴黎的一家咖啡馆里招待一位来自北京葡萄酒厂的领导，客人不小心将整杯的咖啡洒在了自己的身上，大家都十分尴尬，不知该怎么办，后来服务生替他们解了围，告诉他们在咖啡馆的旁边就有一家洗衣店，很快就能把衣服洗好。不到一个小时，当客人拿到熨烫挺阔的西装时，他惊讶的眼神使他们不禁想到：“为什么不把这种洗衣店引入到中国?”就这样，两年后，在中国北京的西单大街上，第一家中法合资的福奈特洗衣店诞生了。①

到2000年后，福奈特已经开了100多家连锁店。到2005年末，带有马蹄莲标志的福奈特干洗店已经遍布全国29个省、市、自治区的150多个城市中，加盟店的数量已达到500家，并以每年近百家的速度持续发展着。福奈特的再投资率在国内的洗衣品牌中是罕见的，目前300多位加盟者中有20%多又陆续开设了二店、三店，甚至八店。福奈特以自身的实力、完善的系统、规范化的服务，赢得了消费者的信赖，企业已进入稳步发展阶段。②

福奈特拥有两家全国最大的专业培训中心，它们分别设立在北京和上海。随着福奈特特许经营体系的不断壮大与发展，福奈特北京总部于2002年和2003年，分别在上海、广州和成都设立了分公司，目的是通过系统支持体系的延伸，以为全国各地加盟店提供更加及时有效地服务与帮助。到2005年，直接服务于加盟店的福奈特总部及分公司的员工有150多人，主要是为加盟店提供开店支

---

① 福奈特诞生于一个很偶然的机会.2010－8－24，http：//home. 51. com/fnt2010910.

② 福奈特的由来．房网论坛，2010－3－14，http：//bbs. szhome. com/commentdetail. aspx? id＝91361217？＝＝18375826504b3c739ef7662c324b142ec1341867137_ 0.

持、培训、设备维护与维修、营运企划、技术支持、营运督导、洗衣技术研发等方面的服务工作。①

福奈特总部运作的特许经营是经营模式特许，这种方式被称为“第二代特许经营”，目前人们通常说的特许经营就是这种类型。经营模式特许经营不仅要求加盟店经营总店的产品和服务，而且加盟店的商店标志、店名、商标、经营标准、产品和服务的质量标准、经营方针等，都要按照总部的全套方式进行，也就是说，加盟店购买的不仅仅是商品的销售权，而是整个模式的经营权。②

二、总部对门店的标准要求

与传统的门店收活、中央工厂集中清洗的洗衣店不同，福奈特在经营中全部采用“前店后厂”透明式经营，平均每家店的投资额在 60 万元以上。2003 年，福奈特在全国共有 603 个门店，其中 544 个是加盟店。如何保证这些加盟店的服务统一，一直是福奈特总经理朱丽筠思考的问题。③

不管你是如何优秀的一名店长，来到“福奈特店长训练营”，你就是一个空着的杯子。从 1997 年的 3 家示范直营店，发展到了今天 600 多家门店。从一开始，福奈特就知道推进其店长“执行力”并不是一件简单的事。④

把福奈特洗衣店开进北京复兴门金融街的加盟商曹文，就有这样的“抵触”经历。她和她的合伙人王岚，2002 年 2 月开第一家万柳路店时，两姐妹不辞辛苦地跑到宜家买了一套 2000 多元的藤椅，摆在店里，并没有采用福奈特统一的店内摆设。可是在 2002 年末，福奈特总部在做加盟店标准“规范化检测表”时，提出要她们更换福奈特统一从国外进口的椅子。曹文很委屈地说，虽然公司进口的椅子只有 1000 多元，但是她们还是觉得自己购置的藤椅更温馨，不愿意更换，双方为此争执了一年多。⑤

---

① 福奈特的由来．房网论坛，2010－3－14，http：//bbs. szhome. com/commentdetail. aspx？id＝91361217？＝＝18375826504b3c739ef7662c324b142ec1341867137_ 0.

② 净衣馆洗衣特许经营介绍．中国加盟网，2009－10－16，http：//www. jmw. com. cn/jiamengdongtai/70726. html.

③ 李晓红．福奈特　超出顾客期望值一点点．商业时代，2003 年第 16 期．

④ jia_ tffun 福奈特干洗首届“店长训练营”热烈展开．2009－10－15，http：//blog. tianya. cn/blogger/post_ show. asp？BlogID＝2345304&PostID＝19466108.

⑤ 连锁洗衣店福奈特．店长执行力如何不走样．2009－7－20，http：//liansuo. cyzone. cn/articles/jingying－jiqiao/108637. htm

其间，在金融街一家证券公司有着 10 多年从业经历的曹文，多次给公司写传真，说明自己坚持的理由。但是，这一切努力没有使公司松动，反而，公司在给“顾客安全感”上说服了曹文。朱丽筠认为，当一个品牌被定型之后，对它的任意改动都会给消费者带来模糊、混乱的印象，因此规范管理在福奈特特许经营里就成了一条“铁”的纪律。很长一段时间，福奈特总部的工作重心之一就是在规范化标准的制订和与加盟商的沟通上，让他们接受这种理念并能完全按照统一的标准去执行。现在，曹文和王岚已经开了 4 家福奈特洗衣店，并参股了 2 家店。①

在福奈特约 100 人的管理团队中，负责市场开拓的仅 4 人，公司财务 2 人，管理直营系统 4 人，其余 90% 的人力和资源都是直接为分店服务。福奈特副总经理董晓凯说：“这些都不是直接产生利润的业务部门，这些部门包括培训部、文化中心、营运中心以及技术部。平常，哪里设备或流程出了问题，技术人员会在第一时间帮助分店解决问题。现在，我们每年对分店考核的‘规范化检测表’已经更加详细了，从洗衣质量、店面形象、经营理念、运营操作以及店里各种物品的摆放位置等，对每一个规范要求都进行了详细的描述。从特许体系建立至今，我们先后与十几家原来的加盟商解除了合约，通过不断地沟通和催改，让数十家加盟店达到了总部规范的要求。这条看似不近人情的纪律，保证了福奈特品牌的高度统一。”②

福奈特董事长白品洲认为，特许经营的成功是商业模式和技术经验完美复制产生的结果，如何把这种模式在国内成功地复制，培训是福奈特工作的重中之重。在洗衣行业专业人才很贫乏的时候，培训工作就显得更加重要。位于北京市西城区的福奈特总部二层，可容纳 100 多人的住宿培训室，很少有空铺腾出。③

初级班、中级班、高级班，前台班、技术班、技术提高班、店长班。每年，有近千人次的培训在这里进行，他们来自各个加盟店或直营店。在“店长特训营”里，他们讲课用的 PPT 中，有面对顾客时的“马斯洛需求分析”，有“学习海底捞的服务”，有福奈特自己的培训师和店长探讨究竟该雇佣一个“话多还是话少”的普通店员。④

曹文向记者解释，她的店长都是多面手，而且对店里各种业务很娴熟。福奈特鼓励店长成为洗衣店的多面手，在人员不足或活多的情况下，可以用来补缺。同时，还倡导在员工中引入竞争与晋级机制，每年利用淡季时间，开展形式多样的技术比武大赛、中级技师提高班等，帮助他们自我价值的实现，鼓励了员工的上进心，也增强了他们在企业里技能上的执行力。⑤

---

①②③④⑤ 连锁洗衣店福奈特．店长执行力如何不走样．2009－7－20，http：//liansuo. cyzone. cn/articles/jingying－jiqiao/108637. htm.

三、品牌与消费者认知

这些相关材料目前青岛洗染协会还有存档。[①]

青岛福奈特大正洗染公司在对外宣传，材料上明确写着福奈特来自法国，使用误导消费者的词汇，属于虚假宣传，全国洗染行业协会支持青岛有关部门对其进行查处。撤去“法国高质干洗”字样，我们是否可以理解为是福奈特公司的正名之举，以此正视现实，以真实的面目面对消费者，还是当时青岛事件的危机下做出的迫不得已的无奈选择？有不少人认为，洋品牌受到中国大多数人的追捧是因为我们的民族品牌还没有与洋品牌相媲美的能力。其实，在使用民族品牌自卑感的背后，还隐藏着一种更普遍的市场情结，那就是消费者对洋品牌的盲目信赖。如果国人和企业家不能一同祛除这种情结，“欧典式”的闹剧就还会上演。过去的“山水爱浪事件”、“欧典事件”及现在的“福奈特事件”给中国企业，也给迷恋洋品牌的人们敲响了警钟。[②]

四、总经理的陈述[③]

为保证自身的可持续发展力，福奈特总部几年来对系统基础建设的大规模投入，加速对人力资源的培养，使得整个系统进入了稳定的发展阶段，并表现出很强的可持续发展能力。在对加盟商的服务支持方面，福奈特有着自己的一套完备的“四位一体”服务体系，包括加盟体系、培训体系、支持系统和规范管理体系，涵盖了从前期选址到开业筹备直至后期的正常运行。

同时福奈特拥有北京和上海两大配送中心，负责全国加盟店的物流级配送工作，保证了产品原材料的一致性。总部还定期或不定期地派人到加盟店针对服务质量、系统规范化执行程度、经营管理成效等方面进行现场检测、评定、监督和指导，包括形象检测、操作检测、标准检测等多个方面，并根据结果作为加盟督

①② 朱素英、福奈特为何悄然换面，中国 CEO 总裁网，2012－7－9，http：//www. xchdata. com/ceo/？90－24759. html.

③ 杨金龙．福奈特插上连锁的翅膀．中国商贸，2009－10－9，http：//liaozhai. pujia. com/thread－258281－1. html.

导和整改的依据。

另外，福奈特实行区域经理负责制，由负责人对所辖区域内的加盟店进行定期的电话沟通和现场走访，协调解决加盟店的各类问题。

因为一开始就比较重视，所以十年来对我们也建立了一套比较完善的管理体系，这就较少地保证了我们服务品质的相对统一。朱丽筠坦言。

品牌的复制方面，朱丽筠认为福奈特的运营体系和经营模式，可以通过手册和多元化的培训复制下去。在福奈特各种后续培训支持方面，福奈特总部拥有强大的培训支持体系，每年都会根据实际需求，为加盟店提供不同形式、专题多样的专业培训服务，以确保加盟店始终保持较为高超的、稳定的技术水平。

另外，朱丽筠还强调："特许经营节奏的把握很重要，企业拥有的资源要能够支持企业的发展规模，特许经营的质量和速度的平衡比较重要，如果没有很好的支持体系和管理体系，过度追求速度会导致品质的下降。"

五、加盟与品质问题[①]

2011年11月28日下午，福奈特洗衣连锁机构全国总部发布声明，对福奈特朝内大街洗衣店存在严重的不规范经营行为，向消费者真诚致歉，并于即日起督察全国720余家连锁店。近20天来，媒体报道福奈特部分连锁店存在干洗变水洗、医用服装和家用服装混洗、违规使用"三无"洗涤用品等现象。

至2011年11月，福奈特品牌在全国各地有720多家连锁店，约10%是直营店，由福奈特总部直接投资、派人员管理；其余是加盟店，采用特许经营模式，使用该品牌信息和服务模式，向总部支付相关费用，日常独立经营。在北京共有271家福奈特连锁店，其中直营店只有十几家。

对加盟店改进监管措施，福奈特总部设有"直营部"，直接管理直营店，每家直营店由总部直接下派一定数量的专业人员，严格按规范操作。

但对加盟店，福奈特副总经理董晓凯打了个比方，总部和加盟店就像是"婚姻关系"。"总店和加盟店，不是政府行政部门上下级的关系。如果加盟店违规，我们只能按合同处理，最多是通过法律解除合同，这给总部有效监管福奈特整体服务质量带来困扰。"

福奈特总经理朱丽筠说道："我们此前已有对加盟店的监督，如神秘顾客体

① 张永生，卢美慧．福奈特洗衣连锁机构全国总部发布声明向消费者道歉．2011－1－29，http：//news.cnlawers.com/2011/10821129/0914289.html.

验（总部找第三方公司对加盟店暗访审核），每家加盟店每年至少有一两次‘被体验’，现在看，这些体验也仅限于前台，我们会改进监管措施。”

“一荣俱荣，一损俱损。”福奈特总经理朱丽筠说，本次暴露出的福奈特部分连锁店洗衣乱象，也损害了许多认真经营加盟商的声誉，“接下来我们一定严格规范加盟程序，一些加盟商做不好，就别做福奈特。”

点评：

福奈特的在投资率比较高，目前，300 多位加盟者中有 20% 多又陆续开设了二店、三店，甚至八店。加盟一个特许体系，与购买消费品不同，因为加入一个特许体系意味着长久着经营下去，特许人与受许人之间在业务方面存在持续的分工与合作。这里开二店、三店，甚至八店，是特许人市场扩张的方式，对特许人而言，属于顺序多店特许的概念。这些开多家门店的受许人，可以看成与特许人之间的弱联盟关系。

特许企业的自我约束，或者说特许人对受许人的控制，包括对执行标准，以及产品和服务的品质，等等，这些控制如果不能到位，这个特许体系的生命力就不强。名义上是做大型特许体系，实际上高度分散的门店处于事实上的自治状态。解决的办法就是依靠特许人各地的分支机构，包括多个层级的，监督管理到位，提供的服务支持到位。或者采取多店特许方式，有本地合作伙伴在某地区实施对门店的监督管理，而特许人再对本地合作伙伴及终端门店进行监管。

国家的强制性行业标准、行业规范、外部监管，是单店特许经营发展的外部环境，也是多店特许经营发展的外部环境。出现行业规范、外部监管不到位的情况，可能是现实发展太快，国家的政策法律没有跟上客观发展的需求。这是市场经济发展的大环境的问题，市场经济体制也是一个精耕细作的事情。只有方方面面都到位了，才能形成一个良好的环境。对特许经营、多店特许经营而言，需要有一个长期的时间，去等待良好的宏观、行业外部环境条件的支持。

案例6　吉野家

一、背　景

2011年10月7日，日本吉野家控股公司的安部修人社长表示，到2016年2月为止，吉野家的实体店铺数由目前的2700店，将扩建到4500店，并会写入即将发表的正式的中期经济计划中。①

新增的实体店铺的地点将以日本海外为主。而中国等新兴发展中国家为代表的亚洲各国是此次计划的重点地区。吉野家现在在中国所拥有的店铺数为300家左右。此次计划将日本国内店铺数增加到目前的1.3倍到3000店；海外增加3倍到1500店。而中国就占其中的1000店左右。预计此次扩大规模的目标为，将目前中国地区的营业额从占世界的5%提高到25%。②

吉野家是日本的百年老店，早在1899年，于东京都中央区日本桥的鱼市场出现第一间吉野家食店，到1958年成立株式会社吉野家，正式成为一间饮食企业。全球已有超过1100间分店。在中国，除香港及北京外，整个东北三省都在特许经营范围内，现时，特许经营的吉野家分店共200多间。上海、深圳及福建，这3个地区所采取的经营模式，是由日本吉野家与当地企业合资，共同开设分店。2009年7月，顶新与吉野家签署备忘录，二者的合资公司资本规模约1亿元，计划5年开店1000家。吉野家下一步会将北京、上海之外的市场整合起来。③

---

①② 吉野家将在中国新增千家店铺．日本新闻网，2011-10-8，http：//www.ribenxinwen.com/html/h/201110/08-10811.html.

③ 吉野家香港借壳上市　35亿卖身合兴集团．新浪财经，2011-12-2，http：//finance.sina.com.cn/stock/hkstock/ggIPO/20111202/083910922952.shtml.

二、北京市场[①]

1992年，洪明基刚从美国加州大学毕业。香港洪氏集团看准了祖国改革开放的良好契机，决定深耕中国大陆，开拓市场。于是，刚刚学成回来的洪明基开始了他的归国创业之路。同年，国内第一家吉野家招牌在北京挂起，正式宣告中国快餐市场有了亚洲东方米饭文化的身影。到如今，吉野家在北京已有100多家分店，而吉野家的脚步也从北京迈出，到达了天津、廊坊、石家庄、沈阳、大连、内蒙古等地，在全国数量近200家。在今年，吉野家更是获得2010年“我最喜爱的快餐品牌”称号。再加上公司经营的DQ等其他连锁品牌，目前，合兴餐饮集团在中国内地的店铺数已有360多家。

为何会经营快餐业呢？洪明基说，这一切都是因为自己爱吃。于是，经营快餐业便成为他创业的首选。但什么样的快餐合乎中国人的口味呢？洪明基想到了在美国经常光顾的吉野家。据洪明基回忆，当初在美国求学时，由于经常吃墨西哥食品，所以非常怀念美味的亚洲美食，后来偶然到附近的一家吉野家餐厅就餐，就被吉野家美味健康的食品所吸引，后来“几乎每周都要去好几次。”就这样，这家拥有百年历史的日本快餐品牌不仅满足了他的胃，也俘获了他的心。他也向父亲和叔叔提到了吉野家，后来在洪氏家族的努力下，把吉野家品牌引入到了中国国内。

“当时对经营快餐业毫无经验，就想怎么能够少交学费呢？中国人爱吃米饭，那全世界最有名的就是吉野家的牛肉饭了。经营这些知名的品牌更容易找到快餐业的方法和奥妙。”

聊起吉野家，洪明基的话匣子就收不住了，我们甚至也成了他的调查对象：“我觉得好吃，现在每周还要吃好几次呢。你觉得呢，味道怎么样？”“有人说吃牛肉饭总是肉吃完了，但饭还剩不少。”我们也就不客气地“抱怨”了起来。洪明基听得很仔细，“回去一定再做做市场调查，改进。”他说。据他介绍，吉野家的饭和肉都是经过市场调查后，严格地按比例进行分配的，“等你吃完最后一口肉，饭也就吃完了。”

事实上，洪明基总结自己创业成功的因素，最重要的就是注重市场调查。在创业初期，吉野家甚至还曾出现了亏损。后来他找出了症结所在：“开店过于随

① 聂传清，王菲菲．吉野家扩张的秘诀．人民日报（海外版），2010－10－19.

意和草率，没有经过细致的市场调查。”从此之后，他便开始注重市场调查，从选址到目标客户群的需求，都要求用数据来说话。

如何“养”店？在一次媒体采访中，洪明基阐述了他的“养”店理论：餐饮连锁店也是要“养”的，在店铺生意不好时，所采取的办法并不是简单的“关门”换地方，而是把它们“养”起来。“养”起来的目的，是让那个地段的客户人群从看到这个品牌到熟悉这个品牌，直到尝试这个品牌。而在初期，吉野家有20%的店是“养”起来的，养的时间少则1年多达2年。

三、上海吉野家

上海吉野家快餐有限公司是由日本株式会社吉野家（YOSHINOYAHOLDINGS）、上海锦江集团合作创办的合资企业。上海吉野家快餐连锁2002年8月落户于中国著名的商业街——南京东路步行街，并以稳健而持续的步伐不断发展。

上海吉野家，2007上半年实现营业收入1587万元，同比增长30.1%，净利润-202万元。单店全部盈利，公司亏损的原因在于新开店的资本投入、管理费用等一直较高；2007年第三季度实现营业收入1112万元，同比增长62.6%。考虑到北京吉野家开业5年后才开始盈利，在连锁餐饮业竞争加剧的市场格局下，上海吉野家尚处于市场培育期，发展态势良好。①

锦江之星持有42.815%股权的上海吉野家快餐有限公司于2010年度实现营业收入10091万元，比上年同期增长38.59%；连锁餐厅总数2010年末为18家，上年末为20家。于2010年5~10月上海世博会举办期间，实现营业收入6372万元，比上年同期增长61.53%。在世博园区内开设1家餐厅。②

---

① 锦江股份：战略发展“进行时”优于大市．中信建投，2007-11-15，http：//money.163.com/07/1115/17/3TBV655G00251LK0.html.

② 锦江股份（600754）2010年半年报经营评述．港澳资讯，2010-8-28，http：//www.gf.com.cn/cms/newsContentGazx.jsp？table=GSJYQKPS&guid=｛A5C2B825-F759-4582-BDED-F7A152344A3B｝.

四、国内吉野家的三种形式①

这样一来，在国内快餐市场将会出现三种形式的“吉野家”：一是以北京吉野家快餐有限公司为代表的，以华北、东北、内蒙古等北方为领地开发和经营的“吉野家”，它和日本吉野家的关系就是每年按比例缴纳品牌使用费；二是日本吉野家参股的上海公司；三是现在顶新和日本吉野家的合作发展模式。而在三个形式中，只有北京的吉野家自主权最大，所经营的产品也最多。

五、中国大陆“三个吉野家”的混乱局面②

目前在国内经营“吉野家”品牌快餐的公司有三个，分别位于北京、上海和深圳。这三个“吉野家”都各有来头。北京吉野家快餐有限公司成立于1997年6月，是由香港洪氏集团从日本引进专利、结合中国消费者特点在北京创建的一家连锁快餐公司，是目前全球吉野家中唯一没有日资背景和股权的公司。上海吉野家公司是2002年由上海新亚集团和日本吉野家共同出资成立的合资公司，由日方控股经营，总经理由日本人担任。在深圳开设一家吉野家快餐店的深圳吉野家，属于日本吉野家品牌自主经营。此前，深圳市场曾经被北京吉野家公司的“东家”香港洪氏集团首先看好，并多次向日方提出申请，由香港洪氏集团进行开发。但是由于香港和日本方面的种种原因，最终深圳市场没有被香港洪氏集团拿下，而直接被日主接管。

尽管都用“吉野家”品牌，但三家在中国内地的经营权却很混乱，如上海吉野家就提出了“加盟连锁”的法宝，而北京吉野家快餐有限公司副总经理方桂欣于2010年表示：“北京吉野家近期不准备发展加盟商。”

由日方控股的上海吉野家公司去年亏损了1000多万元，尽管最终日方把亏损的责任全部归罪于中方的一位魏姓高管，但日方和上海新亚集团的矛盾也开始

---

① 吴颖．吉野家联手顶新进京遇阻．京都商报，2009－9－1，http：//www. bjbusiness. com. cn/site1/bjsb/html/2009－09/01/content_ 72916. htm.

② 吴颖．三个吉野家各有来头 经营权限混乱在华骨肉相残．北京现代商报，2005－1－27，http：//finance. sina. com. cn/roll/20050127/00271325266. shtml.

加深。实际上，所谓的“特许加盟”就是上海吉野家为了弥补经营亏损而想出的一个办法。

北京吉野家公司由于没有日方的股权，所以受到日方严格限制，只允许其在北京、河北、辽宁、内蒙古等地进行区域开店，而这些区域的连锁，并不是发展特许加盟的成熟地区。至于深圳吉野家公司，由于刚刚开设一家店铺，所以还暂时谈不上发展加盟商所具备的规模。

现在尽管上海吉野家和北京吉野家属于不同的东家，但是在消费者眼里，“吉野家”对外是一个整体形象，外界是分不清哪家吉野家归香港，哪家吉野家是归日本经营的。所以，任何一家吉野家出现问题，殃及的将是整个品牌的名誉。

点评：

拥有北京、天津、石家庄等华北、东北、内蒙古和中国香港区域吉野家特许经营权的合兴餐饮集团，拥有香港洪氏集团的家族背景，在中国大陆同时经营 DQ 特许经营品牌，实际上合兴餐饮集团的角色是多品牌多店受许人的角色。吉野家进入中国采取了三种多店方式：第一种是北京等地的区域发展（或者今后演变为主特许）；第二种是上海等地的合资特许方式；第三种是深圳的独资模式。从结果来看，独资模式发展不理想。上海的合资特许模式中，亏损 1000 万，日方控股方将责任完全归咎于中方一位高管，这表明，合资特许方式容易出现双方的矛盾，处理不好，会影响这种方式优势的发挥。北京的模式目前发展不错。

案例7　赛百味

赛百味（Subway）是快餐业中的国际知名品牌，在全球约有22000间餐馆，近16000间开设在美国，使其成为美国同行业中规模最大的企业。它在加拿大和澳大利亚等国都享有绝对的规模优势。

一、首次登陆上海[①]

2001年，洋快餐赛百味登陆上海。2004年，赛百味在上海仅开办4家门店。

按理说，上海人在餐饮方面敢于尝鲜，加上有大量外籍人士生活在上海，客源显然是不愁的；赛百味中方经营者又是在食品行业声誉日隆的上海第一食品商店股份公司！坐拥天时地利，赛百味缘何在沪发展缓慢呢？原因在于食品虽然是国内食品流通行业的龙头企业，但涉足的连锁餐饮经验显然不足。就拿选址来说，他们曾在豫园商城开过赛百味，后来才认识到豫园地区主要以外地游客和国外旅游团队为主，外地游客对三明治这样一个新鲜事物还有一个认识过程，而旅游团队的餐饮则由旅行社统一安排，因此把赛百味放到这样一个地段显然不合适。另外，黄金铺位才有黄金收益是餐饮行业的金科玉律，尤其是快餐行业，选址不肯破费，效益就打折。在总结经验之后，选在延安东路海洋大厦底楼开设的赛百味第4店就比较成功，这里是甲级商务区，20多元一只汉堡，白领完全可以承受。

在北美，赛百味的店面数量已超过麦当劳，被权威的美国企业家杂志评选为特许经营企业500强之首，排名超过7－11和麦当劳。它号称禁用油炸和明火烹调，低脂肪、低热量，获得了消费者的普遍认同。可是上海市民目前的餐饮消费观念，大多还停留在传统的色、香、味俱全层面，追求低脂、低热量的消费理念才刚刚开始。

---

① 吴卫群．“赛百味”快餐沪上品苦涩3年仅开4家门店．2004－7－22，http：//www. jxnews. com. cn/oldnews/n1009/ca701850. htm.

不可否认，赛百味沪上遇阻，还与市民对汉堡这种食品的接受度有关。赛百味以冷食为主，而中国人习惯于热食，进入中国市场以来，赛百味在口味上一直不愿朝本土化方向发展，而它的竞争对手 KFC、麦当劳却不断有本土化的新品推出，如果 KFC“死抱着鸡”、麦当劳“死抱着牛肉”，恐怕没有今天的规模。

二、第二次进军中国[①]

迟到者赛百味无法做到无动于衷，错过了中国快餐业高速扩张第一波，这一次，在其他地区增长已现减缓态势的赛百味，还能第二次错过中国市场?

挑战在于，赛百味尚在中国市场蹒跚学步，对手麦当劳却已稳坐军中。赛百味和麦当劳在中国市场短兵相接无法避免，作为挑战者的赛百味目前并没有进入麦当劳的主要竞争者之列，但它已是麦当劳需要时刻警惕的对象。

特许加盟商、赛百味华南区总经理杨继宏坦诚，目前赛百味在中国市场还远远落后于麦当劳和 KFC，主要原因：一是进入中国市场晚；二是经营结构和模式不同。后两者以直营为主，加盟为辅，赛百味则为特许经营模式。

“赛百味算是中国快餐业的后起之秀，顾客对赛百味的出品反应很不错。”餐饮管理顾问、信息化专家朱明坤分析，进入中国市场，赛百味一直没有能实现高速扩张，主要是本土化不够，“而麦当劳和 KFC 在中国市场风生水起，主要得益于中式化程度高”。

朱明坤分析，赛百味要实现快速扩张，大前提就是要实现管理文化和出品的本土化。

目前，赛百味的全球加盟店超过 32000 家，遍布于 90 余国，已成为国际速食业当之无愧的大佬，连续 17 年被美国《企业家》杂志评选为第一名的连锁加盟机构。与老对手麦当劳、KFC 的直营为主的扩张策略不同，赛百味的扩张秘器就是：特许经营模式。朱明坤分析为：发展加盟商。

“直营有一点，在任何地方，只要他肯承受，看中的地段、位置都可以竞争过其他品牌。他们可以把挣不挣钱放在后面，如广州，可以一家店不挣钱，但总体挣钱，这样就可以以店养店。”

赛百味华南区总经理杨继宏分析，我们就是加盟，我们不可能用 A 加盟商的

① 潘蔚，林峰．赛百味，中国占座．新经济杂志，2010（3）．

利益来补 B 加盟商，所以我要保证每一家都挣钱。

杨继宏有一句话对潜在投资者十分有诱惑力，赛百味相对于其他国际品牌加盟，门槛较低，加盟商和发展商均采取独立经营，设备都是通过自己来买断的，"操作简单，成本低。作为投资来说，赛百味是最好的选择"。

近两年，赛百味扩张迅速，在北京、杭州、上海等城市均有布局，而北京加盟店已经发展到 50 多家。

杨继宏表示，未来中国华南地区将是赛百味的主攻市场，采取的策略仍是发展加盟商。传统洋快餐给人印象是高脂肪、高热量食品，而赛百味所不同的是，一直以低脂健康为卖点。在赛百味 100 平方米的餐厅内，四个窗口依次有每天精心烤制的 4 种面包、12 种低脂无油炸肉类、8 种新鲜蔬菜和 12 种美味沙司。

一只赛百味三明治里，会放比肉丰富得多的生菜、西红柿、青椒等蔬菜，在美国甚至得到过"素食奖"。根据顾客的不同需求，工作人员可以组合搭配出超过 5000 种的个性三明治。全过程都在客人的面前制作完成，平均 2.5 分钟。"时尚的客人可以随意搭配所需，如同搭配每天的时装。"中加合资浙江赛百味餐饮管理有限公司的负责人说。

赛百味华南区加盟商就曾携手在美国积极支持全民走路运动而被美国心脏协会授予"促进健康生活"奖的 Subway，在广东发起了最大规模的城市行者俱乐部（City Walk）活动。

三、中国将是发展重点①

赛百味虽然在全球扩张迅速，在巨大的中国市场却显得过于低调。目前，它在中国只有 199 家店，不到麦当劳在中国门店总数的 1/10。与其他国家的加盟店相比，中国店的业务量较小，再加上比欧美相对稍低的定价，营业份额更是占全球不到 1%。

据一项调查显示，听过赛百味并且了解它的人大概占 10%；听过而且去过的人占 18%；听说过但没有去过的则达到 40%。这足以说明赛百味在中国的消费者中认知度还远不够。

也有市场分析人士指出，赛百味在中国面临的另外一个挑战就是口味问题。虽然它的产品更健康，但口味比较清淡，而中国人更多的是比较倾向于传统的色

① 赛百味在巨大的中国市场却显得过于低调．中国新时代，2011－5－16，http：//news.tangjiu.com/html/xingyedongtai/fangbianxiuxianshipin/20110516/113925.html.

香味俱全的食品。

德卢卡也承认，在中国，赛百味还远落后于KFC、麦当劳等竞争者。在中国市场卖出价格20~40元的三明治并不是件容易的事。“而事实上，赛百味也一直在积极适应中国市场的差异。除了价格方面的优惠活动，为迎合中国人喜爱热食的习惯，总部还特意给店里配备了快速加热烤箱。”陈松说。

2009年，赛百味在中国新开了35家加盟店，2010年的目标是开50家，在5年内将中国的门店数拓展到500家。

这也正是德卢卡多次来到中国的原因，他想了解中国人的生活方式，了解中国这个细分市场的特色。“中国市场的增长潜力巨大，赛百味只能通过选料新鲜、可以订制、强调健康等优势，在竞争激烈的快餐市场异军突起，向麦当劳、KFC等发起挑战。”

2011年，麦当劳也将逐渐在华实施特许经营的策略，对此，赛百味能做的就是使产品更加精细化，以提升竞争力。据介绍，赛百味目前正在研究，尝试制作北京烤鸭及四川辣酱等本土化的三明治。

四、健康与低成本两个特点[①]

陈松是2009年底投资70万元加盟赛百味的。作为全球第30870号特许经营加盟者，这家位于北京市建国门CBD商圈的店已经连续两个月实现了赢利。而陈松为此付出的代价是每周花12~20个小时的时间待在店里，把业余时间和节假日大部分放在了照顾生意上。陈松说，按照目前状况估算，他的店最快两年多就可收回成本。和北京其他的加盟店相似的是，陈松店的面积不大，最多可容纳20人就餐。赛百味对所有员工的要求是人人成为“三明治艺术家”。公司每半年会进行一次评级考试，考查内容包括书面专业知识和实际操作。由于不需要煎炒烹炸，赛百味的操作间里没有火源，也没有油烟味。

目前，赛百味的指定供应商有10家左右，所有肉制品由美国荷美尔公司供应，麦面包和白面包则由指定的中国供应商提供，按赛百味的配方标准制作。像陈松这样的赛百味加盟店，在中国有近200家。

“7种赛百味三明治的脂肪含量低于6克”，这是在美国和加拿大随处可见的赛百味广告标语。如果说，赛百味早期的扩张依仗了连锁加盟这个适应市场的经

---

① 陈婧，昝慧昉．赛百味 中国起舞．中国市场，2011（38）．

营模式，后期的扩张，包括其能超越麦当劳，则与其打造的在快餐行业里与众不同的品牌形象定位“健康”分不开。

直到现在，赛百味依旧延续着新鲜无油炸的特色。为保证面包的新鲜和口感，陈松说他的店每 2 ~4 小时就得烤一次面包。

市场的容量越来越大，开店的速度自然就会加快。同时，相对麦当劳严格的连锁式，赛百味采取的加盟特许经营模式也更容易些，资金门槛相对较低。另外，由于门店面积小，要想服务更多人群，就需要建更多店。因此在店数上超越麦当劳成为行业大佬也是意料之内的。据资料统计，大概在 8 年前，美国的赛百味门店就已经超过了麦当劳。

与麦当劳在闹市区的选址理念不同，赛百味餐厅通常是在汽车展厅、电影院周边，或一些交通要道，如码头、地铁中转站等设店，以方便人们购买后就拿走。这种非常规、成本更低的选址方式，也在某种程度上成就了赛百味店面的迅速扩张。

赛百味发言人威诺格拉德则认为，自己公司成功的关键在于坚持不上市。“这是我们的选择，原因是它让我们能够专注于产品质量和餐馆建设，不会因财务报告等与上市公司相关的事情分心。”

五、赛百味区域代理模式[①]

赛百味能达到如此之大的规模并保持有序地运营，得益于其高效的扩展策略和完善的全球运营管理系统。结合赛百味北京区发展代理白杰夫的介绍，其管理特点如下：

1. 层层监控的管理体制

赛百味所采取的逐层监控的体制，则恰恰与它的规模特点相适应。

赛百味并没有推行区域主授权方式，而是创新式地引入了发展代理制。

在赛百味的特许经营体系中，总部下设区域总部，分管世界范围内的各个地区，汇总信息，统筹安排。各大区又被划分成为若干个小一级别的区域，每个区域配有 1 名发展代理，负责区域市场开发和对区内各加盟商的监督管理。现在全世界已有约 200 个赛百味发展代理。“在这个体系中，特许人不会直接监管受许人，而是通过区域总部、发展代理逐层监控。发展代理有一定的决策权，在其区

① 汤艾菲．赛百味管理探秘．管理工程师，2005（7）．

域内可以直接处理许多针对加盟商的管理事务，只有在遇到重大事项时，才向上一级汇报。”（白杰夫，2004）这样一来，总部不必亲历亲为，亦可掌控全局，运筹帷幄。这种设计既强化了总部对整个体系的遥控，又细化了日常督导事务上的区域分工，运用到赛百味这样的大型特许经营网络中非常奏效。

2. 发展代理

一个加盟商要成为赛百味的发展代理，首先必须经营加盟店半年以上，在这6个月的考察期间，他的加盟店运营必须完全符合总部的各项条件。北京区赛百味发展代理白氏夫妇，当他们申请做北京地区发展代理的时候，北京已有50家麦当劳，所以他们当初的发展代理合同要求他在七年内开设51家赛百味。另外，发展代理也必须参加设在赛百味康涅狄格总部的相关培训。

赛百味对发展代理的选择和确定常常要经历一个较长的过程。以白氏夫妇为例，早在1995年12月，他们就与一家国有企业合资建立了中国第一家赛百味餐馆，但是他们真正成为发展代理则是在1997年以后。目前在中国只有两个赛百味的发展代理，白氏夫妇是北京地区的代理，另一个新增的发展代理在大连。

发展代理要定期召开加盟商大会，讨论如何提高加盟店的利润率。同时由于发展代理是负责区域市场开发的，他也要监督区内的品牌推广工作的进行。

作为开发某一地区的报酬，发展代理可以从每个加盟商的加盟费中提取50%，从特许权使用费中提33%作为自己的收入。但是如果发展代理不能达到区域发展目标，总部将降低上述两个提成比例。除了每月对区内各店进行核查以外，发展代理每年还要参加三次会议，商讨新的发展创意、新的食品名目，还有其他任何有助于提高营业额和利润的事项。

3. 对加盟商的战略控制

赛百味对加盟商的控制，包括事前筛选和事后监督辅导。

（1）筛选及培训。赛百味加盟商由总部统一筛选。有意加盟者首先填写申请表，美国康涅狄格州的赛百味总部将审批该申请，然后向各个“准受许人”提供公告。赛百味的公告文件是一份冗长厚重的文本，尽可能显示关于赛百味的一切信息，无论是好是坏。赛百味中国区的加盟金是一万美元，以美元或人民币支付，该合同持续20年。

交纳加盟费以后，受许人还未真正具有开店的资格，他们要参加为期两周的培训课程。赛百味在全世界有五个培训中心，其中一个就在北京，在那里以普通话授课。加盟商必须通过课程考核，否则不能开店。

（2）开店辅导。开店的首要工作是寻找店址。以白杰夫的工作为例，他与北京当地的几个房地产代理合作，力求为单店的开立选定最佳地点。在北京的17家赛百味餐馆中，大约一半是由发展代理进行选址的，另一半则由加盟商自己寻找地址。一旦找到了合适店面，加盟商须提供店面计划书，由发展代理把它传真到总部，再由总部将信息输入电脑并规划整个餐馆的布局，目的是要让店面得到有效使用。一份租赁合约的复印件会被寄到总部接受审批。未经总部批准，加盟商不得签署租约。

这是为了保证租约条款对加盟商更有利，尽可能地降低成本，扩大加盟店的利润空间。

租约获得批准，且店面详细蓝图也被设计出来以后，下一步是由加盟商订购餐馆设备。现在赛百味在北京的加盟店的设备购进都实现了本土化。

一切硬件准备就绪以后，加盟店开始运营。白杰夫或他的某个职员必须在新成立的加盟店中度过开店后的头一个星期。一周结束时，如果加盟商要求更多的帮助，发展代理就要提供进一步的辅导。

然而，现实中加盟商们更乐于看到督导人员早日离开。

(3) 长期辅导与服务。开店后，发展代理仍会持续地监督加盟商，每月都对销售量利润率及卫生情况进行监控。此外，信息交流也非常重要，监控不一定以“硬性规定加审核”的方式进行，有时也会表现为沟通商讨等更为人性化的形式。每隔两三个月，发展代理都会召开加盟商大会，讨论店长们认为值得注意的事项。这些会议的焦点涉及方方面面，包括定价问题、菜单名目、供应项目等。

在各区域内，品牌推广与原料采购等是统一进行的，这不仅有利于保证品牌质量，也是对各加盟店顺利运营的强有力的支持。这些工作都是在总部的督导下进行的。

发展代理的另一项职责是领导当地加盟商建立营销委员会，并对全过程进行监督。在北京的 17 家赛百味中，发展代理选出了一个由五名成员组成的加盟店广告基金委员会（Franchisee Advertising Fund，FAF）。该委员会也是独立于总部的。每个赛百味加盟商不但要向总部支付费率为 8% 的特许权使用费，而且要按 3.5% 的费率支付广告基金。该基金存入当地银行，由 FAF 委员会投票决定如何使用，力求在区内有效地推广赛百味这一品牌。每年，北京所有的加盟商会聚集到一起，选举产生新的 FAF 委员会。

原料采购的工作同样是由一些与总部相独立的机构来完成的。在全球多个地方都有赛百味的独立采购合作社（Independent Purchasing Cooperatives，IPC），这些采购社属加盟商所有。最近亚洲区的采购社也开始在区域范围内收购食品和纸制品，尽可能以最低价完成购买。

广告基金委员会和独立采购合作社运作当中的规模效应是单店独立操作所无法达到的。帮助加盟商实现成本最小化，既是对他们的支持，也是控制，因为这样统一了广告、品牌形象和货源，同时，对这些服务的依赖增大了加盟商脱离体系的成本。

评论：

赛百味在全球的多店特许方式是其市场扩张的基本方式。但是到目前为止，在中国的效果并不理想，原因可能是基础没有打扎实，特许体系的本地化未做到位。赛百味进入上海，而且找到当时国内食品流通行业龙头企业第一食品作为合作伙伴，刚开始门庭冷落，有可能是选址问题，但后来多家门店生意都一般，这说明赛百味在上海不成原因在其他方面，最根本的应该是本地化，因为本地的消费意识、需求不一样。

赛百味的区域代理模式，在全球得到成功应用，在中国也是采取这个模式，问题的关键是，区域代理模式并没有发展和建设特许体系的职责，这样在进入文化差距极大的中国市场后，本地化的工作仍由赛百味总部，或者中国办事处去推行，他们离市场较远，本地资源有限，欠缺本地的知识和能力，这样就延迟和阻碍了产品本地化的进程。

案例8　永和豆浆

一、永和豆浆的背景与起源

永和豆浆的鼻祖是一家叫做“世界豆浆大王”的店铺，如今仍坐落在中国台湾中正桥头。这家豆浆店是1955年由来自山东的退伍老兵李云增和同胞合开，最初名叫“东海豆浆店”，后改为现在的名字。它的名声遍及台湾各地，就连蒋经国也是这里的常客。就是到了夜晚，“世界豆浆大王”仍是食客们的最爱，也成了大台北夜生活的指标。沧海桑田，物换星移，“世界豆浆大王”已从当年简陋的早点摊变成如今有4个店面、装修简洁的现代化大店，红色的大招牌从很远的地方就可以看见。①

1985年，林炳生在台湾取得“永和”豆浆类商品的注册商标，同年设立食品厂成立弘奇公司，开始机械化批量生产各种浓缩的、袋装的、罐装的“永和”豆浆。渐渐地，由半自动化生产到全自动化生产，生产数量逐日上升。每天早晨弘奇公司的货车都按时把豆浆送到全岛各处豆浆店、学校、超市、便利店、卖场。永和豆浆在台湾家喻户晓，恢复了它往日的神采。然而，林炳生没有停止他的追求，他又把目光投向了国际市场。在随后的几年里，永和豆浆陆续打入日本、美国、加拿大、泰国等20余个国家和地区并广受欢迎，发展成为国际品牌。至此，永和豆浆作为弘奇公司的品牌事业，已逐渐超脱当初永和老兵的街头小店，成为中华民族传统美食的代名词，在世界各地发扬光大。②

---

① 赵新兵，顾钱江．两地永和豆浆并无血缘　台湾永和豆浆为现磨现煮．北京晚报，2011－8－7，http：//news. sohu. com/20110807/n315676701. shtml.

② 永和豆浆的连锁经营案例分析．2008－2－14，www. chinairn. com，http：//catering. yidaba. com/canyin/cyxy/al/3401474. shtml.

二、在中国大陆发展连锁及特许经营

1. 中国大陆永和豆浆起源，各执一词——合作伙伴邱耀辉说法①

1995年，邱耀辉盘下一家物业，里里外外的装修也全部完工，他准备一心一意发展“永和豆浆”。既然开店，总得有个商标，邱先生说，当时考虑自己对大陆的商标注册法不熟悉，又想到自己办的是台资企业，于是决定干脆通过中国台湾商标代理机构注册一个台湾现成的商标。那年，他回到中国台湾，在彰化县北斗找到了“永和豆浆”的原注册方并签了中国大陆的代理权，签约时间是1995年，契约有效期为5年。

经过两三年的实践，邱耀辉掌握了在上海经营餐饮业的一些基本要领。谈到这一段经历，邱先生感到十分心酸。他回忆道：“我在上海创始‘永和豆浆’以后，生意很好，经过5年时间的发展，加盟店已经有了几十家。”

没想到，就在他准备扩展事业的时候，厄运在悄悄来临。与邱先生签商标合约的那家公司，在台湾是做工业商品的，根本不做餐饮业。然而，就在合同快要到期的时候，他们对邱耀辉说也要来上海开餐饮店。结果他们来了以后，店名不变，经营项目和范围不变，做法完全模仿。邱先生说：“这样一来，我这几年的心血等于全部被他们接管了。‘永和豆浆’反倒成了他们的金字招牌。回想这段吃亏的经历，又能怪谁呢？一怪我自己对商标的重要性缺乏认识，二怪我未曾事先做任何商业保护措施。这是一个惨痛的经验。”

2001年，他终止了与原先那家的商标代理合同，重新注册了一个名为“喜年来”的商标。

2. 中国大陆永和豆浆起源，各执一词——永和豆浆这边的说法②

最早将“永和豆浆”产业化并予以知识产权保护的是林炳生，他于1985年在台湾注册了“永和”商标，并成立了台湾弘奇食品有限公司。由于看好永和豆浆在中国大陆市场未来潜在的巨大商机，台湾弘奇食品有限公司在1995年率先注册了“永和”及图商标（注册号第730628号），注册类别为第30类食品，核定使用商品为豆浆、米浆、茶、豆花、冰淇淋。但因感觉市场时机尚不成熟，

① 葛凤章．沪上“永和豆浆”缘何换招牌——访上海喜年来餐饮公司总经理邱耀辉．两岸关系，2003（5）．

② “永和豆浆”和你口味15年．2010－1－23，http：//home.meishichina.com/space－91243－do－blog－id－55926.html.

林炳生及台湾弘奇公司并未进入中国大陆市场开展经营，而是将第730628号商标使用权许可给台湾商人邱耀辉，由其在中国大陆开设“永和豆浆”中式餐饮连锁店。邱耀辉的工作为“永和豆浆”在中国大陆的发展奠定了基础，“永和豆浆”开始在中国大陆生根发芽。

1996年，永和授权品牌、技术，与大陆的台商合作开店，第一家永和豆浆快餐店就设在上海浦东。开了十多家店后，林炳生的兄弟林建雄发现与合作方玉永和的经营理念不同，使得合作部分很难掌控，而这样的合作，不仅不能把永和的品牌和特色树立起来，反而会削减消费者原先的心理认识。于是林建雄决定结束合作，自己亲自到中国大陆拓展市场。

2000年9月，林炳生兄弟成立了上海弘奇食品有限公司（以下简称上海弘奇公司)，作为“永和豆浆”中国大陆地区事业发展的总部。2001年1月，“永和”商标的许可使用期限届满，邱耀辉与“永和豆浆”正式分手。同年，上海弘奇公司经授权取得“永和”商标在大陆地区的独占使用权。从此，林氏兄弟开始独立全面经营中国大陆“永和豆浆”事业，并通过以特许加盟为主的方式开展餐饮连锁业务。至今，“永和豆浆”的连锁店已有200家（2006年11月27日）之多。

三、商标纠纷、竞争对手与打假维权

1. 商标注册与竞争对手

1982年永和豆浆在中国台湾地区取得“永和”豆浆注册商标；1995年在国家工商管理总局商标局取得第30类“永和及图”注册商标、1999年在国家工商管理总局商标局取得两个第42类“稻草人”注册；2000年分别在香港、泰国、新加坡取得“永和”豆浆商标。2004年，在国家工商管理总局商标局取得第42类“YONHO”及图商标。①

根据商标检索发现，永和国际发展有限公司在大陆申请、注册的与“永和”有关的商标从1993年至今共有40件左右，数量不可谓不多。但仔细究来，发现一个大问题，在这些商标当中，除了那个第730628号“永和”及图商标以外（1993年申请，1995年获得商标专用权)，还有两件商标是在1998年申请注册的。除了这三件商标之外，其余全部商标均是在2002年后申请注册的。这个时

① 品牌之路——永和豆浆连锁经营的国际战略.2008-12-18，http://blog.sina.com.cn/s/blog_5db485b00100brw6.html.

间，正好是林氏兄弟2000年在中国大陆成立上海弘奇公司之后。因此，正如我们在第一部分所述，林氏兄弟最初将商标许可给邱耀辉使用，过于迟缓地进入中国大陆市场，大大迟延了对“永和”商标进行保护性注册的时间，从而给上海永和大王公司和其他竞争者留下了从容地抢注近似商标的时间！同时也可能丧失了对已注册的近似侵权商标提出异议、要求撤销的最好时机！①

再谈谈以林猷澳为领头人的“永和大王”。1996年2月25日，上海永和豆浆大王餐饮有限公司成立（以下简称上海永和大王公司），也是经营豆浆、油条类的快餐店，挂“永和豆浆大王”牌匾。1997年，这家公司经国家商标局核准在第42类（餐馆、快餐馆）成功注册了“永和大王”商标。1998年，上海弘奇公司因认为“永和豆浆大王”与“永和豆浆”类似，向上海市工商局举报。后经过调查处理，上海永和豆浆大王餐饮有限公司变更为上海永和大王餐饮有限公司。上海永和大王公司以直营店为主要扩张方式，经过多次资本运作，至今已在全国设立了100家左右的连锁店，形成了与上海弘奇公司双雄并立的局面。同样使用“永和”字样的商标，同样经营豆浆油条，同样发展良好、具有较高知名度，所有这些使得上海永和大王公司与上海弘奇公司不但成为了经营上的主要竞争对手，也使得他们成为这场“永和”品牌之争的主角。②

在注册商标的问题上，上海永和大王公司无疑比上海弘奇公司做得更出色。根据商标检索发现，从1997年开始至今，世纪投资有限公司（上海永和大王公司的海外母公司，“永和大王”商标的目前持有者）申请注册的与“永和”或“永和大王”有关的商标共有30件左右，虽没有永和国际发展有限公司多，但在申请时间上却要早得多。根据核对发现，世纪投资有限公司在2002年前申请的商标有17件之多，而永和国际发展有限公司只申请了3件。世纪投资有限公司还充分利用联合商标和防御商标的作用，最大限度地编织最能保护自身利益的商标保护网。比如，世纪投资有限公司在第42类上分别注册了永和大王、永和世界、永和传奇等商标；再比如，世纪投资有限公司在第8类（菜单、纸餐巾等）、第16类上申请了“永和”文字商标等。此外，世纪投资有限公司甚至还在第30类上（豆浆等商品）注册了永合大王、永和大王等商标，目标直指上海弘奇公司所引以为荣并具生命攸关价值的第730628号“永和”及图商标本身。③

2. 在宁波等地的维权活动

直到2004年年底，上海弘奇仍未在宁波开出一家加盟店，原因是，早在2001年以前，宁波市海曙区和江东区已经先后经工商注册登记分别开办了“宁波海曙永和豆浆店”和“宁波江东东胜永和豆浆店”。也就是说，在上海弘奇获

①②③ 永和之争带来的四大启示. 2009-5-13，http：//info. china. alibaba. com/news/detail/v8-d1005215778-p1. html#newsdetail-content.

得“永和 YUNGHO+图（稻草人）”商品商标的独占使用权之前，宁波永和已经将“永和豆浆”作为企业字号进行了申注。用通俗一点的话表述他们之间的关系就是，上海弘奇卖的是“永和 YUNGHO+图（稻草人）”牌的豆浆产品，而宁波永和是拥有“永和豆浆”这4个字的企业名称。上海弘奇可以在宁波继续卖它的永和牌豆浆，但不能在自己的宁波（尤其是海曙区）加盟店招牌上突出使用“永和豆浆”这4个字，否则就是侵犯了宁波永和的字号权。①

由于国家商标法和企业登记管理办法对商标和企业名称的审核尚未紧密结合，许多人据此钻空子，将经营豆浆店的企业名称注册为“永和”，如上海永和豆浆大王餐饮有限公司、杭州永和餐饮有限公司、镇江永和豆浆餐饮有限公司及各地各色数不胜数的永和豆浆店等。商标、品牌作为宝贵的无形资产，是企业进行永续经营的核心和保障。各式假店及其他侵犯企业商标权的行为直接影响到企业形象和品牌声誉，是企业正常经营和规模发展的极大障碍。近年来国家对保护包括商标权在内的知识产权作了极大的努力并产生了相当的效果，“永和”也因此得益匪浅。②

为维护品牌形象，永和豆浆通过各种方式积极致力于打假维权并经相关部门的严格执法，取得了一定的成效。比如在武汉、唐山的商标侵权诉讼；对永和传奇、永和世界等商标的异议；在上海、宁波、江苏泰州、浙江温州等地工商部门的投诉等都取得了较好的效果。然而，比起林林总总的侵权现象，“永和”仍然感到维权之路漫漫难期。③

3. 在香港阻击商标抢注获得胜利④

2009年2月，永和国际发展有限公司接到其法律顾问——集佳知识产权代理有限公司的通知，得知“永和”商标被中国大陆的郑某在香港抢注，并已经进入公告期。这对于永和豆浆来说，无疑是一件棘手的事件。永和豆浆高度重视此次商标抢注事件。公司积极与代理律师配合，深入调查和分析情况，在短时间内迅速制订了完备的维权方案。经调查，律师了解到，郑某是永和豆浆在河南地区的前合作伙伴的股东之一，曾直接参与了连锁加盟事宜的谈判工作，这一事实对此次成功维权有重大意义。永和豆浆收集了当年与郑某谈判的合作文本（有郑某的亲笔签名），调取了郑某所在公司的工商档案，在法定期限内向香港知识产权署提交了上述证据。随后，永和豆浆在香港提交了新的申请，覆盖了相关类别。

① 永和豆浆、盛食永和、永和大王3家“永和”宁波混战．浙江在线新闻网站，2011-6-29，http：//zjnews.zjol.com.cn/05zjnews/system/2011/06/29/017638334.shtml.

②③ 品牌之路——永和豆浆连锁经营的国际战略．2008-12-18，http：//blog.sina.com.cn/s/blog_5db485b00100brw6.html.

④ 高雪妍．“永和”豆浆香港商标阻击战．中华商标，2009（10）．

2009年9月，香港知识产权署发来通知称，郑某在法定期限内没有提交反陈述意见，根据《商标规则》第17（4）条规定，该商标视为撤回申请。至此，永和豆浆的香港商标维权案取得了最终胜利。

为避免此类抢注事件的发生，永和豆浆的代理律师梁洁泉为广大企业提出了几点建议：首先，要进行全球商标监测。其次，防止经销商、加盟商、代理商的抢注。根据以往的经验，商标在海外遭遇抢注的情况，大多数是华人或者是企业在当地的经销商、代理商或者有其他商业贸易往来的企业或者个人进行的抢注。因此，企业一定要警惕在海外的经销商、代理商，尤其是独家代理商抢注企业商标。再次，要及时维权。一旦发生了商标遭抢注的情况，企业应当首先聘请具有专业经验的律师，弄清当地法律制度、法律救济的期限、证据要求等。最后，要及时进行商标海外注册。有条件的企业，在开拓海外市场之前，一定要及时进行海外注册。企业首先可以考虑“马德里商标国际注册”（下简称马德里体系），以抵御商标被抢注所带来的无形资产损失。“马德里体系”是一种注册人仅提交一件申请即可确保其商标在多国受到保护的国际条约体系，包括《商标国际注册马德里协定》和《马德里议定书》两部分。

四、永和豆浆在中国大陆的市场特许模式[①]

1. 商品与连锁店并举

目前，永和国际集团设有中国大陆总部和中国台湾总部。中国大陆地区经营分为餐饮事业群和商品事业群。其中餐饮事业群包括华东总部，上海远雄餐饮管理公司；华北总公司，天津永和食品有限公司；西南总部，成都芗园永和食品发展有限公司；华南总部，上海弘奇永和深圳分公司；东北总部，大连永和餐饮管理有限公司。今年，永和国际集团已在东北建设大豆基地，确保源头大豆品质，并申请绿色食品及有机认证，提升企业形象及产品价值。

永和豆浆的中国大陆总部设于上海，分五大区块设立区域总部，各省市公司为独立组织，实行传统食品批发经销通路。选择当地比较强的通路商。协助经销商控制并主导价格，并做好物流送货。在各相关展会寻找各地代理商销售台湾进口豆。每年会举办讲习及教育训练，包括市场经营、陈列产品、商场规划布置，等等。

① 官敬杰．永和豆浆整合营销传播案例研究．上海交通大学硕士学位论文，2010.

永和豆浆与其他食品业的同行不同的是，它并没走制造生产或 OEM 代工的模式，反而走上了连锁加盟的模式。特别的地方更在于它以品牌先行为导向走入了市场，在短短的十年之内，不只超越了其他同行，更是名扬四海，走进国际化。

如今有着全国近 400 间的直营及加盟店并且数百位的经销商，一起推广着“中国风、台湾味、两岸情”的永和豆浆文化，也成为大陆同胞最喜爱的台湾品牌之一。

2. 加大扩张力度

同很多受商标困扰的品牌一样，永和豆浆开店提速的直接动因，来自仿冒者在市场上的竞逐。“如果我们再不加快开店速度，一些山寨‘永和’在规模上就要超过我们了。”林炳生说，现在市场上模仿“永和”的店，大大小小已经有千家。

以前，永和豆浆在内地发展的重点是华东、华北和华南市场。2009 年以来，先后在重庆和西安成立了分公司，拓展西南和西北市场。目前永和豆浆的 380 家店中，直营与加盟的比例约为 1∶9，未来将重点提高直营店的比例。“千店计划”提出后，对于门店的选址，永和豆浆也作了相应的调整。以前永和豆浆的门店多开在商场，未来公司将允许加盟店开到居民区。

在对门店数量做加法的同时，永和豆浆加强了加盟店体系营运系统和督导系统，剔除一部分不符合公司新的运营体系的加盟店。在营运和督导方面，林炳生引入了一些有西式快餐经验的管理人员，在中央厨房模式的前提下，提出了一系列的门店营运要求，如产品更加标准化，新的出餐流程要求顾客点餐后 5 分钟内做到快速出餐，减少与麦当劳等西式餐饮连锁在出餐时间上的差距。

对于加盟店而言，一个很大的转变是，在中央厨房体系之前，加盟商只要按照永和豆浆产品制作流程，可自行采购原料。在建立中央厨房后，永和豆浆要求加盟商直接采购其半成品。这一改变的好处是增加了产品的标准化，加强了公司对加盟店的控制，但很多加盟商认为这是公司削弱加盟店利润空间的举措。林炳生对执行这一模式的决心很大，如果加盟店达不到公司的这个要求，公司将直接剔除其加盟资格。“剔除资格后他愿意做豆浆还可以做，但不允许再用永和的招牌。”

3. 区域发展商模式

烟台永和豆浆（以下简称烟台永和）第一家胜利路分店建于 2000 年 3 月 11 日，截至 2006 年末，永和豆浆在烟台已有 7 家直营连锁店和县、市、区 3 家加盟店。烟台永和豆浆的主营业务是中式快餐，注册资本 800 万元，正式职工 960 人，2007 年末 7 家直营店总销售额 2690 万元，在烟台地区快餐业市场占有率位居第一。烟台永和隶属烟台润邦餐饮有限责任公司，是润邦旗下的第一品牌。

2000年初，烟台永和三位股东共出资90万元建立第一家分店，在随后6年时间里，永和豆浆在烟台迅速发展，在烟台地区的快餐销售市场占据龙头位置。烟台永和的经营服务理念是“以顾客满意为中心”，经营健康、速食新风味的中华美食，将“永远的朋友、和乐的家庭”作为公司的服务宗旨。凭借精良的技术及对健康品质的坚持，在与洋快餐的激列竞争中，迅速成为烟台早餐及中式餐饮连锁的代名词。

历时6年的艰苦创业，通过不懈的努力，烟台永和在理念上满足了人们对健康早餐的诉求。同时，烟台永和对品质的坚持，赢来了顾客的信任和喜爱，除拳头产品：豆浆、油条外，永和的葱油饼、牛肉面、各式套餐、各类凉菜均深受欢迎，永和豆浆已成为无数上班族早餐、中餐的首选。为保持各分店品质如一，永和豆浆还于2002年设置了中央厨房，实现了半成品的统一配送，保证了所有产品质量、分量的统一。不仅如此，中央厨房集中了大量的精英技术团队，为员工的培训和产品的研发建立了基地，保证了永和豆浆的不断发展和更新。

烟台永和在八年多的营运过程中，通过不断的探索，已逐步形成一套完善的餐饮业管理制度。在烟台永和总经理的统筹下，实行副总经理分管制，各店店长负责制，店内又下设领班和厨师长，实现了各分店的垂直管理；副总直接管理办公室、中央厨房和中心库房，副总下面设助理岗位协助工作，同时设置财务部、采购部、人事部、保安部、后期部，保证一线的正常运转。分店的垂直管理和各后勤部门的平行协助，通过这种方式，确保了管理的高效、快捷、统一。2003年，烟台永和豆浆获得了总部授予的区域代理权，在做好直营店的同时，也支持发展了如莱阳、龙口、蓬莱的加盟店，并且取得了良好的业绩。在快速的发展下，烟台永和力推中式快餐，努力发展连锁分店，以满足消费者饮食便利，提供健康速食新风味，提供服务品质满意度及提供24小时服务连锁经营四大诉求，创造出烟台中式餐点连锁的第一品牌。

点评：

永和豆浆特许经营，一个很大的转变是，在中央厨房体系之前，加盟商可按照永和豆浆产品制作流程自行采购原料。在建立中央厨房后，永和豆浆要求加盟商直接采购其半成品。这一改变的好处是增加了产品的标准化，加强了公司对加盟店的控制，但很多加盟商认为这是公司削弱加盟店利润空间的举措。林炳生对执行这一模式的决心很大。

特许体系总部，不能依靠产品、原料、支持服务这些方面作为利润的来源，特许人给加盟提供公共产品，在加盟费、忠诚费中已经收取，而且不是按照门店的利润收取的。即使有一部分持续的服务支持，如果没有实现收取，也可以以服务费形式收取，但是不是作为获取利润的手段。7－11 的做法是向门店推荐供应商，而麦当劳出租的门店，也是因为市场上的租金升值了，才向加盟店多收租金。这里的标准就是产品和原材料按照市场定价，按照这个标准，受许人才能接受。

还有一个误区是作为商业模式特许体系（除非是产品和商标型特许），不能单纯卖产品赚取高额利润。你把产品和原材料高价卖给加盟店，以此作为利润来源，你就没有了改善特许体系经营管理模式，包括支持服务体系的动机。有一个解决的办法，就是特许企业将原材料、包括半成品的供应委托给第三方，麦当劳的鸡肉、面包、土豆都是第三合作企业生产的。而永和豆浆向上游延伸，自己充当供应商，实际操作企业很难舍弃在向加盟商提供产品中争取利润的动机。第三方供应产品和原材料，其好处在于价格的市场化，而不是特许体系总部依靠自己的地位采取的搭售等不当竞争行为。这是促进原材料价格市场化的一种机制，单纯的原材料供应，如果没有价值创造，不应该获得很高的利润。

从邱先生引进台湾永和豆浆品牌的情况来看，这是一种许可方式，因为在台湾永和豆浆这个品牌并不是连锁经营店，在中国大陆是开创性的，连锁经营店是邱先生自己创造的，只不过使用了永和豆浆这个产品的知识产权、商业秘密而已，因此在特许体系为零的情况下，用许可或者主特许方式，并不现实，主要的问题是创新的成果——这个特许体系的所有权属于谁，如果期限足够长，或许能缓解矛盾，但是创新，特别是特许体系的创始，风险无法估计，收益不好权衡。以许可方式引进国际品牌，可以参考伊藤洋华堂将 7－11 便利店引入日本的做法，即在本地建立特许体系后，许可方一般不敢轻易终止许可协议，否则被许可人很容易在本地重新创立一个新的特许体系，继续经营原有业务。

案例9 Wendy's

一、 Wendelta Inc. [①]

Carlisle Corporation 是一家专业的酒店管理公司，专注于领先的特许经营和房地产开发。它的全资子公司 Wendelta Inc. 是一家领先的 Wendy's 特许经营者，在美国四个州拥有 97 家门店，收入在 Wendy's 特许体系中稳居榜首。

Carlisle 公司采用了后勤办公服务和软件（Syrus Restaurant Information Services），以做出明智的业务决策，减少食物和劳动成本和更快地访问信息。Carlisle Corporation 的董事长兼首席运营官 Chance Carlisle 解释说："以前为我们的门店配置一个优质的产品组合需要一个星期，现在使用 Syrus 可以立刻得到。而且我们有一周时间分析数据。在使用 Spicy Nuggets 的所有 96 家门店中，我们可以识别菜单组合的趋势以决定价格策略，评估产品效果，可以看到我们广告费用花到什么地方了。过去决策没有凭据，全凭感觉。借助 Syrus 信息，我们可以做出策略，并且验证或推翻。对于我们这样规模的公司做这些分析如此迅速，真是了不起。并且，存在巨大的食品成本节省机会。经理使用全部 Syrus 工具，比如每日目标和准确的准备和厨师图表。"

每位经理有区别地使用 Syrus 来改善他的门店绩效。在综合报告帮助下，区域经理现在有能力根据门店具体情况管理每家门店，能够迅速根据各家店的需求来调整他们的管理方法。不是所有门店都有食品成本问题。他们督导最严重的犯错，然后集中纠正这些问题，如劳动。通过有针对性的专门提升，经理们经营更加有效率，门店财务状况得到改观。Chance Carlisle 希望充分利用门店之上的报告以实现更好的决策，希望在顶层业务回顾中使用这些数据。我们不再将 96 家

① 96 - Store Wendy's Franchise Organization Implements Syrus for Back Office Reporting, February 12, 2010, http://www.techcolumbus.org/96 - store - wendy% E2% 80% 99s - franchise - organization - implements - syrus - back - office - reporting.

门店当作1家来管理。现在，我们将有准确的信息来看到人口趋势和发现为什么一些门店做得比其他门店好。我们将可以评估新员工的效果和我们培训的效果，并去理解菜单定价是怎么影响不同门店的。我们有一整套不同的基准。Chance推荐Syrus给所有者，建议他们将看到一个巨大的价值。Syrus让我们能够将专注于从自上而下地驱动业务，这对我们公司的高管，区域经理以及新提拔的总经理都是一样的。

二、The Briad Groupde 的历史①

Briad Restaurant Group LLC. 成立于1987年，目前公司旗下的冰激凌店已不复存在，Briad现在管理着餐厅、酒店连锁，并向购物中心开发与经营方向拓展。

人们熟知Briad的业务集中在三大领域：一是快餐服务，经营着Wendy's Old Fashioned Hamburgers餐厅；二是休闲餐厅，监管T. G. I. Friday's餐厅；三是住宿业，即在Marriott和Hilton品牌下经营的酒店。2009年，Briad开始经营Promenade Shop sat Clifton，一家生活式购物中心。

在经营斯蒂芬冰淇淋店第一年期间，Briad在北不伦瑞克开了一家Roy Rogers餐厅。1994年没有继续经营那个品牌，因为Briad成为Wendy's Old Fashioned Hamburgers的受许人，Briad将很多RoyRogers转换成了Wendy's品牌。现在Briad在新泽西州、纽约州和宾夕法尼亚州经营42家Wendy's门店，并计划在其他地区开更多门店。

转机之战②——Wendy's/Arby's Group的CEO Roland Smith正在面临转机之战，摆在面前的是一条艰难的道路。作为亚特兰大Wendy's和Arby's连锁企业的母公司，以及都柏林Ohil基地Wendy's管理团队的领导人，Roland Smith正在肩负着排名第三位的汉堡品牌的转机之战，面对竞争对手麦当劳、汉堡王（Burger King），Wendy's一直在丢失市场。加在Smith身上的挑战，还有整个餐饮业面临的史无前例的销售和成本压力。

Brad Honigfeld是The Briad Group的CEO，而The Briad Group是Wendy's最大的受许人，Brad Honigfeld说Wendy's的受许人中还有令人激动的事情。Wen-

① http：//www. briad. com/history.

② Sarah E. Lockyer. Wendy's/Arby's CEO Smith Faces Turnaround Battle，November 16，2008，http：//nrn. com/article/wendy%E2%80%99sarby%E2%80%99s - ceo - smith - faces - turnaround - battle.

dy's 连锁企业正在面临挑战，不过如此而已。连锁在未来岁月有望显著提高，特别是 David Karam 出任董事长的情况下。Karam 长期以来就是 Wendy's 的受许人，同时也从事过连锁的收购拍卖。很多受许人跟 Wendy's 管理团队不能长期愉快相处，那个时候他们说，从品牌创始人 2002 年去世后，他们迷失了方向，并被公司的销售分散了注意力。但 Smith 产生了良好的愿望。

Smith 说道："他意识到很多受许人最关心的是利润，并且将致力于以某种方式增加销售，提高底线。但是价值定价，像 Wendy's 最近 99% 的推广，需要有竞争力，连锁特许看到它的价值菜单和食物成本，因此质量和利润是最优先考虑的。" Wendy's 从它有价值的菜单中派生出 25% 的销售额，比同行高出 1 个百分点，通常争取销售值从 10% 到 15%，从量、价格或菜单中来。必须聚焦在当今市场容量，聚焦在这个价值点上，我们将不聚焦到其他品牌。

Smith 同样认识到 Wendy's 的文化已减弱了，并对连锁销售产生了敌意感，Wendy's 以 20 亿美元收购 Peltz，但是 Wendy's 旷日持久的收购过程让受许人（morn - and - pop）和 Dave Thomas 家庭反对投资泰坦 Peltz。

Smith 高度赞扬 Peltz 和他的领导才能，他很钦佩 Dave Thomas，因为 Dave Thomas 给 Wendy's 注入的价值，包括廉正、问责制、团队精神和尊重，也充分体现了决心和承诺。

三、Valenti Management[①]

Valenti Management 目前拥有并经营着 112 家 Wendy's 门店，在田纳西州、密西西比州、阿肯色州、密苏里州和宾夕法尼亚州，它是一家垂直整合的公司，设有自己的市场营销、人力资源、信息技术、培训、业务、会计、维修、房地产开发部门。

1999 年，Valenti Mid - South Management 收购孟菲斯的 Wendy's 餐厅，并不断投入现金、设备、人员，现在它正在收获这些利益。公司做出了巨大举动切入快餐市场，承诺将提高员工收入，并向从 Wenco Franchise Management 收购的孟菲斯地区 54 家门店投资 1000 万美元。"但是，最终公司加速了投资步伐，因为一些餐厅破落的经营条件。" 据 Valenti Mid - South Management 的首席运营官说。一揽子收购的门店中有的建筑过时，有的人员不足，还有的设备需要更新。

① Tara Milligan, Memphis Business Journal, Sunday, June 10, 2001, http: //www. bizjournals. com/memphis/stories/2001/06/11/focus6. html? page = all.

我们现在正在从这些投资中受益。1999 年，Valenti 在排名 100 家私人公司名单中位于第 64 位，估计收入 5700 万美元，但是 2000 年升到了 60 位，估计收入 6000 万美元。收入估计来自行业认识和其他资料。Valenti 不会公布确切的收入数字。

公司计划未来五年再投资 800 万 ~ 1000 万美元以改善餐厅设施和设备，但是 15 个月后，他们已经投资了 500 万美元。公司在现有餐厅，未来一年内将投入 200 万美元，并且在未来两年再投资 750 万美元。“Valenti 更新了餐厅的建筑、改善了技术和设备，但是优先级最高的是人。”

Valenti 提高 10% 的薪水和奖金，开始为员工提供医疗保险和 401（k）退休基金计划，雇用更多的经理和员工，在培训上投入更多。

Valenti Management 的副总裁兼 CFO Steven Nesbitt 说：将餐厅与其他 Wendy's 组合看齐，刚开始是很困难的，但是公司官员认为通过这些改善，能够带来销售量的巨大增长。艰难的工作是值得的。

Nesbitt 说：餐厅已取得令人难以置信的业绩，去年五月开始产生销售量的增长，并且从此开始扎实增长。销售增长已超过 12%。

Valenti Management 由 DarrellJ. Valenti 领导，是一家经验丰富的受许人，曾经是最大的 Taco Bell 餐厅受许人，当前拥有 99 家 Wendy's 餐厅，还有另外 3 家正在建设中。

Grant 说：Valenti 是全美第二大或第三大的 Wendy's 受许人，他们的目标是增长到 200 家，在未来几年成为 Wendy's 最大的受许人。

负责房地产和 Valenti 开发的副总裁 Underwood 说，公司大部分增长来自收购现有的 Wendy's 餐厅。Underwood 说：“那是迅速增长的一条途径。”在非连续的区域，公司宁可只收购其他拥有 15 家以上餐厅的经营机构。

在新店开发方面，公司寻找那些视野好、交通好、易进入、白天就业量大的地点。但是即使是理想的人口条件不能取代顾客服务，公司同时也开始强化服务。Grant 说：给顾客的噱头从长远来看是没有用的——运营和优质的质量才是正道。

Grant 说：“自从 Valenti 接管以来，本地餐厅的服务响应时间下降了 50%。我们正在通过真正的努力来提升服务，我们已经取得了进展。我们想给顾客带来最好的体验。”

他说在像孟菲斯这样一个竞争性的市场，那些做法是重要的。许多比孟菲斯更大的城市，只有四五个汉堡快餐竞争者。但在孟菲斯，有 8 个，还不包括非汉堡快餐经营者。

Grant 说道：“另一方面，竞争让你做得更好，你或者起来挑战，或者出局。”

Valenti 全面检查了它买的所有餐厅，但还有许多孟菲斯市场的事情让 Grant 吃惊。Grant 说为自己如此喜欢这座城市而吃惊，员工超过了他的预期。

他说："人们太有才了，他们对自己的工作有个很好的承诺，我们所有人不得不给他们提供方向和给他们工具。"

Grant 希望一起成为最大的受许人，Valenti 的目标是成为在当地快餐市场的首选雇主。

他说我们希望成为一个理想的工作场所，虽然快餐有个形象问题，但是我们为人们提供巨大的机遇，并且我们认为人们会为此感到吃惊。

四、Wendy's Cedar Enterprises[①]

1975 年 Cedar Enterprises Inc. 作为 Wendy's of Las Vegas Inc. 开始运营。公司创始人 Joseph D. Karam 个人认识 Dave Thomas，后者是 Wendy's International Inc. 的创始人，他们是在社区的慈善活动中认识的。

他们友谊长青，Dave 正在寻找投资来发展 Wendy's，他很自然地找到了 Joe。Joe 参加了一家投资俱乐部，选择一部分资产用来投资 Dave Thomas，以帮助 Wendy's 起步。当 Wendy's 成长起来并决定上市时，投资俱乐部决定将他们的投资转换成内华达州克拉克县（Clark County，Nevada）的特许经营权。

在确保特许经营权后，Wendy's of LasVegas 开了第一家门店，位于拉斯维加斯的内华达大学的附近。门店随着公司的发展而发展。随后 11 年，Wendy's of Las Vegas 又建立了 12 家门店。1986 年 Joe 将他儿子 David 以及 CPA，带入公司，以提高会计和信息系统。David 已有充分准备，他已经非常精通 Wendy's 体系，因为他在高中和大学已储备了在 Wendy's 的工作能力。

David 来公司后立刻看到了业务潜力并实施了积极的成长和经营策略，正如在价值观中附加的概述一样。接下来两年，公司增加了 5 家新门店并开始搜索潜在的收购对象。1989 年 7 月公司完成第一桩收购，就是用股票收购 Wendy's of San Antonio，Inc. 拥有的 21 家 Wendy's 门店。

公司继续在这两个市场发展门店，直到 1993 年从 Wendy's International 手中收购了在印第安纳波利斯、印第安纳州区两个市场的 17 家门店。在印第安纳波利斯收购完成后的很短时间内，成立了 Cedar Enterprises 作为管理各种分支机构

① http：//www. cedarenterprises. com/companyInformation.

的控股公司。

1998 年 7 月公司收购了在西雅图、华盛顿地区两地的 17 家门店。和印第安纳波利斯收购相似，这些门店也是从 Wendy's International 公司买的。直到 2002 年 4 月 15 日，Cedar 完成了在康涅狄格州哈特福德地区的 20 家门店收购，也是来自现有受许人。

Cedar Enterprises（或者它的一家分支机构）实质上已经获得了 Wendy's International 授予受许人的每一个主要奖项。从著名的最高特许体系受许人排名的创始人奖到年度市场营销奖，Cedar 家族在 Wendy's 得到高度认同。The Restaurant Finance Monitor 将 Cedar Enterprises 列为国家 19 世纪最大的特许经营餐饮公司（Franchised Restaurant Company）。

五、BR Associates[①]

2011 年 4 月 22 日，在印第安纳的戴尔（Dale），新的 Wendy's 餐厅已经完工并准备开业，这家餐厅将由 Ryan Patmore 管理，他领导 6 名管理人员和 24 名员工负责此餐厅。Wendy's 分支机构的运营总监 Randy Phillips 说："我们非常激动将 Wendy's 高质量、丰富菜单和价值带给戴尔，这将是一家漂亮的新餐厅。"

Wendy's Old Fashioned Hamburgers 成立于 1968 年，由美国俄亥俄州哥伦布市的 Dave Thomas 创立。Wendy's 餐厅有名的菜包括鱼、定制汉堡和鸡肉三明治、沙拉、烤土豆、辣椒、冷冰和其他流行的日常有价值的菜单。

Wendy's 受许人 BR Associates Inc. 经营 34 家 Wendy's 餐厅，分布在印第安纳州和肯塔基州，包括戴尔地区。BR Associates 在 1976 年收购他们第一家 Wendy's 门店。

① New Wendy's Opens With Fanfare in Dale, April 22, 2011, Immediate Release, http://brsidal.com/PressReleases/NewDaleWendys.pdf.

六、Pilot Travel Centers LLC[①]

2007年2月 Bridgeman Foods 以1130万美元，将东南威斯康星州的15家 Wendy's 资产出售给 GE Capital Solutions Franchise Finance。在橡树溪办公室的 Bridgeman Foods 发言人 Paul Thompson 称，肯塔基州的路易斯维尔人，快餐厅连锁的前所有者 Milwaukee Buck Junior Bridgeman，将把资产租回来。这桩交易是公司财务重组的一部分。密尔沃基地区有一打的 Wendy's 参与重组。其中两家在基诺沙，另一家在拉辛。

Bridgeman Foods 的近两百家餐厅，绝大部分是 Wendy's 特许经营门店。2004年，公司从 GE Capital Solutions Franchise Finance 抵押1900万美元收购10家位于密尔沃基和麦迪逊和5家位于圣路易斯的 Chili's 门店。

获得1900万美元贷款后，公司的五年计划是收购45家以上新餐厅。Bridgeman Foods 是全美最大的 Wendy's 受许人之一，门店主要分布在肯塔基州、威斯康星州、伊利诺依州、田纳西州和佛罗里达州地区。

亚利桑那州斯科茨代尔地区的 GE Capital Solutions Franchise Finance 是一家1100万美元的公司，业务集中在餐厅和酒店领域的特许经营的金融服务。公司贷款主要用于收购、新建、再融资和重树形象。

Bridgeman Foods 在橡树溪 2025W. South branch Blvd.，Bridgeman Foods 与 Black Bear Beverages Inc. 共用一个办公室，后者是苏打水和瓶装水公司。Junior Bridgeman 在餐饮企业中拥有1/3的份额。

点评：

利用软件对门店进行针对性的管理，软件大大地扩大了管理幅度。Wendelta Inc. 作为97家 Wendy's 门店的受许人可以做到，而其他几十家门店的受许人也可能做到这一点。对特许人而言，总部管理幅度过大，分支机构在本地资源、本地市场方面知识不足，以及标准化、统一化程度过高，可能很难做到这一点。

以 Wendy's 为代表的美国特许经营，门店交易非常普遍，而往往是以区域若干门店为单位进行交易。这些市场交易，提供了门店的价值新增点，门店所有权的

① Pete Millard. Bridgeman Foods sells 15 Wendy's Properties for $11.3 million, Premium content from The Business Journal, Last Modified: Thursday, February 22, 2007, http://www.bizjournals.com/milwaukee/stories/2007/02/26/newscolumn1.html? page = all.

流动使得门店经营的价值能够得到最大限度地发挥。同时，充分的市场交易，也为受许人提供了退出机制。而且很多受许人是通过很多次的收购发展成为大型受许人。

Carlisle Corporation 经营管理方面的努力表现在对经营管理软件的应用，这种应用使得受许人能够有针对性地、实时地管理旗下的 96 个门店，大大提高了管理效率。而 Valenti Mid – South Management 收购 54 家门店后的大胆而及时的投入取得了良好回报，这表明受许人拥有决策权的重要性，这和受许人拥有门店所有权、拥有充足的资本、管理能力强、有创业精神都是分不开的。

Wendy's 在美国这样发达的特许经营环境中，发展多店特许并取得成功具有一定的代表性。特许人本地合作伙伴的收购、再投资、软件应用和方法创新，这些对我国发展多店特许经营有一定的启发。多店受许人只有不断地通过管理创新，对特许经营门店进行再投资，搞好经营管理，才能创造出比单店受许人更好的业绩。

案例 10　APPLEBEE'S

一、Thomasand King

1. 总裁兼 CEO 看法①

位于肯塔基州列克星敦的 Thomasand King 总裁兼 CEO Scanlon 说："我喜欢餐厅的活动和不动产的策略。对我来说，这是大奖生意。"他在 1988 年开了他第一家 Applebee's 餐厅。

Scanlon 从他离开大学起就开始从事不动产和餐厅事业。他曾作为餐厅经理为 Wendy's、MCL Cafereria、Denny's 以及 Sambo's 工作过。后来他花了 5 年的时间来为 Tom Dupree 选择店址和不动产，这是一家 Burger King 多店所有人，在 1985 年成立了 Apple SouhtInc.，并最早，后来是最大的 Applebee's 受许人。在 1996 年开始出售它们之前，Dupree 拥有 264 家 Applebee's 餐厅。

目前，Scanlon 拥有 90 家 Applebee's 餐厅。Scanlon 在他拥有的餐厅中有一半多的不动产，但它不总是这样。当 20 年前他成为一个 Applebee's 受许人的时候，他租赁土地。他说："当你开始的时候很年轻，你做你能做的事情。"Scanlon将他的成功归为两点：热情和专注。他说："我们在做充满热情的事情。"虽然他对不动产的热情，但他清楚了解不动产的优先级。他说建一个不动产帝国是件好事情，但是目标总是产生一个高容量的门店并产生现金。

几年前，在 Applebee's 上接近了该领域的饱和点，Scanlon 知道他必须另辟蹊径。他说："最终我知道用光了空间。"经营其他品牌的问题是你已经作为受许人从事 Applebee's 经营，就好像你在舞池里已经在和一位漂亮女孩跳舞一样。它的利润和市场认可是一个现象。很难找到其他更好的。

他尝试了几个舞伴，Rio Bravo 和 Huddle House 就是这样的两个，直到他找

---

① EDDY GOLDBERG. It's About Wow：Keeping The Customers Coming Back Requires Constant Change, Area Developer, 2008 Issue 2.

到一个新的他可以坚持的：Johnny Carino's，现在叫 Carino's Italian Grill。该品牌的食物可口、出众。他说在经营这个特许品牌之前一年我们就在谈论它。这个业务很好。

他仍旧说脱离自己的初恋并不容易。Applebee's 仍是皇冠上的明珠。即使在经济萧条时期也是这样，它是这个城市里最好的。

2.11 门店交易①

2003 年 1 月 23 日，Applebee's International Inc. 宣布它和现有受许人 Thomasand King Inc. 达成协议，以 2320 万美元的现金收购了 11 家 Applebee's 餐厅的资产（在交易结束时，可以调整）。餐厅分布在伊利诺伊州、印第安纳州、肯塔基州和密苏里州。

总裁兼首席执行官 LloydL. Hill 说："我们成长的策略的一部分是使用我们强大的预算表和大量自由的现金流来收购。这些餐厅与 1997 年获得的市场相邻，并且他们的增加将提高我们餐厅在地理和经营上的协同。"

2002 年这些餐厅可销售额比整个体系的高些，平均每周的销售额超过 44000 美元。我们相信在这些餐厅所在位置的区域将最终支持总共超过 15 家 Applebee's 餐厅。我们欢迎这个协会团队和他们 Applebee's International. 的强大经营文化。

收购这些餐厅预计在 2003 年第一季度晚些时候完成，且须取得经营许可和其他第三方同意。公司期望增加这些餐厅将小幅增加 2003 年财政年度的收入。

Thomasand Kingis 拥有 7 个州 85 家餐厅，是当前 Applebee's 最大的受许人。出售完成后，ThomasandKing 将继续经营亚利桑那州、肯塔基州和俄亥俄州的 Applebee's 餐厅。

二、Apple American Group LLC②

Apple American 在 1998 年由它现在的总裁兼 CEO Greg Flynn 创立。他是 Applebee's 体系成长最快的受许人，仅是过去 3 年就建立和收购了超过 147 家餐厅。随着企业持续的增长，Apple American 始终致力于让它的每家餐厅保持真诚

① Applebee's International Enters Into Agreement to Acquire 11 Franchise Restaurants, Jan. 23, 2003, http: //www.thefreelibrary.com/Applebee's + International + Enters + Into + Agreement + to + Acquire + 11... – a096734807.

② IHOP Corp. Announces the Sale of 41 Company – Operated Applebee's Restaurants in Southern California and Nevada, Mar 19, 2008, IHOP – Investor Relations – News Release, http: //www.appleamerican.com/documents/news/IHOPSells41toAAG.pdf.

的邻里关系，能够反映每位顾客、职员和社区的需求。

为了实现这点，Apple American 被建立在大幅度非中心化的业务模式上。每个地理区域由一名市场主管来领导，他（她）在经营方面高度自治，只要接受总部的行政和财政支持即可。地方大权结合深度的资源和高标准，Apple American Group 致力于成为 Applebee's 一流的特许经营实体。通过这些我们为顾客提供良好的休闲用餐体验，为员工提供职业发展机会，为股东提供优越的利润。

2008 年 3 月 19 日，IHOP Corp. 宣布它已经与 Apple American Group LLC 达成一项 41 家公司的 Applebee's 餐厅的交易协议，这些餐厅分布在南加州和内华达州。协议反映在两个最终资产交易合同中，一个是南加州市场，另一个是内华达州市场。协议同时提供了在这些市场上未来发展特许餐厅的权力，也就是到 2012 年底在南加州和内华达州新建 14 家 Applebee's 餐厅。交易的财务细节没有公布。

IHOP Corp. 的总裁和 CEO Julia A. Stewart 说："我们很高兴宣布出售第一个我们的直营市场，这是我们将 Applebee's 转化为更多采用特许经营的战略需要。这些市场的竞拍过程以选择 Apple American Group 为结果，将这些餐厅交给一家优秀的特许经营者，也为这家领先的餐厅开发者在 Applebee's 体系内提供了增长机会。"

Apple American 的创始人 Gregory G. Flynn 也是总裁和 CEO，他说："作为 Applebee's 最大受许人，我们很高兴通过收购这些餐厅成为他们第一位伙伴来扩展我们的关系和强化对 Apllebee's 的品牌承诺。这也让我们能够改善基础设施水平，给我们提供一个机会来实质性地参与 Applebee's 品牌振兴。Applebee's 的新主人 IHOP Corp. 和旨在复兴这个品牌的领导方法是我们做出收购决策时的重要因素。我们对公司未来前景非常期待，期望和管理方密切合作，以改善 Applebee's 品牌绩效。"

2008 财政年度前期公报显示 IHOP Corp. 对再出售 100 家公司直营的 Applebee's 餐厅并获得总共 900 万到 1 亿美元税后现金充满信心。公司计划主要使用公司直营的 Applebee's 餐厅出售后的特许经营所得收入来偿还公司控股资金债务，除去其他义务。另外，IHOP Corp. 的目标是到 2008 年财政年度，完成额外 60 家 Applebee 公司直营餐厅交易的承诺。

从 1988 年经营 Applebee 肯塔基州列克星敦的单个门店开始，Thomas & King 现在经营着 88 家 Applebee's 和 7 家 Johnny Carino's 餐厅，分布在亚利桑那州、印第安纳州、肯塔基州、俄亥俄州和宾夕法尼亚州。

Am Rest 成立于 1984 年，是 Applebee's Neighborhood Grilland Bar 的第一个受许人，目前在 8 个州拥有和经营超过 100 家餐厅，是全球最大的 Applebee's 的受许人之一。其成功归结于：从餐厅经理和职员到餐厅支持团队，他们一贯践行对公司和 Applebee's 品牌的承诺。2007 年，加入 Am Rest 系列，后者是全球几个国家独立的餐厅经营者。受到“一切皆有可能”文化的启发，这次收购开启了公司未来的成长和个人的发展。

T&K 已经发展多年，从列克星敦 Appleb's 的单店受许人，到现在 89 家 Applebee's 和 6 家 Johnny Carino's Italian Grill 餐厅，分布在亚利桑那州、印第安纳州、肯塔基州、俄亥俄州和宾夕法尼亚州，T&K 已是 Applebee's 第三大受许人和美国餐厅业第 16 大受许人。

除了列克星敦的两家餐厅，T&K 同时也在重新装修其他家餐厅，有几家已经完成。

截止到 2012 年 7 月 1 日，Apple American Group LLC 拥有和经营着大约 337 家 Applebee's Neighborhood Grill and Bar 餐厅，分布在加利福尼亚州、特拉华州、印第安纳州、缅因州、马萨诸塞州、明尼苏达州、内华达州、新罕布什尔州、新泽西州、纽约州、俄亥俄州、宾夕法尼亚州、罗得岛州、佛蒙特州、威斯康星州、华盛顿州和西弗吉尼亚州。它以 8.5 亿美元的收入和直接雇员 2 万人的规模，成为 Applebee's 最大受许人的位置，同时也是世界各类品牌的第二大受许人。①

三、CNL Restaurant Group

1998 年 9 月 9 日，CNL Restaurant Group 宣布其已经通过 Wisconsin Hospitality Group LLC of Mi lwaukee 发起和完成了 3300 万美元的融资以收购 19 家Applebee's餐厅。威斯康星州市场源自 Apple South Inc. 'sportfolio。Wisconsin Hospitality Group LLC 总裁兼 10 家 Taco Bells with Dill on Foods Inc. 的所有者，Mark Dillon 说道：“当今餐厅业存在巨大的成长和多样化的机会，CNL 明白这个多样化的动态并在他们的融资中提供有经验的柔性。Applebee's 在我们业务策略中是一个重要的收购。”②

CNL Group Inc. 子公司 CNL Fund Advisors Inc. 的首席运营官 John Walker 说道：“CNL 很高兴将他们与餐厅经营公司（像 Wisconsin Hospitality）看齐，后者

① http://www.appleamerican.com/about/aboutUs.aspx.

②Business Editors，CNL Originates $33 Million for Applebee's Acquisition by Wisconsin Hospitality Group，Business Wire [New York] 09 Sep 1998：1.

拥有强大的基础设施和操作技能，他们从创造投资机会的能力中获得收益。"①

Wiscon Sin Hospitality Group, LLC. 收购了位于威斯康星州的 18 家餐厅，Woodl and Group Inc. 收购了 16 家位于 Nashville and Bloomin' Apple 的餐厅，LLC 关闭了四家伊利诺伊州罗克福德餐厅。这三桩交易在 1998 年 8 月 24 日完成。②

1998 年 1 月总裁兼 CEO，TomE. DuPree，Jr. 说："我们期望 8 月底大幅度退出 Applebee's 业务。我计划将 161 家餐厅出售，80 家在合同中并期望很快关闭，而 38 家两个市场的餐厅我们已经有了书面报价。我们正在评估或者接受当前的书面报价，或者在最后这两个市场征求其他出价。在任何情况下，公司将继续期望大约 4 亿美元的净收益项。"③

2001 年 12 月 10 日 Apple American Group LLC，一个新形成的 Applebee's International Inc. 受许人，宣布它收购了 73 家现有 Applebee's Neighborhood Grill&Bar 餐厅，分布在俄亥俄州、印第安纳州、新泽西州、特拉华州、华盛顿州和不列颠哥伦比亚省，使之成为 Applebee's 体系群体中最大的一个受许人。它同时收购了 7 家位于华盛顿州、新泽西州、特拉华州和俄亥俄州的餐厅。出售由俄亥俄州克利夫兰的 Strang Corporation 管理的一组实体和华盛顿州西雅图的 Franchise Equity Capital LLC。④

Apple American Group 雇佣了大约 4700 人，并产生了大约 1.8 亿美元年销售额。公司打算在他当前受许的所有区域积极地发展 Applebee's 餐厅。⑤

Apple American Group 由主席和 CEO Greg Flynn 创立，他的主要办公司在旧金山。1998 年，Mr. Flynn 同时也组建了 Franchise Equity Capital LLC 以在华盛顿州发展 Applebee's。他说："我们经营已收购的 Applebee's，将秉持同样的热情和忠诚，坚持过去获得如此成功的方向。我们将继续支持业务所在的社区，并保持邻里关系，使得 Applebee's 成为一个有趣的家庭和朋友获得美好就餐体验的地方。"⑥

Apple American 交易的组合融资主要由 GS Capital Partners 2000 提供，它是一个由 Sachs&Co. 管理的 52.5 亿美元的私有股权基金。债务融资由 Fleet Bu sin essCredit，LLC. 领导的银行财团提供。Applebee's International Inc. 总部位于堪萨斯州欧弗兰帕克，在 The Applebee's Neighborhood Grill&Bar 品牌下，发展特许经营，它是世界最大的休闲餐厅品牌。当前有 1385 家 Applebee's 餐厅，分布在 49

①③⑤⑥Business Editors, CNL Originates $33 Million for Applebee's Acquisition by Wisconsin Hospitality Group, Business Wire [New York] 09 Sep 1998: 1.

② Apple South Completes Sales of 38 Additional Applebee's Neighborhood Gril & Bar Restaurants, PR Newseire [New York] 28 Aug 1998: 1.

④ Apple American Group LLC Acquires 73 Applebee's Restaurants; Becomes One of the Largest Applebee's Franchisees, Business Editors. Business Wire [New York] 10 Dec 2001: 1.

个州和8个国家。①

在GS Capital Partners投资Apple American Group LLC不到1个月的时间里，美国最大的Applee's特许人拥有270家餐厅，同意从Dine Equity Inc. 购买66家餐厅。这项交易将给Dine Equity（拥有Applebee's和IHOP品牌）带来净所得款项4900万美元。Dine Equity称交易中的门店位于美国马萨诸塞州、新罕布什尔州、缅因州、罗德岛州、佛蒙特州和纽约地区，当时平均每个门店销售额是210万美元，经营的毛利率是11.5%。②

根据LBO Wire的报告，Weston Presidio's投资在Apple American迄今大约产生了2.5亿美金收益，或者说是它公司中股权投资的2.5倍。Apple American和GS Capital Partners管理层不能对此事发表评论。位于俄亥俄州的AppleAmerican是独立公司，2001年已从高盛获得5000万美元以组成资金收购73家Applebee's餐厅。2010年公司从Dine Equity收购了63家门店。③

Apple American's餐厅分布在加利福尼亚州、特拉华州、印第安纳州、明尼苏达州、新泽西州、内华达州、俄亥俄州、宾夕法尼亚州、华盛顿州、西弗吉尼亚州和威斯康星州，每年产生7亿美元的销售收入。在加利福尼亚州的格伦代尔的Dine Equity在2007年以21亿美元价格收购了Applebee's International Inc.。从此，Dine Equity以特许经营方式拥有258家餐厅，其中66家是在American Apple交易中获得的。公司仅拥有1513家IHOP餐厅中的10家，并且计划出售200家Applebee's以实现在2011个门店中98%的特许经营比例。Dine Equity将实行更多特许经营模式以更少地进行资本投资，并减少现金流量性能的波动。3月，Dine Equity出售了40家IHOP餐厅给Argonne Capital Group LLC。④

四、餐厅交易活动⑤

1997年2月3日，Apple bee's International，Inc. 宣布从受许人Apple Part-

① Business Editors，CNL Originates $33 Million for Applebee's Acquisition by Wisconsin Hospitality Group，Business Wire [New York] 09 Sep 1998：1.

② GS Capital - Backed Apple American To Buy 66 Applebee's，Mohammed Aly Sergie. LBO Wire，Jun 2，2011

③④ Business Editors，CNL Originates $33 Million for Applebee's Acquisition by Wisconsin Hospitality Group，Business Wire [New York] 09 Sep 1998：1.

⑤ Applebee's International to Acquire St. Louis Franchisee，February 3，1997，http：//www. thefreelibrary. com/Applebee's + International + to + Acquire + St. + Louis + Franchisee - a019084960.

ners Limited Partnership 那里收购了位于密苏里州圣路易斯市场的 11 家 Applebee's 餐厅。作为交易的一部分，Applebee's 将同时获得几家正在建设中的餐厅，其中两家在 1997 年上半年开业。交易结束后，Applebee's 将继续深入发展圣路易斯市场。根据 Apple Partners 的报告，圣路易斯市场的 11 家 Applebee 餐厅销售总额，包括两家 1996 年开业的，1996 年 12 月 29 日总销售额是 2790 万美元，而 1996 年门店销售均额是 270 万美元。圣路易斯市场的 Applebee 餐厅在 Applebee's 体系销售额排名是最高的，且在历史上产生了超高的经营利润率。根据完成的交易合同，圣路易斯市场的餐厅和多店管理预计将加入 Applebee's International。[①]

Applebee's Neigborhood Grill & Bar 母公司 Dine Equity Inc. 已经完成了出售和售后租回合同中的 181 家 Applebee's 餐厅，减去大约 500 万美元的交易成本，产生大约 3.03 亿美元的税后所得款项和现金税收益。财产和建筑被 Drawbidge Special Opportunities Fund LP 和 Drawbridge Real Assets Fund LP 分支机构和 Cardinal Capital Partners 所有的实体收购。

前 IHOP Corp. 已经分别出售了 26 个 Applebee's 餐厅给南加州受许人 Apple American Group LLC，获得税后 2700 万美元收益，用于偿还 Dine Equity 的 3.05 亿美元固定期债务。公司早些时候说重新租回的 181 家 Applebee's 餐厅交易将被特许，他们从租赁人转换为受许人。出售给 Apple American 的 26 家门店不在这部分交易中。

Apple Partners Limited Partnership 同时也是 Applebee's 在俄勒冈州波特兰市的受许人，该受许人已经签订了出售他们在波特兰 5 家门店的协议，以及在另外一个 Applebee's 现有受许人下发展餐厅的权力。

Applebee's International 的总裁和共同首席执行官 AbeJ. Gustin, Jr. 说："这项交易对我们公司来说是重要的收购，且与我们收购那些拥有高人口密度、已经确立市场地位、未来还有巨大发展潜力的市场选择的战略是一致的。在这方面，我们相信当前的 11 家餐厅组合最终的数量将能翻一番。我们期望优秀的圣路易斯经营和管理团队成为 Applebee's International 的重要组成部分。"

Applebee's International 的总裁，兼 CEO 和首席运营官 Lloyd L. Hill 补充道："我们对这桩收购非常激动，我们在圣路易斯市场的受许人创造了强大的纪录。Apple Partners 骄人的销售业绩，高水平的顾客服务，强大的经营利润在我们整个特许体系得到尊敬。在 Apple Partners 副总裁 David Head 的领导下，区域团队和餐厅经理和职员已经对顾客满意给予了额外关注，且结果不言自明。我们希望这项收购进一步加强和深化我们餐厅管理。"

---

① Applebee's International to acquire St. Louis franchisee, Swenson, Curt. PR Newswire, 3 Feb 1997: 1.

点评：

有的多店受许人成长非常快，如 Apple American 在 1998 年由它现在的总裁兼 CEO Greg Flynn 创立，致力于成长，是 Applebee's 体系成长最快的受许人，仅是过去三年就建立和收购了超过 147 家餐厅。

多店受许人在经营某个品牌的门店接近饱和点，不得不考虑经营其他的特许体系品牌，但是要找到合适的另一个品牌并不是一件容易的事情。

Applebee's 体系开始出售第一个直营市场，为的是转化为更多采取特许经营的战略需要，特许人认为将这些餐厅交给一家优秀的特许经营者（多店受许人），并为这个多店受许人提供了成长机会。多店受许人 Apple American 认为，这些收购扩张了他们的关系和强化了对 Applebee's 的品牌承诺。这让这家受许人能够改善基础设施水平，为其提供了一个实质性地参与 Applebee's 品牌振兴当中去的机会。

多店受许人也可能大幅度退出某个品牌的特许经营业务，而这个时候往往有其他大型多店受许人来收购，交易过程中涉及的巨大资金可能需要专门的金融服务机构给予支持。

案例11 BURGER'S

一、Carrols Restaurant Group（TAST）①

Carrols Restaurant Group 在2010年第四季度财报中披露了将其 Hispanic 品牌从 Burger King 特许体系分离出来的计划。新公司将经营 Pollo Tropical 和 Taco Cabana 餐厅，而 Carrols 将继续负责 Burger King 特许经营，后者有300家门店，是全美最大的受许人。

Pollo Tropical 和 Taco Cabana 在2010年已经合并了收入，并且真正成为 Carrols 旗下的增值引擎。2010年公司经营的餐厅 Pollo Tropical 增值7.4%，Taco Cabana 增值0.3%，而 Burger King 下降6.1%。对 Burger King 的预计也是不乐观的，当时公司希望能在 Burger King 做些改善。一部分问题是 Burger King 受到严峻竞争、打折促销、极端冬季气候条件和较高的牛肉成本的影响。虽然极端天气会过去，但牛肉成本和竞争不会短期平息。

公司相信这次分离将把更多的注意力放到 Burger King 特许经营上面，最近对 Burger King 关注并不多。根据 Carrol 的 CFO Paul Flanders 的说法，公司并没有在 Burger King 上面投资。主要的原因是我们分配资本时，将资本更多地投到了回报率更高的 Hispanic 品牌上。因此，我们用了 Burger King 的现金流，并没有因为我们没有从长远角度来看待，仅是资本的分配问题。将 Burger King 独立运营后，我们相信 Burger King 有机会继续成长。

2011年第三季度 Burger King 的收入达到906万美元，比2010年同期的904万美元增加了0.3%。Burger King 可比餐厅销售增加了1.6%。这期间有一个 Burger

① Carrols Restaurant Group's CEO Discusses Q3 2011 Results – Earnings Call Transcript, November 7, 2011, http://seekingalpha.com/article/306033-carrols-restaurant-group-s-ceo-discusses-q3-2011-results-earnings-call-transcript.

King门店关门。该季度的销售与其他餐厅相比，Burger King餐厅呈现一个温和的增长，这是这段时间来的第一次。他们希望对Burger King进行转型和改变，包括新的产品、形象改进和新的市场活动，以使其能够在前进的道路上创造新的丰碑。

二、Dukeand King Acquisition Corp.①

Duke and King Acquisition Corp. 的基地位于美国明尼苏达州伯恩斯维尔，经营87个Burger King门店，已经依据《破产法》第11章申请保护，并在寻求买家。首席执行官Rodger Head说Dukeand King已经保留Mastodon Ventures来促进销售，希望大大地缩减规模，或者全面卖掉所有的Burger King门店。

2010年12月4日的Dukeand King有92家门店进入破产保护，在和Burger King Corp. 以及美国银行（是Duke and King最大担保放款人）协商后，已经关闭了其中5家。Head说："我们的责任是与Burger King和美国银行合作，最大限度地评估资产，但是最重要的事情是保护这些与我们一起工作的人的工作，我们希望尽力确保他们的利益。"Duke and King在法庭的文件中陈述：宏观经济的衰退，以及营业利润率的威胁，比如商品价格上涨和Burger King Corp. 决定销售某种商品，再比如一美元的双层吉士汉堡促销，这些因素导致了公司申请破产保护。1美元双层吉士汉堡促销是Burger King与它的受许人的联系的源泉，很多受许人反对Burger King这么做。

2006年Kinderhook Capital Fund投资1120万美元，附带美国银行的1700万美元贷款，成立了Duke and King。Duke and King随后从Nath Companies那里收购了88家Burger King门店，又从Swisshelm Group购买了位于密苏里州超过24家餐厅。

Duke and King在文件中称，这些购买的门店中，有几家已经过时了，经营不善，需要大量资本开销。Duke and King希望Simmonds Restaurants购买在爱荷华州和内布拉斯加州的66家餐厅，那些餐厅利润情况更好，希望这些新店的现金能够改善Duke and King经营的门店，但是Burger King Corp. 不同意这些交易。

公司还欠美国银行将近1100万美元的债务，Duke and King将继续与美国银行和Burger King Corp. 合作以便重组能够成功地完成。Head说这是不幸的情况，但是在这样的经济时代，我们相信将打一场好的战斗，我们希望做出业务最好的决策，我们认为这就是最好的。

---

① Mark Brandau, BK franchisee Duke and King files for Ch. 11, December 20, 2010, http: //nrn. com/article/bk - franchisee - duke - and - king - files - ch - 11.

三、Quality Dining

1. 基本情况①

Quality Dining 是 Burger King 全球最大的受许人之一，在美国印第安纳州和密歇根州拥有 114 家 Burger King 餐厅。他们不仅遵守 Burger 体系的高标准，而且也一直在建立和满足其经营的每一家店的高标准。

追求卓越的承诺并不是停留于此，Quality Dining 同时也跟顾客承诺更多的个性化水平的服务。在其餐厅经营的社区，他们提供很多其他服务，如提供奖学金，推动教堂、学校及慈善机构筹款。

Quality Dining，Inc. 成立于 1981 年，经营四个概念的餐厅，拥有 Grady's American Grill 和两个意式概念餐厅，作为 Burger King 受许人经营 Burger 餐厅，以及作为 Brinker International Inc. 受许人经营 Chili's Grill & Bar。2001 年公司经营 191 家餐厅，包括 161 家 Burger King 餐厅。2001 年 10 月，公司取得了 The Grand Rapids Metropolitan 的 42 家 Burger King 餐厅。42 家中的 32 家是公司从这些餐厅业主中租赁来经营的，剩余的 10 家签订的是临时合同（未来签长期合同）。公司将再建 3 家 Burger King 新餐厅。

其事业长久成功的关键是公司承诺超过顾客的预期，公司由有经验和专注于管理的团队管理，他们热情服务顾客。其动手管理风格（"Hands - on" Managementstyle）是保持当前顾客指望的服务水平的核心。为了强化地位，他们组织中增加了有经验的管理专业人士。未来若干年，他们承诺在人员、系统、设施方面投资，以保持对顾客最高水平的服务。

2. Quality Dining Inc. 历史②

（1）公司起步。作为一家多品牌受许人和特许人，Quality Dining 在美国 20 多个州经营着 500 家餐厅。作为受许人，经营的品牌包括 Burger King 和 Chili's Grilland Bar Restaurants。餐饮业分析师认为 Quality Dining 是美国经营最好的受许人之一，1995 年公司进入福布斯杂志美国最佳 200 家小企业名单。Daniel Fitz patrick 是 Quality Dining 的创始人。

Daniel Fitzpatrick 中学毕业后到 Burger King 工作，这期间在俄亥俄州的托莱

① http：//www. secinfo. com/dsvRm. z2T5. htm.

② Quality Dining，Inc. History，International Directory of Company Histories，Vol. 18. St. James Press，1997，http：//www. fundinguniverse. com/company – histories/quality – dining – inc – history/.

多市大学获得了学位。他在餐厅的潜能为他赢得了在密歇根州卡拉马祖几家 Burger King 餐厅运营总监的职位。1981 年，他和他的兄弟 John 决定检验他们的创业技能，并购买了两家在底特律陷入经营困境的 Burger King 餐厅。Daniel Fitzpatrick 的两个兄弟分别在 1983 年和 1984 年加入公司，公司随后搬到了 Burger King 印第安纳南湾市场。尽管失业率处在两位数水平，通货膨胀率高，但他们继续在各州开店。Daniel Fitzpatrick 对 Marilyn Alva of Restaurant Business 讲，从 1983 年到 1991 年，他们每 85 天开一家新店。1985 年，Burger King 公司认可 Daniel Fitzpatrick 创业领导能力，授予他 Burger King 最佳多店特许经营称号。

（2）发展当中。19 世纪 80 年代以及 90 年代，美国人开始关注快餐的营养品质。消费者口味的改变，中西部休闲餐厅市场的成熟驱使 Fitzpatrick 下定决心扩张。1991 年，Fitzpatrick 公司最终被授权在印第安纳州、密歇根州和俄亥俄州等熟悉的地区发展 Chili's Grill & Bar 餐厅。Fitzpatrick 认识到特许经销商的成功要素。Chili's Grill & Bar 餐厅的特征是休闲气氛和一个具有广泛吸引力的菜单，包括各种各样的汉堡、墨西哥薄饼、鸡肉、海鲜、烤排骨、沙拉、三明治和中等价格。Fitzpatrick 讲道："我们运用了从 Burger King 学到的原则：'关注成本，将赚的钱投入经营'。"随后，公司购买了 Grayling Corporation 股票（在菲拉德尔菲经营 Chili's Grill & Bar 的 8 家餐厅），并得到 7 年内在中西部和菲拉德尔菲市场开设 24 家新的 Chili's Grill & Bar 餐厅的许可，公司也搬到了东海岸。那时 Fitzpatrick 兄弟出资 60 万美元和 2 万普通股，购买底特律、密歇根州两家餐厅，到 1994 年两家餐厅营业额达到 225 万美元。

由于他们自己的努力、Burger King 公司促销和广告支出、合作收购安排以及其他受许人善意的努力，Quality Dining 决定进一步发展 Burger King 分支，通过他们的全资分支机构 Bravokilo Inc. 拓展他们的市场，Quality Dining 收购了已发行在外的普通股，或者说 Shonco Inc. 的资产，即在底特律、密歇根州和大城市区域拥有和经营的 8 家 Burger King 餐厅，以及新建 4 家餐厅的权力。

（3）高速扩张。Fitzpatrick 决定融资以保持竞争力、给管理团队以挑战、提供股票期权和给予员工奖励。他认为上市的时机到了。1994 年 3 月，Burger Services Inc. 在纳斯达克上市了，筹集 2550 万美元，公司进行了改组，Quality Dining 成为一家控股公司，下设四家全资子公司。1995 年 10 月，Quality Dining 完成了第二次股票公开发行，筹资 3150 万美元。Fitzpatrick 说："要专注于成长，但不要超过公司的资源和管理团队的能力，你在发展一家这样的公司，一个挑战就是保证组织在每个水平上的管理强度。"

在销售和股票收入的强化下，Quality Dining 从 Brinker International Inc. 收购了 Spageddies Italian Restaurant 品牌，从此 Quality Dining 从加盟费（Previous -

Franchise)、发展费（Development - Fees)、忠诚费（Royalties）以及其他各项付给特许人的费用中解脱出来。

Spageddies 是定位在中等规模的意式休闲餐厅，有节日吸引力，遵从 Quality Dining 基本的理想：大份额、高质量、有价值的食物。1995 年 Spageddies 销售额达到 470 万美元。1995 年，通过与 Brinker International Inc. 进一步洽谈，以 7440 万美元收购了 Grady's American Grill 餐厅品牌，后者拥有 16 个州的 42 家 Grady's American Grill 餐厅。

Quality Dining 的副董事长 Dave Findlay 介绍，收入从主要来自 Burger King 业务到以 Grady 业务为主要收入来源，他们已经从一个区域性品牌发展为一个全国性品牌。到 1995 年，餐厅收入较前一年增加了 63.6%，达到 1.05 亿美元，经营 59 家 Burger King 餐厅、Chili's Grill & Bar 品牌下的 18 家餐厅、Bruegger's Bagel Bakery 品牌下 12 家面包店，以及 Spageddies 品牌下的 5 家休闲餐厅。

积极追求成长策略，Fitzpatrick 团队很快认识到百吉（Bagel）连锁作为餐饮业在快速崛起。全美排名靠前的百吉经营者，竞争者 Bruegel's Bagel Bakeries. Bros. Bagels Inc. （一家位于 Burlington，Vermont and Einstein 地区性私营公司）在争夺可见的市场。Bruegger 成立于 1983 年，到 1996 年在 26 个州建立了 425 家零售店，单店年销售额 80 万美元。紧跟 1995 年 Bruegger 的销售额，Quality Dining 加入竞争，Quality Dining 收购了 Bruegger 的 510 万普通股，以及一些有限转换股。分析师认为 Bruegger 需要额外的资本以应对竞争性的扩张策略。

在新的组织下，Bruegger 作为独立 Quality Dining 的一个整体运作。在 Bruegger 的 454 家餐厅中，203 家为直营，强化了 Savvy 特许人实践过的双渠道政策，后者从更高的利润和更大控制中收益。这与 Fitzpatrick 以往购买特殊管理技能的策略一致，Bruegger 的前董事长和 CEO 继续作为 Bruegger 的领导。为了促进 Bruegger 的扩张，1996 年 Quality Dining 发行了 25 美元一股的股票，募集 6000 万美元。1996 年财政年度结束，Bruegger 成为全美最大的百吉面包房（Bagel Bakeries)。公司将它的流行归因于传统的水壶煮百吉。除了现烤百吉外，他们提供了十几种品牌奶油奶酪、熟食风格的百吉三明治、汤以及其他食物和饮料选择，包括新鲜的烤制咖啡。

他对 Indianapolis Starand News 的 Peter Key 说道："实现成长，需要领导。"

四、门店交易

1. 40 家地区门店售价700 万美元①

根据明尼苏达州的美国破产法院的材料，以伯恩斯维尔为基地的 Duke and King Acquisition Corp. 的 40 家地区性门店是花 716 万美元从 Downers Grove 购买的；后者是以伊利诺伊州为基地的 Heartl and Food Corp. 公司自 2003 年成立以来，将处于困境的 Burger King 门店抢救出来而获得了迅速发展。Ondrula 说："公司看到了 Duke and King（D&K）交易的机遇，特别是在明尼阿波利斯市场中最有吸引力的价值。总的来说，餐厅处在一个良好运营水平。很多时候，走进餐厅发现食品成本问题和其他一些性质的问题没有了。"

Heartland 将继续经营 40 家门店，并且保留绝大部分现有的经理，因为这将遏制 Ondrula 所说的上诉活动。每一家新购买的门店将按需要在 8 月末更新，从门店的绘画到美化都将彻底重塑。人们将很快看到明尼阿波利斯的很大一部分市场将以某种方式更新。Ondrula 期望更新、顾客服务培训以及改善食品成本控制能够推动经营者在业务中发生反弹。

2. Jonathan Maze②

2011 年 4 月美国明尼苏达州破产法院将考虑把破产的 Burger King 受许人 Duke & King Acquisition Corp. 拥有的 87 家门店进行非公开拍卖。

竞标者之一是 Heartland Food Corporation，一家拥有 258 家门店的 Burger King 第三大受许人。

另一个竞标者是 Strategic Restaurants Acquisition Corp.，Burger King 第二大受许人，出价 310 万美元，再加上手上的现金和库存的价值，购买了 13 家在密苏里州（大多是附近的斯普林菲尔德）门店。四家在达文波特、爱荷华州的门店将落到密西根郊外的一家小的经营者手中，他们愿意支付 50 万美元。

Heartland 的积极性最高，虽然它在威斯康星州的出价为 1 美元。它为伊利诺伊州的 12 家门店支付 50 万美元，为明尼苏达州的 40 家门店支付 716 万美元。

---

① Jim Hammer and, 40 regional Burger Kings sold for $7M, St. Paul Business Journal, Friday, June 3, 2011, http://www.bizjournals.com/twincities/print-edition/2011/06/03/40-regional-burger-kings-sold-for-7m.html? page=all.

② Jonathan Maze. Bidding Small For Burger King, April 13, 2011, http://www.restfinance.com/content/story.php? article=00492.

3. 中西部的 Burger Kings 获得一个好的价格①

2011 年 4 月的早些时候拍卖破产的 Duke & King Acquisition 74 家门店，受许人将不回避 Burger King，至少从竞标者的反映判断。竞标者，包括迈阿密连锁的最大经营者，同意支付 1200 万美元的现金。

Mastodon Ventures 是一家位于得克萨斯州负责此次明尼苏达州竞标活动的公司，它的董事长 Robert Hersch 估计考虑到债务（包括门店改善和递延维护）这些因素，总的出价大概在 1500 美元。

74 家门店将根据地理区域分成 5 部分，即密苏里州、衣阿华州、明尼苏达州、威斯康星州和伊利诺伊州。最大的一部分是明尼阿波利斯地区的 40 家门店，被分配到 Heartland Food Corp.，后者是 Burger King 的第三大经营者，经营 256 家门店。Heartland 是非公开拍卖投标人，以 716 万美元投标。在拍卖前，一家公司来打探，这就是麦当劳公司，他们计划买 18 家门店。但是麦当劳不能投标，并且获得这些餐厅的成本对汉堡巨人来说并不值得，麦当劳没有投标。

点评：

严峻竞争、打折促销、极端冬季气候和较高的成本影响 Bwrger's 门店的收益。特许人 Burger King 希望进行转型，包括新的产品、形象改进和新的市场活动，以帮助他们创造新的丰碑。

多店受许人也面临巨大的经营风险，包括外部的宏观和微观环境，以及特许人统一的市场活动，都可能影响多店受许人的门店收益。在面临连续亏损，或者利润下滑的情况下，多店受许人可能申请破产，同时寻找买家，将自己门店特许经营权出售给其他买家，如果在一定期限不能出售，特许人与受许人将依据特许经营合同终止合作。

追求卓越的多店受许人不仅遵守 Burger 体系的高标准，而且一直在建立和满足经营的每一家门店的高标准。而且在经营的社区，提供很多其他服务，如提供奖学金，推动教堂、学校及慈善机构筹款。多店受许人认为他们事业长久成功的关键是公司的承诺超过顾客的预期，公司由有经验和专注于管理的团队管理，他们热情服务顾客。注重在人员、系统、设施方面的投资。

19 世纪 80 年代和 90 年代，美国人开始关注快餐的营养品质，消费者口味的改变，中西部休闲餐厅市场的成熟，驱使潜在多店受许人下定决心扩张。Quality Dining，Chili's Grill & Bar 就是这样一个符合市场机遇的特许体系品牌。这样 Quality Dining 就发展成了多品牌多店受许人。多店受许人的公司上市，对保持竞争力、挑战管理团队、奖励员工有好处。

① Jonathan Maze. Midwest Burger Kings Fetch A Good Price, April 29, 2011, http://www.rest finance.com/content/ story.php ? article =00511.

案例 12　Chili's

一、Valenti Management

1. *公司历史*

Darrell Valenti 在 1979 年创建了 Valenti Management，公司员工超过 4500 人。公司成立以来获得了巨大的成功。从加州的一家 KFC 起步，公司发展成为 KFC 第五大运营者，门店分布在加利福尼亚州、华盛顿州、伊利诺伊州、印第安纳州和威斯康星州。

1985 年公司开始进入佛罗里达，在布劳沃德和棕榈滩县第一次收购 Taco Bell。1988 年公司通过收购将 Taco Bell 经营扩张到 Tampa Bay 的 Taco Bell 市场，由此公司成为 Taco Bell 餐厅最大的特许经营者。

2004 年 8 月，Valenti Management 从 Brinker International 收购了 9 家 Chili's Barand Grill 餐厅，并获得在密西西比州和亚拉巴马州发展更多门店的权力。Chili's品牌已经发展了 17 家餐厅，计划在这两个市场增加到 25 家门店。

Brinker International 成立于 1975 年，在休闲餐厅收入方面排名世界第二，在 20 个国家拥有 1600 家餐厅。它的旗舰连锁 Chili's Grill & Bar 拥有 1200 家餐厅，专门经营西南风味的菜肴。

1993 年公司将 Taco Bell 特许体系（品牌）卖给 Taco Bell Corporation，后者在当时采取了回购策略，寻找策略性的市场。3 年后，公司开始分拆 KFC 市场，通过一系列的交易，并以长期投资的方式，保持对主要餐厅资产的所有权。

2. *运用新技术*

Valenti Management 在寻找新的主动方法，以防范潜在的威胁。Valenti Management 看到了整合的 POS 安全解决方案的需求，它使 Chili's 新的特许门店能够监督经理废除、确认交易和防止欺诈侵入。Digital Persona 指纹阅读器为认证提供了简单、自然的方法，让 Valenti Mana gement 无需员工培训就能部署。①

3. 向密西西比的阿拉巴马州扩张②

Brinker International Inc. 宣布将与 Valenti Management Inc. 签订特许经营协议，后者将在阿拉巴马州和密西西比州新建 20 家 Chili's 门店。

该协议使得 Valenti Management 同时收购了 Chili's from Brinker 现有 9 家门店，包括阿拉巴马州伯明翰市场的 4 家，阿拉巴马州亨茨维尔市地区 3 家，以及 Auburn，Ala.，and Olive Branch，Miss. 各 1 家。

在田纳西州的孟菲斯，Valenti Management 同时经营着 115 家 Wendy's 门店，分布在宾夕法尼亚州、田纳西州、密苏里州、阿肯色州和密西西比州。

Valenti Management 的首席运营官说："Chili's 是一家著名的休闲餐厅概念，它在不断地变革，并随着消费需求的变化而变化，享受全国性的广告曝光和品牌认知。Brinker 为密西西比和亚拉巴马州两地的客人带来独特的 Chili's 用餐体验，这令我们非常激动。"

Valenti 的发展领域包括阿拉巴马州除了多森和凤凰城地区以外的其他地区。在密西西比州的 19 个小市场，以及非地铁的城市和城镇的整个州，公司有权新建和经营 Chili's 门店。

Brinker 将继续经营阿拉巴马州的 Dothanhili's 门店，以及在密西西比州的 6 个地区市场，包括杰克逊、哈蒂斯堡、图珀洛、牛津、南海文和格尔夫波特。

Chili's 董事长 Wilson Craft 说："鉴于他们的丰富经验、业务记录和他们投入旅客满意度中的热情，Valenti 是理想的合作伙伴，将帮助我们开发东南部等地 Chili's 的成长机遇。"

Chili's Grill & Bar 提供了一个有趣的、充满活力的氛围，以及有差异的、新鲜混合式的烤式美国口味，大约有 1000 门店，分布在全美 24 个州。Chili's 由位于达拉斯的 Brinker International 所有，是一家领先的休闲餐厅连锁品牌。其他 Brinker 概念的餐厅包括：Romano's Macaroni Grill，Maggiano's Little Italy，On The Border Mexican Grill & Cantina，Big Bowl Asian Kitchen，Corner Bakery Cafe 以及 Rockfish Seafood Grill。

---

① http：// www. digital persona. com/uploaded Files/ Collateral/ Case_ Studies/ CS_ Valenti Management 2009 09 21. pdf.

② Chili's to Exp and in Alabama，Mississippi Through Franchise Agreement With Valenti Management，BrinkerInternational，Inc.，http：//www. prnewswire. com/news – releases/chilis – to – expand – in – alabama – mississippi – through – franchise – agreement – with – valenti – management – 71603927. html.

二、ERJ Dining

ERJ Dining 目前运营者 25 家 Chili's 餐厅，分布在肯塔基州、印第安纳州、伊利诺伊州、威斯康星州和密苏里州，还有 4 家额外门店还在建设中。一旦扩张协议达成，DRJ Dining 将成为 CHili's 在美国最大的受许人之一。Chili's G & Bar. 的总裁 Todd Diener 说："ERJ Dining 擅长经营餐厅以及在中西部加快我们的市场渗透。我们对他们在 Chili's 品牌商上的信心以及在未来增加投资感到高兴。"①

点评：

多店受许人可以做到个性化管理，比如 Valenti 以每月为基础的标准奖励，给表现最杰出的经理报销海滩之旅，以及在整合 POS 安全解决方案、采用 Digital Persona 指纹阅读器等方面的新技术。

Chili's 认同多店受许人 Valenti 经验深度、业务记录和投入旅客满意度中的热情，认为 Valenti 是理想的合作伙伴，可以帮助 Chili's 开发东南部 Chili's 的成长机遇。

特许体系品牌非常重要，比如 Chili's 多店受许人享受全美范围的广告曝光和品牌认知，Chili's 持续地发展、紧跟消费需求改变，这些是多店受许人非常看重 Chili's 的地方。

① Brinkev nternational and ERJ Dining Expand Franchise Agreement, May 31, 2007, http://www.sec.gov/Archives/edgar/data/703351/000110465907044688/a07－15697 lex99d2.htm.

案例 13 Dunkin' Donuts

一、Doug and Katy Redman①

七家以上的 Dunkin' Donuts 门店计划在丹佛开设，第一家将在 2013 年开业，最后一家在 2018 年。Doug 和 Katy Redman 团队已经与这个全美连锁店签订了多店区域发展协议 Redman 家族将管理和监督每家餐厅的日常运营。Doug Redman 拥有 23 年的特许经营从业经验。他在内布拉斯加州和南达科他州，是该地区正式的区域代理和 140 家 Subway 的多店所有者，以及 10 家视频租赁/电子商店和两家 Taco Del Mars 所有者。这个月早些时候，Dunkin' Donuts 宣布与一个新成立的 Sizzling Platter LLC 子公司——Sizzling Donuts LLC，签订了一个多店发展协议，在地铁附近的北部地区 11 家新餐厅计划在以后几年内开业。

二、Dan's Management Co.

Dan's Management Co. 是 Dunkin' Donuts 的受许人。该公司称："我们的价值观聚焦于我们的顾客、特许人和职员。我们专注于一个强大的品牌以增长业务、供应美味食物以及友好的、本地的体验。我们的顾客变得喜欢 Dunkin' Donuts 品牌，并且我们在奋斗以提供最可口的 Dunkin' Donuts 产品供您享用。我们的使命是通过定义强大的、正面代表 Dunkin' Donuts 品牌在每一个社区，使我们的顾客

---

① Dunkin' Donuts Announces Seven New Restaurants in Denver, Colorado With New Franchisees Doug and Katy Redman, February 29, 2012, RestaurantNews. com Press Release, http: //finance. nrn. com/nrn/news/read/20753191/dunkin%E2%80%99_ donuts_ announces_ seven_ new_ restaurants_ in_ denver.

震惊。"①

三、Savoureux Corporation②

2012 年 1 月 19 日，Dunkin'Donuts 美国人每天、整天停下来喝咖啡和烘烤食物的地方，今天宣布与现有受许人 Savoureux Corporation 签订了一个多店发展特许协议，特许后者在北部奥马哈、内布拉斯加州和爱荷华州苏城新开 12 家餐厅，第一家餐厅将在 2013 年开业。

Savoureux Corporation 由 NFL 伟人和 Former University of Nebraska 足球运动员 Kris Brown and Zach Wiegert 领导，他们联手 Jeff Woodbury、Woodbury Corporation 的一个负责人和 Tetrad Corporations（一个位于奥马哈的房地产和投资公司）的 CEO——David Scott。

Kris Brown 说："我们非常激动在奥马哈和苏城扩张 Dunkin'Donuts 现有市场，我们将在生活、工作、来访此地的中扮演一个重要的角色。我们对这个品牌有热情和忠诚度，盼望几年内我们的餐厅开业。"

在奥塔姆瓦、衣阿华特许经营的机会还存在。在驱动扩张的努力中，Dunkin'Donuts 已将他们支持成长机会的战略与每个市场消费者需求并列。作为结果，公司继续以单店和没有最少门店要求的多店特许方式扩张。

Dunkin'Brands，Inc 的特许经营和市场规划副总裁，CFE，Grant Benson 说："Dunkin'Donuts 对扩张到奥马哈和苏城感到非常高兴。我们成功的秘密是我们充满激情的受许人，他们每天为我们的顾客提供高水平给顾客服务。我们相信 eKris，Zach，Jeffand David 将培育持久的顾客关系并成为社区的组成部分。"

在一个市场上建立坚实的门店网络使得 Dunkin'Donuts 在一个分销模式中投资，此模式中他们在日常中提供一致的、高质量的产品以满足顾客期望。在努力保持品牌新鲜和竞争力中，Dunkin'Donuts 提供给房地产灵活的概念，包括自由站立餐厅、end caps、在线网站、加气站和便利店、旅游广场、大学以及其他零售场所。

历史上油炸圈饼和热咖啡连锁，Dunkin'Donuts 已经扩展了它的供应，包括

---

① http：//www. dansmanagement. net/.

② Dunkin'Donuts Announces 12 New Restaurants in Omaha，Nebraska and Sioux City，Iowa With Savoureux Corporation，PRNewswire，Jan. 19，2012 ，http：//www. prnewswire. com/news – releases/dunkin – donuts – announces – 12 – new – restaurants – in – omaha – nebraska – and – sioux – city – iowa – with – savoureux – corporation – 137668123. html.

冷冻和冰镇饮料、全线面包（包括百吉饼和松饼）、早餐三明治、对你更好的 DD SMART 选项以及全天烤箱烤的菜单（包括三明治薯饼和牛奶饼干）。

Dunkin' Donuts 成立于 1950 年，Dunkin' Donuts 美国人每天、整天停下来喝咖啡和烘烤食物的地方。Dunkin' Donuts 作为市场领导者体现在定期/咖啡因的咖啡、冰咖啡、热风味咖啡、甜甜圈、面包圈和松饼种类。Dunkin' Donuts 被 BrandKeys 评为经营五年的咖啡类顾客忠诚度第一品牌。公司拥有 1 万家餐厅，分布在世界 32 个国家。在 2010 年 Dunkin' Donuts 的全球系统销售达到 60 亿美元。位于 Canton，Mass 的 Dunkin' Donuts 是 Dunkin' Brands Group，Inc. 的子公司。

四、USA Restaurant Developers LLC[①]

2 月 14 日世界上最大的咖啡和面包快速服务餐厅连锁 Dunkin' Donuts 宣布与位于美国哥伦比亚的 USA Restaurant Developers LLC（美国全国性的餐厅发展公司）签订了一项多店发展协议，授权后者在俄亥俄州哥伦布市开设 30 家门店。公司的哥伦比亚市场扩张计划呼吁 2008 年开设两个门店，并且在未来 5 年内达到平衡，包括在特拉华州、马里昂、联盟、哈丁、麦迪逊县。

对新受许人还有额外的机会，包括在哥伦比亚和它周围的县的特许经营权。这些县包括：克劳福德、莫罗、诺克斯、Coshocton、根西岛、摩根、富兰克林佩里、霍金、费尔菲尔德、Pickaway、罗斯、派克和费耶特。

Dunkin' Donuts 在哥伦比亚的门店发展协议是积极的全国扩张战略的一部分，包括在现有市场的扩张，以及进入全面新的城市市场。公司在积极寻找那些能够拥有和经营至少 5 家餐厅的新受许人，以直接帮助公司未来成长。

Dunkin' Brands Inc. 的特许经营和业务发展副总裁 Lynette McKee 说："未来实现我们全美扩张目标，Dunkin' Donuts 在像 USA Restaurant Developers LLC 这样，拥有强大组织和有效地、成功地管理多店的能力，拥有寻找多店受许人的能力。"他说道："我们同样在寻找有过餐厅经营和房地产发展经验的人。"

建立一个餐厅网络也使得 Dunkin' Donuts 在分销模式上投资，在顾客光顾 Dunkin' Donuts 门店时，保证了一致性和高质量产品符合顾客的期望。在一项努力保持品牌活力和竞争力中，Dunkin' Donuts 提供给受许人各种设计和场地，包

① Dunkin' Donuts Announces New Franchisee in Columbus，Ohio，SOURCE Dunkin' Donuts，http：//www. prnewswire. com/news－releases/dunkin－donuts－announces－new－franchisee－in－columbus－ohio－56929407. html.

括自由站立门店、在购物中心和便利里面，以及其他零售场所。

根据 McKee 说法：“Dunkin'Donuts 将全天满足哥伦比亚日渐增长的高品质咖啡、饮料、烘烤食品的需要。Dunkin'Donuts 很自豪地激励美国人并保持诚实、艰苦工作、天天驱动这个国家人民的价值观——不管是在会议室、学校或者一个建筑物内。我们期望在成为社区或充满活力的组成部分，并且在哥伦比亚里或附近生活和工作的人民的日常生活中扮演重要的角色。”

Dunkin'Donuts 提供世界级咖啡服务——新鲜研磨和新鲜酿造的——以及可口的面包产品已经 57 年了。该公司是美国热咖啡和冰咖啡零售商的领袖，每年出售超过 10 亿杯咖啡，且比美国其他快餐店出售更多的甜甜圈和百吉饼。来自 Dunkin'Donuts 咖啡的激情几乎是其他商品无法与之匹敌。AOL. com 读者最近将 Dunkin'Donuts 评为“Best Overall Coffee”和“Best Fast - Food Coffee”。另外，顾客忠诚度的领导权威 Brand Keys，将 Dunkin'Donuts 在咖啡和甜甜圈类商品顾客忠诚度排在第一名。

五、Jubilant Food Works Ltd.

2012 年 2 月，Dunkin'Donutsand Domino's Pizza 在印度的受许人 Jubilant Food Works Ltd. 称计划未来 5 年在印度开 80 ~ 100 家 Dunkin'Donuts 餐厅。根据 FnB-news. com 看到在大都市地区的第一家店将在下个季度的新德里开张。作为扩张计划的一部分，Dunkin'Donuts 将设计它的菜单以补充印度消费者的口味。Dunkin'Donuts 与 Jubilant Food Works Ltd. 是一年前签的合同，即所谓的发展特许，或者次特许，未来 15 年将在印度经营超过 500 家门店。Jubilant 目前在印度经营大约 400 家门店，绝大多数是 Domino's Pizza。①

2012 年 2 月，据 Denver Business Journal 报道，一家犹他州的公司计划在丹佛开 11 家 Dunkin'Donuts 门店，因为全国知名的油炸圈饼连锁店计划重返 Mile - High City。马萨诸塞州 Canton 的 Dunkin' Donuts 在周二宣布与 Subsidiary of Sizzling Platter LLC 子公司达成一项新协议，特许后者在丹佛开若干家店，在得克萨斯州埃尔帕索开 8 家门店。这家 Sizzling Donuts LLC 的子公司将收购两家 Dunkin' Donuts 在萨斯州埃尔帕索现有的门店。Sizzling Platter 是一家餐饮管理公司。公司

---

① Dunkin'Donuts Franchisee Plans 100 Stores in India in Five Years, February 20, 2012, http://www. Qsrweb. com/article/190674/Dunkin - Donuts - Franchisee - Plans - 100 - Stores - in - India - in - five - years.

经营着 124 家餐厅，包括 Izzler、Red Robin and Little Caesars，分布在美国 7 个州。Dunkin' Donuts 宣布它正在丹佛寻找受许人。Dunkin' Donuts 说它仍然在丹佛留有特许经营机会。①

六、Franchisee Akshar Mendenhall Inc. ②

Dunkin' Donuts 正在进入主要的东孟菲斯商业区，将在孟菲斯地区开设 6 家门店。Franchisee Akshar MendenhallInc. 作为 Dunkin' Donuts/Baskin Robbins 做生意，已经在城市的西部签下了 270 平方英尺的租赁合同。在城市的南部还有另一个受许人开的一家门店。基于 Canton，Mass 国际油炸圈饼和咖啡零售商将取代从前 KFC 门店留下的空间。

Dunkin' Donuts 和 Baskin Robbins 组合店将在 1 月份开始建设，春季开业。2008 年 Dunkin's 进入这个市场。按照 The Daily News 在 2008 年的报道，这家连锁品牌宣布它将在美国增加特许经营门店，包括在孟菲斯地区新开超过 50 家门店。

Dunkin's 在孟菲斯地区的代理 Massey 说这个受许人在 3 年前购买了这个市场后，已经寻找了东孟菲斯的一家门店。Massey 说："我们与 INvestec 的 John-Snyder 在另一个地址一起工作，并且当这个主要地方成为他能够确信我们认识到它时候。那里有很多餐厅品牌表达了对这个地点的兴趣，并且提交了答复，Snyder 告诉我们，而我们很快与房东代表（为所有方工作）合作来敲定交易"。

Dunkin's 和它孟菲斯的受许人承诺在孟菲斯地区开更多的门店，Massey 说在继续寻找主要的扩张机会。

七、特许体系裂痕与受许人组织③

从 20 世纪 50 年代 Dunkin' Donuts 成立以来，到 1989 年 Dunkin' DonutsInc. 品牌管理（所有）控制了它的命运。

---

① Dunkin' Donuts picks franchisee for Denver, Denver Business Journal, February 8, 2012, http://www.bizjournals.com/denver/news/2012/02/08/dunkin - donuts - picks - franchisee - for.html.

②③ History of DDIFO, http://www.ddifo.org/about - ddifo/history - of - ddifo/.

由 Bill Rosenberg 在 1950 年成立的 Dunkin' Donuts Inc. 有极强的创业精神，特许人的员工和受许人被视为家庭。Bill 以自己与众多受许人的个人关系而自豪，他们得到了他的尊重和真诚的关照。

作为一般规律，特许人和受许人很好地工作以帮助品牌成长，完全明白品牌的成功依赖于每个部分的成功，包括特许人和受许人。Bill 经常鼓吹“为了获得成功的特许体系，你必须有一个健康的特许人和健康的受许人。”

1988 年出现了 Dunkin' Donuts 总裁 Bob Rosenberg（Bill's 的大儿子）和 Chairman & Founder Bill Rosenberg 之间的董事会发展而来的一个裂痕。这个裂痕有关特许人应该向什么方向前进的战略方向。

那个时候用大约 2000 个 Dunkin' Donuts 受许人，主要分布在东部沿海地区。Bob 认为咖啡和甜甜圈的未来太有限了，并希望创造一个投资组合公司，包括其他餐厅品牌；而 Bill 坚决地坚持自己的意见，认为要将 Dunkin' Donuts 转换为全美国的特许体系，成功之路是仅仅投资在他们的冰（咖啡和甜甜圈）业务。

1989 年，当 Bob 和董事会被选为 Chili's 餐厅东北部的主受许人的时候，这个裂痕以一个真正的骚动形式爆发了。在选举后，Bill 怒气冲冲地离开 Randolph，MA 公司，他说：“你将不会在这儿再见到我。”为确保那个承诺，Bob 立即将他父亲的肖像从总部大厅里摘下来，运到 Bill 的住所。

家庭争吵是可悲的，对 Dunkin' Donuts Brand 而言有更重要的后果。公司不再能够依赖 Bill 强大的领导技巧和在核心业务中热切的奉献。当 Bill 决定出售他所有 Dunkin' Donuts Inc. 股票（后来在 NASDAC 被交易了），一个急迫的威胁升级了，可能因为他失掉了对品牌方向的信任在起作用，可能为了惩罚 Bob 和董事会藐视他的远见。无论怎么样，几百万股 Dunkin' Donuts 的股票在发挥作用。

很多 Dunkin' Donuts 受许人的领导看到在潜在所有关系和特许人管理变更中巨大漏洞。在经特许人同意和认可后，他们创立了 DD Independent Franchise Owners Inc.，一个基于 Dunkin' Donuts 受许人的联合会。它的使命很简单：清楚、统一地表述他们的存在，并且他们提供了命脉现金，创造了 Dunkin' Donuts 的股票价值，支持和断然抗拒改变当前的管理团队。

DDIFO 从几百个受许人开始，代表了美国东北部主要的受许人和美国其他地区的一些商店。DDIFO 购买和支付了 Wall Street Journal 一整页广告，大胆地陈述他们的情况。同时，受许人开始明白这个特许人在合法负责回答他们股东的提问，并且他们的利益现在偏离了特许人的利益。从那时起，DDIFO 代表他们自己的成员和受许人的利益说话。

通常的认识 Dunkin' Donuts Inc. 获利依靠特许经营加盟费和持续的忠诚费。

不为人知的是它的大部分保底利润来自租赁和分租公司控制的房地产给受许人门店。American Accounting Standards 一个有趣的怪癖不允许来自房地产投资的真实市场价值在书本上的显示，只显示折扣价。简单地说，Dunkin' Donuts 股票中隐藏了大量的价值。

George Mann，一个加拿大企业家，理解了这点并开始购买 Bill's 股票并试图接管公司。很明显，他的战略是拆卸这家公司，从核心的特许收入流中抛售有价值的房地产。Mann 看到各组成部分的总和远大于整体价值。

Dunkin' Donuts Brand 管理层看到墙上手写的东西，因此说，考虑到 Mann's 巨大的威胁，成立了 White Knight in Allied Lyonsof England，支付了额外 3.25 亿美元购买 Dunkin' Donuts 品牌，并避免 Mann's 的敌意收购。Mann 从增加他的基础和联合竞标中获得了大量"讹诈"利润。Mann 高兴了，继续快活，经验更丰富了。

Allied Lyon 的核心业务是在酒。他们也在美国拥有数百家酒吧和 Baskin Robbin's（已建立的 US Ice Cream 特许人）。Dunkin' Donuts 管理团队让 Allied Lyons 董事会相信 Dunkin' Donuts 有成长潜力，并且和 Baskin' Robbins 协同，可能创造多品牌零售商店模式。

可能对 DDIFO 最重要，Allied Lyons 对团里 Dunkin' Donuts 品牌没有多少兴趣；当前的管理团队还保留，事情可能会回到"一切如常"。

正如前面所说的，Allied Lyons 支付了 3.25 亿美元给 Dunkin' Donuts。他们希望在收购上有个好的投资回报率（ROI），需求管理团队"压缩"组织、加速发展和寻找新收入来源。

除了一定程度上它能帮助在核心业务上更具统治地位以外，Allied 对 Dunkin' Donuts 并不感兴趣。简单地说，他们使用 Dunkin' Donuts 投资取得的现金流，来购买更多的酒品牌，并且买更多的品牌。

不可避免的争吵随之而来。当特许人加速发展的时候，抬高了在特许经营门店中酒吧的业绩，并且增加特许经营收费，DDIFO 试图与品牌进行协商并且缓和了这些变化。同时，时间通常对受许人非常有利。利润增加了而且非常好。最重要的部分，美好时光又来了。

在这个过程中，Allied Domecq Quick Serve Restaurant（QSR）Division 通过收购在成长。它从 International Multi foods 购买了 Mr. Donut 品牌，通过转换数百家商店和引入具有高企业精神得分的 Mr. Donut 受许人（被他们的特许人窒息了）获得成长。他也看到收购 TOGOS Great Sandwich 特许人以完善了 QSR 组合。

该品牌设想"Trombo"（triplecombo）餐厅同在一个屋檐下发展。品牌推动组合发展成为成功的 Dunkin 受许人，后者在接受门店经济模式方面出现严重失利。DDIFO 支持回到从前，因为特许人压迫受许人花一大笔钱。

在 1989 年到 2003 年，Allied Lyons 已经成为世界第三大酒公司。19 世纪 90 年代他们购买了南部美国酒巨人 Pedro Domecq 品牌，更名为 Allied Domecq。Allied Domecq 控制很多世界级的酒品牌，包括 Stolichnaya and Sky Vodka、Ballentine's and Laphroig Scotch Whiskies、Courvoisier Cognac、Clos Du Boiswinery and the GreatChateau Latour of Paulliac、Bordeaux，France。

Allied Domecq 的董事会看到它不再可能成为第二大或第一大酒品牌，并且决定出售给 Pernod Ricard，他们的第二大竞争对手。Pernod Ricard 对 QSR 不再有兴趣，并决定出售非核心品牌。2005 年，Dunkin' Donuts 重新起作用。

DDIFO 希望在这些交易中保护它的成员业务利益，并且在交易中积极与咨询委员会成员工作，以保护受许人的利益。Dunkin' Brands CEO Jon Luther 指导交易，最终使得 Dunkin' Donuts 降落到私人股权公司 Bain Capital，T. H. Leeand the Carlyle Group 财团旗下。

财团为 Dunkin' Donuts 支付了 24.2 亿美元，Baskin' Robbins 和 TOGO's 非常关注 DDIFO。在这样天价购买 QSR 品牌，DDIFO 能期望什么削减或严厉行动呢。DDIFO 看到巨大的危险并开始行动起来保护他们成员的利益。

自从私有股权的到来，DDIFO 已经澄清了它的使命：代表我们的成员来沟通、教育和宣传。DDIFO 作为支持者，大声说出和表达 Dunkin Donut 受许人唯一的声音以及他们独立业务的关注。

2007 年，DDIFO 成为 Coalition of Franchisee Associations（CFA）创始人成员，以提高每个受许人联合会的集体力量，即提供一个受许人联合会领导者的论坛来合作和分享最好实践。CFA 将反映和支持对受许人有利的立法。

2008 年，DDIFO 当时的受许人董事会创造了一个新的委员会，由非受许人组成以服务董事。新的董事，由受特许经营领域受尊重的专业人士组成，保护受许人不让其打单独斗，主张和扮演 DDIFO 成为的最高利益。

决定成立专业委员会成为现实，因为受许人希望有正当的理由做出一个改变。受许人希望 DDIFO 更好地运营，并且更专业的受许人联合会将更加有效率、有效果地服务于受许人。

当 Dunkin Brands 认可和尊重 DDIFO 的权力存在，他们选择不正式认可 DDIFO，并没有正式与受许人组织沟通的官方渠道。

追求 Dunkin' Brands 的认可是 DDIFO 的目标，不仅与我们选择出来的受许人咨询委员会一同工作，同时也提供 DDIFO 成员一个强大、独立的声音，这将代表 Dunkin's Donuts 特许门店所有者的最高利益。

Dunkin' Donuts 门店 100% 为受许人所有和经营。DDIFO 将继续它的使命，不为它的第一目标相关迷失，并且追求 Dunkin' Donuts 顾客和继续提供 Dunkin' s Dounuts 最高质量的产品给忠诚的顾客。

最终，DDIFO 相信 Dunkin Brands 将最终看到实际价值，通过官方认可 DDIFO 和开始正式的沟通渠道，两个组织将作为品牌管家，共担责任。

点评：

开发新的市场，受许人的经验很重要，比如 Doug Redman 拥有 23 年特许经营从业经验，与 Dunkin' Donuts 签订了在地铁附近北部 11 家新餐厅的多店发展协议。充满激情的受许人，每天提供了高水平的顾客服务，是特许体系成功的关键。受许人将培育持久的顾客关系并成为社区的组成部分。

Dunkin' Donuts 正在实施积极的全美国境内扩张战略，扩张现有市场，进入全新的城市，他们正在积极寻找那些拥有和经营至少 5 家餐厅的受许人，以直接帮助公司未来成长。比如 USA Restaurant Developers LLC 这样公司，拥有强大的组织和有效地、成功地管理多店的能力。他们同样在寻找有过餐厅经营和房地产发展经验的人。

在特许体系建设方面，Dunkin' Donuts 做了很多工作。在顾客光顾 Dunkin' Donuts 门店时，它保证了一致性和高质量产品符合顾客的期望。在一项努力保持品牌活力和竞争力中，Dunkin' Donuts 提供给受许人各种设计和场地，包括自由站立门店、在购物中心和便利店，以及其他零售场所。

由 Bill Rosenberg 在 1950 年成立的 Dunkin' Donuts Inc. 有极强的创业精神，特许人的员工和受许人被视为家庭。Bill 以自己与众多受许人的个人关系而自豪，他们得到了他的尊重和真诚的关照。作为一般规律，特许人和受许人很好地合作以帮助品牌成长，完全明白品牌的成功依赖每个部分的成功：特许人和受许人。Bill 经常鼓吹“为了获得成功的特许体系，你必须有一个健康的特许人和健康的受许人”。

特许体系发展战略方面的选择，关系到特许人与多店受许人双方的利益。Dunkin' s Dounuts 在这方面的经历，充分说明了这一点。特许体系的发展方向，需要受许人与特许人之间，或者大型多店受许人与特许人之间，进行充分的沟通。

案例14　Jiffy Lube

一、STC Management LLC 获得奖项①

STC Management LLC 由 Bob Sanders、Dusty Shipley、Gene Tunelle 和 Chris Burns 所有，被 Jiffy Lube International Convention & Trade Show 命名为2008 年受许人。获胜者与其他一些杰出的受许人和员工在科罗拉多州科罗拉多斯普林斯最近举行的4 天会议上共同分享荣誉。

位于弗吉尼亚州伍德布里奇的 STC Management LLC 所有者以最优的销售业绩被人们认可，他们成功地实施了新系统以提高它的业务和区域内的培训和认证方面的成绩。获奖者同样积极参与他们的社区，他们的本地计划包括高校安全驾驶计划和乳腺癌宣传举措。

Jiffy Lube International 的总裁 Luis Scoffone 说道："授予 STC Management 这个著名的奖项给我带来了快乐，因为他们囊括和激活了 Jiffy Lube 品牌价值和持续的高水准业绩。"他继续说道："Bob、Dusty、Gene 和 Chris 保证他们的员工接受最好的培训，具备成功的技能和工具。并且他们持续地奋斗为顾客提供愉快和难忘的体验。

Jiffy Lube International 在年度总裁晚餐上，对很多其他优秀的受许人给予了认可。Presidential Recognition Award 给予在培训、运营和顾客服务方面拥有突出业绩的门店经理以奖励，由 Orman，LLC 颁发给 Rex Ransom。The Harold Burney Award 表彰那些做出艰苦工作和对 Jiffy Lube、对受许人有贡献的人，由 Lubricar Inc. 颁发给 Keith Mortensen 一项奖，因为他的合作精神和尝试新系统的自觉自愿。

---

① Virginia Sanchez. Jiffy Lube International Honors Peak Performing Franchisees at 29th Annual Convention & Trade Show，http：//news. jiffylube. com/article/jiffy – lube – international – honors – peak – performing – franchisees – at – 29th – annual – convention – – trade – show. aspx.

Arlene Karlson Heart 和 Soul Award 授予后来的受许人，以她对员工的热情和对社区的贡献而为人所知。那个奖项每年颁给一个质量上令人钦佩和在精神方面做出榜样受许人 Arlene，由 Marc Fanticola of MCLLC 颁发。Fanticola 创造了"Matthew's Fight for Sight"，一个募集 10 万美元用于与视网膜母细胞瘤做斗争，一种折磨孩子的罕见癌症。

The Eastand West District Managers of the Year 被 Jiffy Lube Association of Franchisees（JLAF）President Jerry Conway 认可。Conway 给 Scott Lytton 颁发东部地区的该奖项，给 Skip Agate 颁发了西部地区该奖项，每个获奖者因为他们业务知识、个人对他们区域受许人的关注和支持表现突出而得奖。

二、Broadbase Inc.

1. 受许人的基本情况①

在 Jiffy Lube，顾客从来不需要预约或者必须下车加油，仅仅在方便的时候停下来即可。除了加油服务，我们提供轮胎、散热器和变速器服务、雨刷更换、汽车电池更换、燃油滤清器服务、前灯清洁和很多其他能够满足和超过你的汽车制造商建议的汽车服务。用我们打印的换油券为你提供 Jiffy Lube Signature Service，这可以节省时间和花费。

Broadbase Inc. 位于大萨克拉门托和北加州中央谷地区，是 Jiffy Lube International 的一家受许人，成立于 1985 年，拥有 33 家 Jiffy Lube 门店，在过去 23 年里经营中已经服务 400 万辆汽车。从费尔菲尔德到萨克拉门托，从罗克林到福尔瑟姆，从麋鹿格罗夫到斯托克顿，或者从曼特卡到弗雷斯诺，我们有个在你身边的 Jiffy Lube 门店。

Broadbase Inc. 信任支持我们生活和工作的社区。自从 1986 年以来，通过赞助和计划，我们捐赠了大约 50 万美元给本地的慈善事业和其他组织，包括我们 Jiffy Lube Scholarship Program、Susan GKomen Race for the Cure、Cystic Fibrosis Foundation 和 American Heart Association 这样的几个例子。

最近，我们信奉绿色并参与进来。我们是目前这个地区最大的收费机油、变速器、冷却液的回收者。我们每年回收了两百万夸脱和回收了很多我们日常油更换和汽车服务业务中的产品，如废油、机油滤清器、纸板和汽车电池。

① About Jiffy Lube，http：//www. jiffylubeca. com/about. php.

2. 受许人的收购意愿[1]

位于西萨克拉门托的 Broadbase，2005 年进入萨克拉门托市场，刚开始在罗克林开店，随后接受一家埃尔多拉多山的 Jiffy Lube。2006 年公司被评为年度受许人。

这次收购是我们公司成长的重要一步，对我们的持续增长业务战略具有关键作用。Don Fowler，Broadbase 的所有者，在新闻发布会上说："作为地区门店的单一所有者和经营者，我们将提供顾客一贯的服务和充足的门店以满足我们快速增长的顾客需求。"

三、Aimee Carlson[2]

当今年早些时候 Aimee Carlson 成为 5 家 Jiffy Lube 的业主，她已是特许经营管理的老手了。1979 年，她父亲购买了他第一个 Jiffy Lube，她在父亲建立这个事业的时候和他工作了多年。

Carlson's ORD Enterprises 位于德梅因和爱荷华州的康瑟尔布拉夫斯地区，是全美 252 个 Jiffy Lube 门店所有者之一。作为壳牌石油公司的子公司，Jiffy Lube 拥有 2000 个门店，所有门店都是特许经营或者独立所有的。Carlson 报告她的业务收入在 2010 年将上升到 270 万美元。她雇佣 42 个人，并且她介绍跟他们工作和发展他们职业是她工作的一个亮点。

Career Builder：你的生意已经经营很长时间了。

Aimee Carlson：我父亲在 1979 年搭建起他的 Jiffy Lube，并且我也在 1986 年大学毕业后来和他在一起工作。我实际上在上一年春天购买了这些特许经营门店。它是真正的家族企业。我的儿子现在为我工作。

CB：接管了所有权你碰到了什么问题?

AC：实际上并没有你在其他生意中不得不解决的其他问题。有很多文书工作，很多合同，很多文件，很多阅读。但是我知道这个业务，我在业务中长大，我知道我在从事什么。它就是通过银行和 Jiffy Lube International 检查每个人的

---

① West Sacramento franchisee buys 18 Jiffy Lube locations，Sacramento Business Journal，August 26，2008，http：//www. bizjournals. com/sacramento/stories/2008/08/25/daily20. html.

② Interview with a Jiffy Lube franchise owner，CareerBuilder. com，February 11，2011，http：//www. careerbuilder. com/Article/CB – 2666 – Business – Opportunity – Interview – with – a – Jiffy – Lube – franchise – owner/.

要求。

CB：典型的一天你怎么过？

AC：周一我在办公室，周二、周三、周四我在门店。我查看我们每天的经营，因此我们门店按照我希望的方式运营。我高度参与我们的顾客。有很多人的名字我都知道。那是我喜欢的工作内容，即参与到顾客当中——不仅是那些进入我们服务中心的顾客，同样我认为我的员工也是我的顾客。

CB：怎么样？

AC：当员工开始进入公司，我们发展一个职业规划。我们有全美范围的JiffyLube大学的奖励培训计划。都是基于计算机，它极端地不仅包括我们提供的服务，同时也有我们提供的产品。同时他们参加的课程还有一年两次进入市场的教师主导类型的。

并且随后我个人将我的经理和助理经理放到不同的研讨会，在德梅因地区完成。它可能是领导研讨会，也可能是一个培训会、一个动员会。这些技巧将在工作场所对他们有帮助，但是同样有些技巧也能帮助他们的家庭，他们的夫妻关系，以及和孩子的关系。因此我相信我的员工，并且没有他们就没有我的事业。

CB：你怎么经受目前的经济？

AC：我不知道经济真正打击我们的行业……我感觉他们在花钱时更加谨慎，他们在他们汽车上也谨慎，他们更加注意维护他们的汽车。因此我们并没有在过去两年看到行业里销售额的真正下降。但是很明显我们在寻找控制成本、控制劳动力，保证我们不被淘汰，收紧所有我们能够收紧的地方。

CB：你面临的最大挑战是什么？

AC：你知道，我希望我做的事情，并且我不知道对我来说有什么巨大的挑战。我猜测它将是迫使我在办公室做繁琐的文书工作，即作为一个生意所有者必须做的事情。我希望外出到门店去，那是我想去的地方。

CB：你最好的工作是什么？

AC：首先，作为你真正你想成为的所有者去设定你自己的伟大计划。你不需要和人讨论你想做的事情。并且，它是处理人的关系。包括消费者和我的员工。

CB：因此你也修车？

AC：我绝对干。

四、Jiffy Lube 介绍[①]

过去30年，Jiffy Lube已经以一家世界领先的汽车换油公司出现。自从它1979年成立以来，它在美国和加拿大获得了超过2000个中心并且每年服务2400万客户。一个2000人训练有素的技术人员在运营这2000个中心。除了用油更换以外，公司提供汽车维修。这些服务包括燃油系统的保养，传输、空调和电动系统。Jilly Lude是壳牌石油公司的子公司。总部在得克萨斯州的休斯敦。

这家汽车用油更换公司，在汽车润滑油市场成为最大的特许经营网络，是一家卓越的公司，因此对此感兴趣的人们提供了最好的机遇。根据Franchise Time的材料，它在2009年成为全球前200家连锁品牌。从19世纪80年代开展特许经营以来，所有Jiffy Oil门店都是特许经营门店。它渴望通过现有门店实现扩展。这就是为什么它公开欢迎有商业头脑的人开特许门店。他们的条件，除了投资要求外，包括强大的人际技巧和驱动职员和管理他们的能力。这个公司将很多人拥有自己生意的梦想变为现实。

Jiffy Lube提供全美最先进的技术培训给他们的职员。为了保持公司世界级标准，每个技术人员必须接受总部的培训计划。培训由各种技能组成，发展阶段从计算机辅助教育到手工操作工具和设备。技术培训不仅限于休斯顿，Jiffy Lube还将支持延伸到门店，以维持高标准服务。这些广泛培训的背后逻辑是与顾客建立一个可信的关系。

Jiffy Lube作为快速更换油的开拓者，总是顺应最高标准的汽车油更换和维护的服务标准。这个公司的愿景赢得了它无懈可击的声誉和在它竞争者中的价值。

五、LUCOR Inc. [②]

1998年4月16日，美国最大的Jiffy Lube受许人宣布以现金方式收购位于弗

① Thomas E White. Jiffy Lube - Franchise Review, December 23, 2009, http: //ezinearticles. com/? Jiffy - Lube - Franchise - Review&id =5940529.

② LUCOR Inc. Purchases 23 Jiffy Lube Units in Virginia and North Carolina, 16 April, 1998, http: //www. theautochannel. com/news/press/date/19980416/press011488. html.

吉尼亚州和北卡罗来纳州的 23 家 Jiffy Lube 门店。这个收购完成后使 LUCOR 拥有了全美 7 个州的 125 家 Jiffy Lube 门店。LUCOR Inc. 是 Jiffy Lube International Inc. 最大的受许人和唯一一家公开上市公司受许人。LUCOR Inc. 继续执行扩张计划，远期目标是经营 300 家门店。

六、Bill Bhangal①

2009 年 4 月美国经济环境仍很恶劣。Bill Bhangal 是西南部一个拥有 Jiffy Lube 门店的受许人，他说他的收入就像经济一样受到重挫。低迷之前，顾客愿意在 4000 ~ 5000 公里到来，现在他们忍到 7000 公里，顾客愿意接受的服务也比从前少些。

业务的下滑，他估计在 7 ~ 10 个百分点，每位顾客的收入已经降到 69 美元，他希望增加到 80 美元。但是实现这点的快速做法是提高价格——在这个艰难的时刻这是一个选项。2 月份的销售比上一年下降了 7%，而 3 月份显示温和的上升。42 岁的 Mr. Bhangal 说道，他已经在汽车行业工作了 15 年。

他从一个小的车库起步，随后是服务站，在六年中购买了独占的区域特许经营权，即在宾顿市、密西沙加、奥克维尔和伯灵顿的 10 家门店，拥有员工 110 名。在 Jiffy Lube 的网站中，Bhangal 先生说他每家店投入了 75 万美元，包括特许经营费用每家约 18. 8万美元到 32. 5万美元。

Bhangal 的一线希望是高顾客保有率，大约 75% 的顾客在未来 4 个月内会再次光顾。他说根据他外包的每周顾客调查，显示忠诚的原因是增值服务，包括换油时免费汽车清洁，免费咖啡和休息室的报纸、宠物水碗。

尽管提供了额外服务，并且拥有比主要竞争对手低 7% ~ 10% 的价格，但是 Mr. Lube，Mr. Bhangal 并不能对每位顾客匹配比他对手更高的价格。很大的原因，他相信是低的品牌意识。仅在安大略省就有 44 家 Jiffy Lube 门店，几乎是竞争对手的一倍。Bhangal 花费 3% ~ 5% 的销售收入用于广告传单、广告牌和优惠券，但是说他有个不利的情况，因为 Jiffy Lube 不能从全美广告中收益。

Bhangal 说萧条可能因祸得福，他希望当他的顾客选择维护他们老化汽车的情况下，他们下次换油将会来他这儿。

---

① Oil – Change Franchisee Needs a Turbo Boost, Home " Report on Business " Small Business" Growth, Aug. 24 2011, http: //www. Theglobeandmail. com/report – on – business/small – business/sb – growth/oil – change – franchisee – needs – a – turbo – boost/article591758/.

一家位于密西沙加在全球提供受许人咨询的公司，Northern Lights Franchise Consultants Corp. 的创始人兼总裁 Perry Maisonneuve 说 Bill Bhangal 应该提高它在 Jiffy Lube 门店的价格以与他们主要竞争对手抗衡。Maisonneuve 说 Bill Bhangal 不需要在价格上竞争，因为他的顾客中 75% 再次光顾，源于几乎没有额外物，已经在顾客头脑中存在明显的价值，如果增加他换油的基础价格，从 42 美元到 45 美元附近，收益将出现 7% 的立即提高。

Maisonneuve 说第二步是培训 Jiffy Lube 所有层次的员工，提高他们的销售服务水平，向顾客推行高价产品或服务的实战。人们保留他们汽车的时间延长了，而不是更换汽车，因此应该促销、出售产品给顾客。使他们知道升级合成油的好处，在加拿大的冬天，这将延长汽车的寿命和提高发动机的功率和效率。

然后通过公关和本地媒体宣传环保钱包和环境的双重效益来扩大这些做法。

Maisonneuve 说 Bhangal 增加他的市场营销预算是关键，因为他们没有像他对手那样全国性的广告支持。但消息真正的共鸣，他必须专注在立即社区（in the Immediate Community）的潜在顾客。换油业务是一个冲动型购买，哪儿方便你去哪儿，或者去一个你信任的人那儿更换——你自己的经销商和机械师——并且除非什么东西改变了平衡，如人的关系，你才会变化。

Bhangal 应该网络化、做广告，甚至赞助本地组织的活动。Maisonneuve 说如果我女儿的足球俱乐部获得换油中很小比例的赞助，我将会光顾。

建立顾客忠诚和产生生意，他推荐奖励计划。比如，告诉顾客如果经常光顾他们将获得一年每四次免费一次的机会。Maisonneuve 说底线是 Bhangal 应该做差异化。所有事情都一样，你将去那些更方便的地方。因此我们做出变化：你不要所有都一样，你希望它成为一个目的地，而不是冲动。

Michael Abramson 同意 Toronto - based Adlib Group Inc. 总裁的看法，专注于受许人营销，他说 Bhangal 的那些门店必须产生优秀的口碑。

在检查了 Bhangal 的广告后，Abramson 建议一个改造："他已经无忧驾驶，但是那不是有关无忧驾驶，他与众不同。毕竟，如果换油真正提供无忧驾驶，顾客将可以在其他换油地点获得同样的东西。"

Abramson 说同样，无忧主题可能不能在潜在顾客中脱颖而出，因为它将容易让人想到轮胎、刹车或安全带。他们在其他地方找不到的是 Jiffy Lube 的价格和它舒适的服务环境。

Abramson 给 Bhangal 特许经营门店的创意标语，比如"更好的换油处理，你无须叫我们先生"（A Better Deal on Oil Change and You don't Have to Call Us Mister）。

他解释"先生"这次有双重意义，它说我们不是那么正式（强调服务环境），同时也表示我们在行业大家伙（Jiffy Lube）的基础上提供服务。

从长期企业健康的角度考虑，Maisonneuve 说 Bhangal 必须仔细审视一下他的商业模式并且考虑移除和关闭一些没有业绩的门店。Maisonneuve 在 Bhangal 所有门店中，他看到有超过 140 万人和很多汽车，因此 Bhangal 已经进入扩张自己薄薄的裂痕中，就像很少的奶油太多的面包那样。

他建议 Bhangal 遵循聚类概念零售（Retail Concept of Clustering），或者说将他的门店之间离得很近，因此顾客注意到他们周围更多的门店，反过来提高品牌回忆。这也帮助带来驾车顾客。

Maisonneuve 补充道："如果你管理你的常旅客，你将在竞争中有效地成功抓住市场份额，并实现成长。"

七、LUCOR Inc.①

1999 年 5 月 4 日，LUCOR Inc. 宣布公司将完成对 73 家额外 Jiffy Lube 门店的收购。这些门店位于佐治亚洲的亚特兰大、俄亥俄州辛辛那提市、俄亥俄州代顿、密歇根州的代顿和田纳西州的纳什维尔，详细的细节没有公布。交易对象是一个所有经营中的大额不动产。它已经从 Enterprise Mortgage Acceptance Corporation（EMAC）获得资金以支持这项交易。管理层相信这次收购将对收益有正面影响。

LUCOR 的总裁，Jerry Conway 评论道：因为与 Lucor 目前的目的临近我们历史上有强大的经营能力，我们感到这项交易与公司的战略完美匹配。这桩交易提供了公司扩大规模的独特机遇，即通过收购 Jiffy Lube 和 Q Lube 门店来实现。作为结果，我们能够吸收和复位这些市场的门店以提高总的收益。

点评：

多店受许人的经营管理能够做得很有特色，比如通过赞助和捐助参与社区活动，参与到绿色活动中去，回收各种有关废料。多店受许人对门店的管理、特许人的培训支持、特许体系向顾客提供的产品，这些都是成功的关键。

受许人 Aimee Carlson 对门店进行密集管理，周一在办公室，周二、周三、周四在门店，查看门店的经营，所以门店按照 Aimee Carlson 希望的方式运营。Aimee Carlson 将自己的经理和助理经理放到不同的研讨会，可能是一个培训会、

① LUCOR Inc. Announces Completion of Acquisition, The Free Library > Communications > News, opinion and commentary > PR Newswire > May 4, 1999, http://www.thefreelibrary.com/LUCOR+Inc.+Announces+Completion+of+Acquisition.-a054546890.

一个动员会。

Jiffy Lube 提供全美最先进的技术培训给他们的职员。为了保持公司世界级标准，每个技术人员必须接受总部的培训计划。培训由各种技能组成，发展阶段从计算机辅助教育到手工操作工具和设备。技术培训不仅限于休斯顿，Jiffy Lube 还将支持延伸到门店，以维持高标准服务。这些广泛培训的背后逻辑是与顾客建立一个可信的关系。

Jiffy Lube 作为快速更换油的开拓者，总是顺应最高标准的汽车油更换和维护的服务标准。这个公司的愿景赢得了它无懈可击的声誉和在它竞争中的价值。

LUCOR Inc. 收购 73 家 Jiffy Lube 门店，因为前者的经营能力临近历史最高水平，这与这桩交易匹配。这桩交易扩大了公司规模，实现了 Jiffy Lube 门店扩张，作为结果他们希望恢复门店经营水平，以提高总的收益。

案例15　KFC

一、强制装修与 JRN 的官司[①]

2011 年 1 月 7 日来自 Dyer Reed PLLC 资料。以前我们讨论了阅读和理解印刷精美的特许经营的分歧的重要性。特别是我们注意到 D&D Food Management，一家在阿拉斯加、爱达荷、加利福尼亚州、明尼苏达州和得克萨斯州地区 77 家 KFC 的经营者，作为 KFC 装修要求的后果，宣布了破产（第一章）申请。当受许人对两个借款人欠债6100 万美元，其中一部分欠款来自支付某些餐厅的收购资金，门店当时还是盈利的。但是在特许经营合同中增加了更新装修的负担，受许人现金就很少了。可悲的是我们看到，KFC 根据特许协议强制要求装修更新，在林顿印第安纳另一家 KFC 决定关闭，成为牺牲的受许人。

作为 KFC 诉状的结果，林顿印第安纳受许人决定关门。应该注意到，林顿印第安纳 KFC 不是第一个 KFC 要求更新装修而提起诉讼的受许人。最近，KFC 起诉了它的第三大受许人和所有者 JRN Inc.，后者在中西部地区及东南亚拥有 200 家 KFC 门店。但是 JRN 对 KFC 提交的反索赔进行了回击。考虑到很多 KFC 的销售量不能提供恰当数量的资本或者基金的投资或资助必要的贷款还本付息，那么 KFC 更新装修被证明存在问题。

JRN 有资金对特许人进行反击，而其他受许人可能做不到。对于这些，关键是在执行特许协议之前，询问有关特许协议所规定的任何资本支出。提前了解对你的资本要求，将让你更好地判断特许经营的真实价值。

① cardenas, green, KFC Remodeling Requirement Closes Another Franchise – Be Wary of Your Franchise Agreement's, January 7, 2011, http://www.troubledrestaurant.com/index.html? page = 3.

二、许多 KFC 餐厅将受到市场打击[①]

2011 年 9 月 20 日，来自 Jonathan Maze 的资料。在接下来几个月，许多 KFC 餐厅将受到市场打击。Kazi Foods，作为 KFC 第二大受许人如果不能和它的特许人和借款人达成破产协议，它将寻找出售他们的多家餐厅。

Kazi 由 Zubair Kazi 拥有，在几个州和东西海岸经营 200 家 KFC 餐厅。像很多的多店受许人一样，他们在不同的公司名下经营。从二月到三月，Kazi 将拥有 130 家餐厅中的 4 家公司，在密歇根州、纽约州、佛罗里达州和马里兰州申请了破产，随之出现了与他的借款人 GE Capital 之间关于 Unpaid Bills 的争议。这四家公司欠款至少 7000 万美元，并且已经关闭了 32 家餐厅。

这个夏天，Kazi 与他的借款一起制订了一个重组计划，但是 KFC 要求餐厅更新装修和其他问题使得这个计划偏离了方向——KFC 严格执行对经营者的更新装修要求，如果不能按期完成，KFC 经常强迫门店关门。争议席卷了许多大的受许人。

在一个关键的议案中，密歇根州的美国破产法官偏向特许人，裁定在 Kazi 履行特许经营协议中的义务。受许人 Kazi 正在申诉，但是在判决期间，必须采取两手策略，即同时准备破产的策略。

公司正在与 KFC 和 GE 协商重组计划，该计划将改装它的许多门店并且能够偿还它的负债——一个大问题，这样的改装将给受许人增加巨大的额外成本。

但是 Kazi 同时也在考虑出售。Gross 说："我们寻找所有选取，如果我们不能达成重组协议，将考虑所有我们希望的、KFC 和 GE 都认可的销售程序。" Gross 说出售将对所有竞标人开放，即使是那些非 KFC 卖家，他们可以将这些 KFC 门店转换成其他牌子。

那是很不常见的，因为餐厅通常在现有品牌下更有价值。Gross 说："但是债务人在地理上是如此分散，那将更有意义。" 我们愿意 KFC 餐厅被粗暴地卖掉了，并且一些 Kazi 门店，特别是在密歇根州地区，严重地受到经济萧条的影响。并且考虑到 KFC 在全美范围的斗争，我们猜测他们在其他品牌下将更有价值。

与此同时，Kazi 与 KFC 的争执超出了近期破产餐厅的范围。上个月末 KFC 起诉 Kazi 及其附属公司 Louisiana Restaurant Group，重新援引 Kazi 的餐厅没有更

---

① Jonathan Maze. Could A Big KFC Franchisee Hit The Market? September 20, 2011, http://www.restfinance.com/content/story.php?article=00645.

新装修。在明显地给 Kazi 若干年去遵守更新要求之后，KFC 终止了 14 家门店的特许协议，大多数分布在路易斯安那州、加利福尼亚州和科罗拉多州。KFC 愿意餐厅关闭，除去形象意味着它愿意从这些地点移除 KFC 标识。Kazi 对已经提起的诉讼做出了回应。餐厅现在没有破产，因此诉讼将不会对这些造成影响。

三、Harman - Management Corporation

KFC 选择加州南县做市场测试，以检验在线预订服务是否将在全美推广。以洛斯拉图斯为基地的 Harman Management Corp.，经营着 34 家 KFC 门店，分布在加利福尼亚州、科罗拉多州、犹他州和华盛顿，将在 43 个门店地区测试这个概念。

1999 年 2 月 25 日 KFC 最大的受许人 Harman Management Corporation，同时也是 Taco Bell 连锁受许人，与 Par Tech Inc. 签订了合同，用 Par Tech 为他们将近 300 家的 Taco Bell 以及 KFC 提供端到端的餐厅管理解决方案。

合同还包括了 Harman's Multibrand（2 合 1）门店和递送餐厅。Par Tech Inc. 是 Par Technology Corporation（NYSE：PTC）的全资子公司，将为门店的前台和后台办公（非正式）软件应用，以及 Pentium（R）硬件的 POS（Point - of - Sale）销售终端。此外，Par Tech 将提供专业的人力资源服务，从系统管理到问责制方面的帮助，这将使得 Harman 能够从他们餐厅的企业层面进行交流。

Harman Management 的信息技术总监 Michael Haase 评论说："Harman Management 选择 Par Tech 整合的餐厅管理系统，是考虑软件的灵活性、功能点和它满足我们大型餐厅网络严格要求的能力。Par Tech 在餐厅业有 20 多年的经营和良好的声誉是我们决定选择它作为我们系统提供商的核心要素。"

Pete 抛硬币给餐厅取名叫 KFC 并成为 Sanders（Pete Harman's Salt Lake Citydiner.）的第一个受许人。15 年后，Pete 和 Harman 现在成为洛斯拉图斯的居民而他创立的公司，Harman Management Corporation 管理大约 335 家独立拥有并经营的 KFC 门店，后者目前在百胜旗下，在全球拥有 13000 家特许经营门店。

庆祝和认可是 Harman Management Co. 每天生活中的实质。对于全美最大的鸡肉连锁店，Harman Management 传统要感谢创始人 Peter Harman——庆祝它的团队超过 5000 人，就是梦之队的计划，Hall 的名望和 Harman 的精神。

KFC 最大和最古老的特许组织，拥有 264 个门店的 Harman Management Co. 是第一个出售 Original Recipe 炸鸡产品的经营者，它是用 13 种秘密的药草和香料炮制的。但是当 Sanders（从各种行业会议中相识）刚开始兜售产品时，它还没有名字。

1952 年在他的路边增加了 Harman 菜单中的产品，16 座的 Do DropInn 因为他的菜单生成一个名字，Harman 从符号画家（Asignpainter）得到的援助来帮助命名 Kentucky Fried Chicken。

Harman 已经寻求到以一种不同于 Do DropInn 标记的菜单项来出售产品的允许。Harman 和这个革新，得到了 Jackie Trujillo 总裁、James Olson 董事长和由其他地区总监组成的精良团队，大约 28 个顾问、总经理、联合经理等的支持。

公司在 KFC 系统为其他受许人做出了榜样。但是公司也是特许人眼中的思想和灵感源泉，长期处在尖锐的所有权变革当中，从百胜的食品与饮料集团凝结为以餐厅为中心的百胜全球餐饮公司，餐厅集团得以分拆上市。

百胜的副总裁 Harman 兼董事长 David Novak 说："该组织成为该体系中最具变革力量的组织。Pete 扮演的角色向每个人显示了什么是人们真实的关注和什么是经营所做的事情。百胜从 Harman 采纳的一个事情是真正强大的识别方向。Harman 显示了你能得到结果的一条道路。"

Olson 说："我们经常被作为一个榜样。我们有一个非常重要的角色，对双方都有利。我们领导了很多项目，并在方案背后有投资，这对受许人和特许人都有好处。"

公司认真地发挥它的作用，同时也需要特许人的领导。前一年被任命为百胜董事局的董事 Trujillo 说道："我们的职责是运营我们的市场和尽最大努力坚持和保护这个品牌，但是我们同样希望在广告、市场、运营计划方面得到我们母公司的领导，以便让门店经营得更好。"

四、Brentwood Associates①

Brentwood Associates 是一家位于洛杉矶地区的私人股权投资公司，宣布收购总部位于阿肯色州史密斯堡的 K - MAC Holdings Corp. 。K - MAC 是一家全美 TacoBell 最大的受许人，同时经营着 KFC and Golden Corral 餐厅。K - MAC 全称为 KenMc Gruder，在 1964 年创建，已成为美国百胜品牌最大的受许人之一。它通过开新店和收购，在过去几十年获得发展。目前，K - MAC 经营着 190 家餐

① Ron Ruggless. Taco Bell franchisee K - Mac sold, March 17, 2011, http://nrn. com/article/taco - bell - franchisee - k - mac - sold.

厅，包括 166 家 Taco Bell 餐厅，19 家 KFC 餐厅和 5 家 Golden Corral 餐厅。K－MAC 的门店分布在阿肯色州、印第安纳州、密苏里州、俄克拉何马州、田纳西州和得克萨斯州 6 个州，即美国中南地区。

五、Greg Cultchall①

Greg Cultchall 作为一个投资群体的 KFC 经营者开始，现在以半打特许经营品牌和餐厅率领他自己的组织前进。Greg Hamer 先生出售了他在路易斯安纳州的家族油田生意，进入特许经营，现在他家庭经营的公司名下，拥有三个州 50 家 KFC 和 Taco Bell 餐厅。因此无论你是拥有远大计划和梦想的单店经营者，还是几个品牌几十家门店的控制者，我们希望你发现兴趣，即使是接下来的娱乐关系。你可能发现一两个金块，你能运用到你的生意，或你的生活中。多店特许是一个正在成长、复杂的、多样性的商业，充满了变化和挑战。但是有个事情是肯定的，它永远是令人激动的。

谈起巨型受许人，在 19 世纪 80 年代早期，Iris Cohn 和她丈夫 Dick 就开始在芝加哥经营一家 Taco Bell 餐厅，并稳步成长为一个品牌的最大受许人。很快到 2011 年，他和生意伙伴 Terry Haseman 监管着 47 家 Taco Bell 餐厅，包括 9 家 KFC，3 家 Pizza Hut 和 3 家 Long John Silver’s 多品牌门店，但是这些并不容易驾驭。

位于波斯顿的 UFood Grill 总裁兼 CEO，George Nadaff 说："我曾经在波斯顿地区拥有 KFC 门店。每次我们在机场开店，几百万人能看到这个牌子，并且其中一定比例的人将购买食物。在以往的日子里，当我在市郊市场开店，你知道要把客人吸引进门店必须花多少钱吗？而在机场我不花一个子。交通要道并不仅仅在那样的风险投资中免除了广告，行人能看到，它提供了一个品牌认知的平台。20～30 个机场的 7 亿人，还有什么更好地把你的食品品牌传递给大众途径呢？"他说当银行开始重新借款，UFood 将很好地占据了自己扩张的位置，大多数通过区域发展协议。

---

① JOHN CARROLL，Greg Cutchall，Multi－Unit Franchisee，2009 Issue 1，http：//www. franchiseupdate－digital. com/franchisee/2009iss1#pg4.

六、Jim Bodenstedt[①]

2003 年 Jim Bodenstedt 成立了 MUY Brands LLC，当时收购了西得克萨斯州科珀斯克里斯蒂的 18 家现有西得克萨斯州科珀斯克里斯蒂餐厅。2004 年 10 月 MUY Brands LLC 又收购了在得克萨斯州的威奇塔瀑布的 4 家 KFC & Taco Bell 餐厅。到 2010 年公司收购了位于圣安东尼奥、休斯敦、南得克萨斯 108 家 Pizza Hut 餐厅，从此公司成为百胜集团的 5 大受许人之一。

七、KFC 特许经营招募总监的看法[②]

2012 年 KFC 特许经营招募总监在 All Business. com 刊登了他招募多店受许人的思考。

19 世纪 60 年代对一对夫妇来说，度假并不是常见的事情，在 KFC 餐厅停留用餐，并随后联系 Colonel Sanders 申请在他们的家乡开始特许经营。爸爸将忙碌厨房的事情，妈妈负责收银，并且他们将在随后 40 年里保留一到两个门店受许人。时代发生了改变。目前，多数品牌寻求多店经营，努力提高专业化水平，提供增值机会和维持特许支持成本在合理水平。谈到多店特许质量理想情况，问题变为："品牌如何才能创造成功的多店特许。"作者有三个思考：一是招募具备多店特许能力的受许人，二是围绕关键的成长就绪业绩建设系统能力，三是积极拓展成长就绪的受许人。

在 KFC 特许体系中，许多具备多店特许能力的受许人，是以区域教练或者类似 QSR 行业中门店领导的角色开始的，并通过那些经验展现出驱动业绩的能力。如果大部分受许人没有这些经验，我们就要求主要经营者在特许实体中有股权利益。我们业务的实质是照顾好客人，并且从前作为多店经营者的成功是竞争力强大的信号。我们通过面试测试来确定多店能力倾向，专门设计来评估一个特许前景与多店特许关系是相连的。通过一系列的操作面试，我们判定前景是否展

① http：//www. muybrands. com/AboutUs/tabid/1634/Default. aspx.

② Scott Haner. Guest Editorials - Having Our Say. Franchising World January 2012，http：//www. franchise. org/Franchise - Industry - News - Detail. aspx? id = 55722.

现出了建立团队能力和与我们公司文化的适应情况。最后，通过的候选人需要表述一个多店特许关系可行的愿景，并且确认财务上的必要资金以把他们的梦想变成现实。

一旦新的受许人进入 KFC 体系，他就有问责制来经营巨大的餐厅并建设 KFC 品牌。品牌的作用是促成这个绩效，体现在建设系统能力、清晰定义成长就绪的标准、最好的培训课程、详细的反馈、辅导、指导以及世界级的认可方面。

从一个受许人进入 KFC 体系的第一天起，KFC 定义了受许人的经营是如何评估的，以及什么东西作为成长就绪被通过。这包括：中间的其他手段、强的顾客独立、平衡业务记分卡的使用，以及替补和人员发展的人力资源方面的优秀表现。KFC 训练和百胜大学提供了广泛的科学，教会受许人基本知识，提升餐厅业绩和促进人力发展。我们区域经营经理提供定期的辅导和支持，包括讨论整个特许体系中最好的经营实践，并且我们特许体系引以为自豪的是一个认可的文化，许多经营指标表现突出的时刻进行庆祝，鼓励其他人效仿。但是所有实践秘密的成分来自现有特许人。KFC 有了很多的多店受许人（MU Franchisee），他们在经营业绩方面有一套很高的标准，并且他们经常讲解，愿意和体系内的其他人分享诀窍——所有的目的都是让 KFC 品牌变得更加强大。

最后，品牌必须认可和扩展这些受许人已获得增长的权力。这是为什么成长就绪的标准首先建立，已帮助确保品牌建立在强大的基础上。这可能实质上很简单，也可能是个挑战，当受许人有很好的资金支持，尽管是个拙劣的经营者。建立新的门店还是购买额外门店这个问题，正确的答案就是聚焦在受许人固定的现有经营，以及被允许的通过的成长就绪的能力建设上。考虑到能力是非常重要的，在新的扩展的组织中，经常出现超越他们餐厅现有基础需要的东西。

一旦成长就绪，经营者的储备建立起来，品牌就有能力在他们的方向上引导扩张机会。对于在连续市场上发展和待售的餐厅来说，这可能是个新的领域。一段时间后，这个活动推动了质量运营商的增值，他们展现出驱动多店业绩的能力。

扎实的招募、清晰的标准、优秀的培训、辅导和指导、扩张的纪律，这些都是我们用来创建成功的多少受许人的核心。

点评：

作为成熟的特许体系，在经营若干年后，都有一个门店重新设计、重新装修的问题，而市场基本稳定的情况下，多店受许人可能没有把门店重新装修费用列入计划。有的受许人，不希望再投资更改，但是他们的规模太小，无力对抗 KFC 的政策，只有额外再投资。而规模大的受许人，即大型的多店受许人，可能反对特许人，对不合理、不合法的特许人的政策提起诉讼进行斗争。对一般多店受许人来说，大规模的更新，意味着很大的财政负担。说到底，这是特许体系建设方面的决策和投资，以及成本分摊的问题，涉及特许人与受许人的利益。

KFC 特许经营招募总监在 All Business. com 刊登了他招募多店受许人的思考，阐述了他的三个观点：第一，招募具备多店特许能力的受许人；第二，围绕关键的成长就绪业绩建设；第三，建设系统能力，积极拓展成长就绪的受许人。这是特许人对多店特许工作的总结。

虽然 KFC 并不是多店特许体系的典型代表，但是 KFC 从前在顺序多店特许方式方面做了很多工作。现在在美国也有一些大型多店受许人，如第三大受许人和门店所有者 JRN Inc.，在中西部地区以及东南亚拥有 200 家 KFC 门店。

案例 16　Pizza Hut

一、NPC

Bank of America Corp. 已经同意出售最大的美国 Pizza Hut 受许人给一个 Olympus Partners 成立的以 BrianT. 为 CEO 的公司。根据文件，在银行 2009 年收购美林证券公司中继承了 NPC，后者在 2006 年 5 月以 6.15 亿美元的价格购买了 Pizza 承办商。在堪萨斯州的 Overl and Park 的 NPC 成立于 1962 年，经营着 1000 多家餐馆。这次收购预期将得到高盛集团和巴克莱银行的信贷支持，餐馆经营者将得到来自摩根大通公司条款的建议，但在陈述中并没有发布。①

与 NPC International 达成一致，NPC 的目标是继续保持 Pizza Hut 体系的增长。2012 年 1 月 12 日，从 NPC 宣布同意从附属公司，以 1880 万美元现金、外加一定的库存以及预付和储备现金，收购 36 家 Pizza Hut 门店，它已经和 Pizza Hut，Inc. 及附属公司达成了资产出售协议。ASA 所收购门店坐落在佛罗里达州杰克逊维尔地区，由 27 家快递/外卖门店和 9 家餐厅组成。根据 NPC 提供的信息，收购的其中 30 家门店，截至 2011 年 12 月的过去 53 周，产生 2780 万美元的净销售额；其余的 6 家门店并没算在这些结果中，因为没有一家门店在附属公司的管理满一年。②

NPC International Inc. 是 Pizza Hut 最大的受许人，也是《特许时代》2010 年评选的最大 200 家餐厅受许人名单中的企业，是美国所有餐厅品牌最大的受许人。在 2011 年通用电气资本公司特许财经授予的连锁餐厅回顾中，成为全美第

---

① Hugh Son. BofA to Sell Biggest U. S. Pizza Hut Franchisee to Olympus, Nov 7, 2011, http://www. bloomberg. com/news/2011 - 11 - 07/bank - of - america - to - sell - npc - pizza - unit - to - olympus - partners. html.

② Ron Ruggless. NPC International to buy 36 Pizza Hut, January 19, 2012, http://nrn. com/article/npc - international - buy - 36 - pizza - hut - units.

八大餐厅经营者。公司成立于1962年，在28个州经营着1511家Pizza Hut门店，主要分布在中西部、南部和东南部。从2011年第三季度看，公司经营占到了国内Pizza Hut餐厅体系的19%，按照门店计算占到了21%，排除了公司那些许可经营限制菜单以及没有外送的某些市场。①

二、ADF Companies

ADF公司宣布收购165家Pizza Hut餐厅，交易价格总计1.15亿美元。加上这些收购，ADF成为Pizza Hut全美最大受许人，经营的餐厅覆盖纽约、新泽西州、康涅狄格州、佐治亚州、田纳西州、佛罗里达州、阿拉巴马州、宾夕法尼亚州、马里兰州、弗吉尼亚州、西弗吉尼亚州和华盛顿特区。“收购这些Pizza Hut餐厅，以及资产重组、再融资，坚实地支持了我们Pizza Hut特许经营的成长，惠及整个百盛品牌。”ADF董事长Don Harty说道。②

ADF是全球Pizza Hut第二大受许人和百胜品牌第三大经营者。成立于1998年，ADF公司从20家门店发展到目前的300多家。而且它还在继续成长和收购新的资产。强大的领导团队拥有100个多店餐厅经营和发展经验。目前，ADF在11个州拥有和经营着几百家百盛餐厅，分别是Pizza Hut、KFC、Taco Bell。③

三、Fugate Enterprieses④

两个比一个好，尤其对商业来说。一家地区性公司知道这样得到了成功。当你在一家特许店吃饭，你也希望在其他任何地方尝到同样的味道。Geoff Graves经营他的门店，Graves说道：“买入一个特许体系（门店）真正的优势是你买入了品牌和方法，且当你开店公司已经存在，会给你指导。”

① NPC International, Inc. Announces Agreement to Acquire 36 Units from Pizza Hut, Inc., Restaurant-News. com Press Release, January 19, 2012, http://finance. nrn. com/nrn/news/read/20431472/npc_ international.

② PR Newswire, ADF Companies Acquire Pizza Hut Restaurants, http://www. wnd. com/markets/news/read/596968/adf_ companies_ acquire_ pizza_ hut_ restaurants.

③ 来源：http://www. adfcompanies. com/about. php.

④ Fugate Enterprises finds success in franchises, KSN TV, Kansas News and Weather, February 3, 2010.

Fugate Enterprises 拥有 200 家 Pizza Hut 门店，大约 70 家 Taco Bell 门店和 40 家 Blockbuster Video 门店。他刚在 18 个月前收购了威奇托的所有 Pizza Hut 门店。Graves 说："所有的管理都来自威奇托的中心办公室，我们另辟蹊径，我们用'地区经理'（Regional）、'区域经理'（District Manger）以及门店经理"。

威奇托的 Fugate Enterprises 是 Pizza Hut、Blockbuster and Taco Bell 连锁体系十大受许人之一。这是一个有威力的数字，因为你会看到三个品牌中交叉晋升，这三个品牌在这个市场可以相互援助。Graves 说："会员可以到 Blockbuster 门店购买会员奖励，不仅限于 Blockbuster，我们走得更远，给予会员在 Pizza 和 Taco Bell 的折扣。"

当时机会来临时公司的成长需要控制、需要空白。如果生意合适，他们将开另一家店。他们经常联合同一地点的两到三个不同特许体系，以最大化房地产投资。

四、Border Foods①

1. 运用卫星技术

Border Foods 在它的 Pizza Hut 特许门店中应用卫星技术预订披萨。宽带卫星技术提供的速度和可靠性增加了效果，为多个行业带来了利润，包括通讯、金融服务、酒店、零售等。新的进展是披萨业。排队预订购买披萨让人疲惫。

Border Foods 在明尼苏达州、爱荷华州和威斯康星州拥有 80 家 Pizza Hut 门店，部署了 DIRECWAY 的宽带卫星网络，确保了门店接受在线预订。结果是更快的服务速度，由顾客消费，以及更高的店内效率。

想象一下从工作中冲回家，发现冰箱里空空如也，孩子们在玩课后的各种活动。你可以上电脑，进入 Pizza Hut. com 点几下鼠标就可以预订披萨，外送人员将准时把热的披萨送到你家里。

在线预订成为可能以后，Border Foods 拥有的 Pizza Hut 顾客，可以提前从家里或者办公室，用电脑预订披萨。他们可以用信用卡在线支付，或者货到付现金。因为 Border Foods 几乎一半以上 Pizza Hut 在乡村地区，卫星提供的宽带服务能力让 DIRECWAY 能够解决问题。从获得订单，Border Foods 的 Pizza Hut 主页给

① Ordering Pizza at the Speed of Satellite：Border Foods and Its Pizza Hut Franchises，Hughes > News & Events > Case Studies > Restaurant > Border Foods and Its Pizza Hut Franchises，http：//www. hughes. com/NewsEvents/CaseStudies/Restaurant/Pages/BorderFoodsandItsPizzaHutFranchises. aspx.

顾客提供最近的门店。

DIRECWAY 卫星技术还提供其他的价值。比如门店工作中人员减少了电话处理订单的时间花费；在线预订没有忙音；选择电话预订忙音非常少；门店经理有更多时间分配他们的一天，分配供给和资源；顾客提前订餐或者聚会。

另外，投资回报很可观。Border Foods 的平均每张订单的价格增加了。顾客现在能够在线看到整个菜单，并且花费他们的时间预订。根据 Border Foods 高级营销副总裁 Barry Zelickson 的说法，随着顾客增加浇头、配菜、点心、饮料，订单的规模和价值在增加。

Zelickson 说现在大约 5% 的订单来自在线预订，考虑到我们刚刚上线，这是一个惊人的成绩。另外，在线预订带来了新的顾客。我们识别了 21% 的当前在线订单来自那些原先没有光顾 Pizza Hut 的顾客。这意味着在线预订是个好的增加忠实顾客数量的好办法。与 Pizza 门店相比，除了几个电话号码不同以外，顾客能够在他们工作或者家庭电脑上收藏网页。Zelickson 认为 DIRECWAY 网络是个投资策略，随着时间推移将有回报，他计划增加办公室投票以及未来网络（卫星网）的互联网应用。

12 月 14 日，Border Foods 正式宣布在线预订系统，以及包括广告节目、与本地报纸和他们的网页合作的广告运动。

2. 门店交易①

1986 年 1 月 29 日，Jeffand Lee Engler 在下班回家的路上进入明尼阿波利斯郊区的一家杂货店。两人都有种犯规的心情，不是因为航天飞机挑战者前天爆炸，也不是因为 Jeff 的汽车在店里而必须与他的小弟拼车，而是他们为什么那天晚上一起到杂货店来。

今天，Border Foods 公司成为全美最大多店受许人之一，如果这一对有更大的理想扩展到明尼苏达州的边界，那么规模还会更大一些。他们拥有 90 个 Taco Bells 门店，77 个 Pizza Hut 门店，以及一小撮 Long John Silver、Wing Street、AuBonPain 门店。

教训：是品牌而不是规模驱动复杂度。

Border Foods 的成长来自两个事件：第一个是 Taco Bell 交易，第二个是 2000 年同样大规模的明尼苏达州的 Pizza Hut 门店。Lee Engler 回忆道："当我们第一次经营 Pizza Hut 的时候，我们高兴了 12 个月，随后他们意识到运营多品牌的困难，即使是在同一家公司"。

当 Pizza Hut 和 Taco Bell 为一家公司拥有，都是 KFC 的特许经营品牌，同属

① Jonathan Maze. Bordering on Greatness. Franchise Times – November – December 2007, http://www.franchisetimes.com/content/story.php?article=00591.

百盛品牌，每个都有它不同的特点。挑战在于将不同的特点归并到一家公司。Lee Engle 称对拥有多个品牌的受许人重要的是认清各品牌的差别，哪些应该剔除，哪些独自离开。

五、Wisconsin Hospitality Group①

Wisconsin Hospitality Group（WHG）拥有并经营着 41 家 Applebee 餐厅，83 家 Pizza Hut 餐厅，总共 124 家餐厅。它的销售已经增长到一定点位，目前是威斯康星州地区最大的食品服务特许企业。公司遵循两个原则：人和利润。从这里出发他们得出了公司的口号：乐趣，赚钱！虽然 WHG 是一家多店所有者和经营者，它的 IT 部门跨越两个品牌工作。随着公司和餐厅的成长，他们发现成长超出了 IT 供应商提供软件应用给财务和即时经营数据的能力，仅仅简化包括数据。八年后饱受一家供应商和应用一成不变的煎熬，WHG 开始寻找更好的解决方案，那些能够促进公司成长和简化报表的供应商。在 CFO Jason Westhoff，以及公司的信息技术总监 Peter Paasch 带队出席 2008 年多店餐厅技术大会以考察新技术。Paasch 是一个社团官员，在航空工业软件开发领域很出名，并不是餐饮业。他研究的软件的方向是应用程序架构的技术质量。

六、Rage Inc. ②

Pizza 受许人 Rage Inc. 实施了 U. are. U 指纹识别应用，包括分布在南卡罗来州、北卡罗来州、肯塔基州、田纳西州和弗吉尼亚州的 118 个门店。这个系统要求雇员在使用公司 POS（Speedline Point – of – Sale）系统时扫描他们的指纹。在指纹阅读进入 Rage 门店之前，门店经理使用简单的 ID 数字来授权折扣、覆盖和空白，员工同样用他们的 ID 数字来锁定或者退出工资系统。因为经理经常被要

① Request More Information Wisconsin Hospitality Group，http：//www. Restaurantmagic. com/Customers/SuccessStories/Wisconsin Hospitality Group. aspx.

② Pizza Hut Franchisee Saves Dough by Slicing Payroll Fraud and Leavening Store Revenue with Digital Persona Fingerprint Biometrics，July 12，2011，http：//www. digitalpersona. com/Company/News – and – Events/Press – Releases/2011 – press – releases/Pizza – Hut – Franchisee – Saves – Dough – by – Slicing – Payroll – Fraud – with – DigitalPersona – Fingerprint – Biometrics/.

求同时处理多项请求，他们将与员工分享授权证书以避免延迟顾客的服务。这个实践经常导致欺诈折扣、造成收银收缩。同样员工也碰到了这样的问题。Rage Inc. 的 MIS 总监说道："新系统改善了员工问责制，减少了未授权折扣，以及减少了工资欺诈。"

七、JEM Restaurant Group①

2009 年 2 月 2 日，JEM Restaurant Group 宣布收购了 40 家 Pizza Hut 门店，它们分布在乔治亚洲的哥伦布和梅肯市场，以及杰克逊维尔、佛罗里达州的市场。购买的资产包括房地产、租赁权益及餐厅营运设备、交易的价格没有公布。

JEM Restaurant Group 总部位于南卡罗来州查尔斯顿列印，由 John Mc Grath 所有，经营着 100 多家 Taco Bell 和 Pizza Hut 特许的门店，分布在南卡罗来州、佐治亚洲、亚拉巴马州和佛罗里达州。这 40 个门店的是由一个新公司去投的标，即东南披萨集团有限责任公司。

Mr. Mc Grath 说："在一个极端艰难的经营环境中，这是一个独特的机会，我们相信 Pizza Hut 和 Taco Bell 两个品牌将在市场中赢得它们的地位，而且还有我们母公司百胜出色的领导为我们掌舵。Pizza Hut 将继续推出有吸引力的新菜单，以有吸引的价格供应品牌优良的食物。" JEM Restaurant Group 联手 Pizza Hut 前 COO Jerry Buss 组建了一个优秀的餐厅经营团队，负责 40 家 Pizza Hut 门店以及 Southeastern Pizza Group 运营。

八、Daland Corp. ②

Daland Corp. 成立于 1976 年，作为 Daland 的合作伙伴，1981 年 Daland Corporation 成为合伙关系的继承者。Daland Corporation 是一家管理公司，在 11 家独立的公司下经营自己的 Pizza Hut 餐厅。

我们在威奇托办公司，监督和支持 101 家 Pizza Hut 餐厅的运营，餐厅分布在

① John McGrath. JEM Restaurant Group Acquires 40 Pizza Hut Restaurants, Feb 2, 2009, http://www.reuters.com/article/2009/02/03/idUS15734+03-Feb-2009+PRN20090203.

② http://www.dalandcorp.com/.

北卡罗来州、佐治亚洲、印第安纳州、俄亥俄州、密歇根州、肯塔基州、弗吉尼亚州、宾夕法尼亚州、马里兰州、威斯康星州、纽约州、佛罗里达州和康涅狄格州。

Daland Corporation 是一家私人持有的公司，Pizza Hut Inc. 独立受许人，以及 International Pizza Hut 特许体系持有人协会的成员。我们有 38 名总部雇员，2450 名工作人员和监督人员。

虽然我们首要强调的是核心 Pizza Hut 餐厅，但是官员们不停地考察其他商业机会，以提供给他们和所有 Daland 雇员持续的挑战和成长。

2007 年末，公司出售了 16 家位于佛罗里达的 Panera Bread & Bakery Cafe's，后者已经在布劳沃德和棕榈滩发展起来。此后考察了其他几家餐厅品牌，2008 年与 Sonic Drive - In 餐厅签订了在大密尔沃基和威斯康星州绿湾市场的特许协议。2011 年末，公司出售了威斯康星州的 5 家 Sonic Drive - Ins 餐厅，后者已经在大密尔沃基绿湾市场发展起来了。

九、William Walsh①

Daland 面临独特的挑战。他们不仅提供给经销商一个全美范围强大的供应链，以服务各地 95 个 Pizza Hut 门店；他们还需一个具有专业知识和见解的策略伙伴，最大限度地发挥他们的特殊优惠和时限、优惠的成效。

Daland 和 McLane 期待继续互惠互利的关系，以及更长远的成功。Walsh 说道："他们获得了非常多的卡车，轮胎和空间，致力于我们业务的成功。" Walsh 说道："我知道在 Pizza Hut 圈子里，都知道 McLane 是一家伟大的供应链服务提供商，那确实是一个巨大的恭维。"

十、Andrew Rosen②

2010 年，位于佛罗里达州奥兰多市 CFL Pizza LLC Orlando，以 3500 万美元

① McLANE CASE STUDY：DALAND CORPORATION，http：//www. Mclaneco. com/www/AnonDocs/McLaneco/Solutions/Foodservice/CustomerSuccess/CustomerSuccess_ DalandCorporationCaseStudy. pdf.

② Fla. firm buys 91 Pizza Hut Locations，January 10，2010，http：//www. Pizzamarketplace. Com/Article/96543/Fla - firm - buys - 91 - Pizza - Hut - Locations.

的价格，收购了 91 家地区性 Pizza Hut 餐厅。据 Orlando Business Journal 文章介绍，收购发生在 12 月 7 日，现在正办理餐厅 1750 名员工所属关系转换的事情。

点评：

作为受许人，也有保持 Pizza Hut 特许门店的增长目标。从现有门店所有者中收购，这是一种方式。还有一些受许人，他们经营百胜集团下的其他品牌，以大规模收购的方式，进入 Pizza Hut 受许人之列，比如 ADF 收购 165 家 Pizza Hut，交易价 1.15 亿美元。收购之前 ADF 经营的百胜旗下的品牌 KFC、Taco Bell，合计有 300 多家门店。

大型受许人在采用新技术和新的管理创新方面，具有积极性和实施的能力。Border Foods 在三个州拥有 80 家 Pizza Hut 门店。在北美，移动通讯不如我国的电信覆盖范围这么广。但是卫星技术做到了全面覆盖，只不过需要相应的技术和设备。Border Foods 利用卫星技术，减少了电话处理订单的时间，在线预订没有忙音，门店经理有更多的时间去做别的工作，顾客可以提前订餐厅。卫星技术的这些投资回报很可观，Border Foods 平均每张订单的价值增加了。其他的技术应用，包括指纹技术，这些方面的应用表明多店受许人，或者说中小型企业，在管理手段创新方面具有很大的积极性。

案例 17　Quiznos

一、HMS Host

1. 2010 年的印度目标①

Quiznos 是全球领先的快速服务餐厅，是烤制三明治领域的开拓者，而 HMS-HostCorporation 是餐饮和购物旅游场所的领袖，双方宣布达成协议，将在 2010 年前在印度发展 3 家 Quiznos 餐厅。这个协议是正在审查的双方主协议中的一部分，主协议中约定未来五年将在印度发展额外的 50 家 Quiznos 餐厅。

HMS Host 的品牌和标准高级副总裁 Vince Modica 说："我们非常高兴与 Quiznos 一起将独特的 made - to - order 概念、它新鲜的成分、著名的烤面包带到印度的旅游地点。"他补充道："HMS Host 目前在北美经营着 50 家 Quiznos 餐厅，并且因此我们知道高质量、新鲜的烤制产品就是全球旅行社在机场餐厅选择中想要找到的。"

Quiznos 非传统发展部的副总裁 Rob Streett 说道："我们对与 HMS Host 之间的长期持续关系感到激动，我们渴望在下一个阶段的发展中将双方的关系铺开。这个协议进一步支持了 Quiznos 和战略性经营者一起扩张我们餐厅的计划，这些战略性经营者他们有成熟的经验和成功的记录。" HMS Host 的协议增加了我们加速进行国际业务扩张的能力，即通过一个强大的平台在亚太地区继续扩张。

2. 在其他国际市场的扩张②

除了在美国，Quiznos 还在加拿大、中美洲、英国、韩国和中东经营餐厅。

---

① Quiznos deal targets India restaurants by 2010, March 2009, Indus News Wire, http: //www. indusbusinessjournal. com/ME2/Audiences/dirmod. asp? sid = &nm = &type = Publishing&mod = Publications% 3A% 3AArticle&mid = 8F3A7027421841978F18BE895F87F791&tier = 4&id = BDCBD9F668BE4AE3B947B1E7B57867FD&AudID = 0F67F28B87104E04915E08DD7E316C9E.

② HMSHOST AND DAYTON INTERNATIONAL AIRPORT BREAK GROUND ON NEW DINING BRANDS ARRIVING SOON , June 29, 2009, http: //www. hmshost. com/2009/06/29/hmshost - and - dayton - international - airport - break - ground - on - new - dining - brands - arriving - soon/.

HMS Host Corporation 是旅行餐厅和购物中心的领袖，宣布在 Gerald R. Ford International Airport 开设成长最快的三明治分品牌——Quiznos Sub。新的门店在 2008 年 3 月 14 日开业，开在机场的大礼堂食品店。

目前 HMS Host 已有 Quiznos Sub 店，与 Quiznos 的成功合作，将这个 made - to - order 新鲜原料和主盟烤面包式的热焙烤面包带到了旅游地点。菜单包括 Quiznos 最好的、令人垂涎的三明治、新鲜的色拉、丰盛的汤以及全套早餐选项。

2009 年 6 月 29 日，Dayton International Airport 和 HMS Host Corporation 共同庆祝这个建筑物开始新食品和饮料品牌进入机场的优惠方案。新的餐饮场所是作为 HMS Host 机场食品和饮料特许五年合同延期的一部分。Dayton 旅游者观看了庆祝活动，表达了餐厅新供应的激动心情，包括秋季开业的 Starbucks Coffee and Quiznos Sub，2010 年初加入的 12th Fairway Bar & Grill，秋天 Favorite Boston Stoker Gourmet Coffee 更新了门店的安全防范，给旅行者扩充了餐厅和新的座位区。

二、印度的合作伙伴——选择本地合作伙伴①

2011 年 8 月 29 日，位于丹佛的 Quiznos 宣布签了一个主特许协议，将把 Quiznos 带到印度北部和西部。公司说作为国际化的初步行动，它已和 New Delhi - based Sub One Hospitality Services 签约。Quiznos 的扩张将覆盖印度新德里的商业中心，以及宝莱坞的娱乐中心。

这家丹佛的公司说印度食品服务业当前在经历转型，即受到印度认可统计变化和膨胀的经济基础。在印度北部和西部，人口年轻、文化多样化、受过高等教育、从事信息技术和手机服务与制造业。公司说这个地区同时还有个近似的国际品牌。可与 Sub One Hospitality Services 分在一组，Quiznos 的特征是多样化的餐厅，分布在企业聚居区和购物中心，以及学校和大学附近。Sub One Hospitality Services 的 CEO Himan Juneja 说印度北部和西部正在成为美食家的市场。

上周，Quiznos 与印度南部的特许持有人 Arjun Valluri 合作，授权在印度南部开设它的第一家门店。旗舰餐厅位于海得拉巴的电影格尔，是 Quiznos 最大的国际门店。

---

① Howard Pankratz. Quiznos expands in India citing demographic trends, http: //www. denverpost. com/breakingnews/ci_ 18781851.

三、美国西南部合作伙伴[①]

The Pantry Inc. 是美国西南部一家独立运营的便利店连锁企业。2009 年 9 月 24 日，它经营了覆盖美国 11 个州的 1673 家门店，是在几个选定品牌的名下，包括 Kangaroo Express，这是它最主要的经营品牌。公司的门店提供商品、汽油和配套产品和服务的选择。另外，它还提供各种各样的食品服务项目，在它的 83 个快速服务餐厅还有特色的早餐饼干、炸鸡、熟食店。在 2009 财政年度，Pantry 通过三个独立的交易收购了 41 家门店，包括 38 家来自 Herndon Oil Corporation 的门店。公司经营着 229 家快餐厅，分布在 219 个地点。其中的 164 个提供来自全美品牌的食品特许门店，这些品牌包括 Subway、Quiznos、Hardee' s、Krystal、Church' s、Dairy Queen、Baskin – Robbins and Bojangles。

四、Quiznos 经营者选择偏好[②]

2011 年 9 月一个正在实施的策略中，将 Quiznos 餐厅开到便利店里，这个三明治特许人说正在与佛蒙特州连锁店结成伙伴关系。在此协议下，将在 40 个 Champlain Farms 加气站和便利店增加 Quiznos 门店，分布在佛蒙特州的高流量地区，比如学院和大学校园、州际出口和旅游目的地。据 Quiznos 说第一阶段将包括 10 个快速休闲餐厅，将在下月开业。

Quiznos 便利和非传统发展高级副总裁 Shultz Hartgrove 在陈述中说："作为一个区域性公司，Champlain Farms 在进入本地区和方便顾客的地方带来无与伦比的洞察力。这些本地专长以及优异的经营，让 Champlain Farms 成为扩张我们便利店供应、最好满足东北部地区需求的理想合作伙伴。"

Quiznos 最近发展了他的便利店门店。这年，连锁店已经增加 200 个便利店销售点。最近的合作伙伴包括：佛罗里达的 he Hess Gasand Go 连锁和南部各州的 MAPCO。Quiznos 便利店销售点为 24 小时各个时段订制了一个菜单，包括自己品

---

① The Pantry, Inc. Annual Report 2009.

② Lisa Jennings. Quiznos expands unit growth in convenience stores, September 16, 2011, http://nrn.com/article/quiznos – expands – unit – growth – convenience – stores.

牌的三明治和热早餐外卖。

Champlain Farms 的总裁 Dave Simendinger 说 Quiznos 的品牌认知和菜单将吸引便利连锁店的顾客。Quiznos 的牌子、独特的、可口的餐厅非常适合我们顾客对食品服务的需求。我们自豪我们对质量的承诺，并寻求一个强有力的快速服务，以配合我们强大的便利店的合作伙伴。

五、Quizno's 发展历程[①]

The Quizno's Corporation 是第三大 Submarine 三明治商店，截至 2000 年在美国、加拿大、波多黎各、英国、澳大利亚和日本拥有 1500 家餐厅。Quizno's 意大利风格的熟食店提供意式 Submarine 和其他三明治、汤、沙拉和面食。典型的意大利 Submarine——由专有配方制作而成，比如新鲜出炉的软面包——它是 Quiznos 的概念的基石。

第一家 Quizno's 餐厅在 1981 年开业，1991 年 Schaden 家族（Quizno's 所有人）开始为以后的发展打基础。Quizno's 当时的总裁，Rick Schaden 组织了批量采购、门店和新店培训的标准流程。Schaden 家族计划扩张，寻找在佛罗里达州、加利福尼亚州、堪萨斯城、芝加哥和底特律发展。

在 Schadens 家族的领导下 Quizno's 以新的市场倡议来支持它的受许人。一项 50 万美元的预算用于 6 月份的广告活动，使用"好食品，好价格"的标语。三家电视广告推销 Quizno's 为快餐食品的替代品，强调 Quizno's 餐的明亮、口味和健康。1992 年 Quizno's 增加广告预算 250 万美元，其中 100 万来自受许人的联合广告。Rick Schaden 将成功归于公司低的广告预算，即通过商业广告的副刊直接定位顾客。门店经理将菜单分发给他们的邻居，以盒饭方式对办公室餐饮进行促销，提供给常客打折优惠。

Quizno's 的扩展计划包括了招募 Area Directors。Quizno's 将某个市场区域的权力出售给 Area Directors，后者同意出售和发展预先设好的特定数量的特许经营门店。通常的计划是第一年新增 4 家门店，第二年新增 6 家门店，第三年新增 8 家门店。遵循电视市场来定位以及普通位置的特许区域，都是事先计划好的，避免某个市场饱和，这是一个与其他连锁餐厅的协调问题。Area Directors 支付出售特许门店的费用，但是获得佣金和忠诚费（按照特许经营门店销售和利润计

① The Quizno's Corporation，http：//www. answers. com/topic/the - quizno - s - corporation.

算）。1994 年，Quizno's 在五个区域建立 Area Directors 制度，五个区域分别是：达拉斯—沃思堡、西雅图、图森、内布拉斯加州奥马哈和林肯、蒙大拿州、北怀俄明州和西南达科州。

1994 年，Quizno's Franchise Corporation 以 200 万美元收购了 Schaden & Schaden，Schadens' 随后脱离了特许经营公司。Schaden & Schaden 是最大的受许人，拥有和经营 6 家餐厅，拥有对另外 5 家受许人的管理合同。收购提供了收入和培训新受许人和经理的现金流。同时，为了提供现金收益，Quizno's 对最大规模的门店将加盟费提高到 2 万美元，而新店、小型门店 1 万美元。额外增加门店收取较低特许费用。

Quizno's 增强了它的 Area Director 计划以推动更快的发展，比如说免费，要求开一家旗舰店。1995 年公司签的 Area Director 协议包括：埃尔帕索和奥斯汀、北达科他州东部、明尼阿波利斯、圣保罗·保罗、内布拉斯加州西部、克利夫兰和斯波坎。同时与 BBD Management of Vancouver 签订了主特许协议，协议规定对方在 6 年内在加拿大发展 30 家 Quizno's 餐厅。

1996 年和 1997 年 Quizno's Corporation 的扩张努力开始了出售特许区域和建设新餐厅的高潮。1996 年公司开了 51 家餐厅，包括 8 家公司直营店。超过一打的 Area Directors 同意出售在佛罗里达州棕榈滩县、什里夫波特、路易斯安那州康特拉科斯塔县、加利福尼亚州哈特福德和纽黑文、康涅狄格州、费城，诺克斯维尔，里士满、弗吉尼亚州、亚拉巴马州亨茨维尔以及美国其他地区的特许经营权。1997 年，140 家新餐厅开业。同时，Quizno's 以 120 万美元价格收购了 Bain's Deli，后者是一个拥有 63 家餐厅的连锁品牌，主要分布东部沿海的购物中心。Quizno's 开始将其中几家门店转换为 Quizno's 品牌，并在后来将购物中心美食广场和机场的门店转换为 Quizno's 品牌。

1988 年公司发起了全国性的广告活动，在有线电视台，包括 CNN、ESPN 和 Discovery 发布的 15 秒钟电视广告。

在已有 8 家餐厅和 1988 计划开设的 50 家门店基础上，Quizno's Canada 获得了主特许经营权，未来 5 ~ 10 年在加拿大的 Quizno's 餐厅将开到 650 家，为此该公司支付 57.3 万美元。1999 年 3 月，Quizno's Canada 支付了 51 万美元获得未来 10 年在英国开设 100 家门店的权力。Glenvista Enterprises 支付 221069 美元在澳大利亚昆士兰州，新南威尔士州和维多利亚省开 100 家门店的权力。Quizno's 已经在寻找伙伴在日本开特许经营门店，直到 Nich Nishigane of KMNUSALLC 走近 Quizno's 购买了特许经营权。Nishigane 认为食物符合日本人的口味，发现蜂蜜培根俱乐部在 KMN 职员中相对流行。1998 年 9 月，KMNUSA 签署了主特许协议，规定未来 10 年在日本发展 300 家 Quizno's 餐厅。协议包括了区域的比例、特许销售和根据门店收入的缴纳忠诚费等内容。第一家门店在 1999 年早些时候开设。

Quizno's 不是单纯依赖特许经营方式实现公司扩张。1998 年 8 月，新的分支机构，Quizno's Kansas LLC 收购了 the Stoic Restaurant Group。这家公司有 21 年的历史，拥有和经营着 12 家 Sub & Stuff 餐厅，但是已经登记破产了。Quizno's Kansas 是 Quizno's Corporation 拥有 70% 的所有权，另外两个 Area Directors 拥有 30% 所有权的合资公司，收购该公司花了 50 万美元。Quizno's 计划在主要地点把其中 8 家转换成 Quizno's 门店，另外 4 家或者出售或者关门，这样使得威奇托地区的 Quizno's 增加到 11 家。同样，Quizno's 出售 63 家 Bain's 特许经营门店中的 49 家的权力，将 6 家转换为 Quizno's 餐厅，保留 8 家 Bain's 特许经营门店，希望受许人能够转换成 Quizno's 品牌。

点评：

HMS Host Corporation 是旅行餐厅和购物中心的领袖，作为 Quiznos 的多店受许人，找到一条进入机场等旅游场所的捷径，否则 Quiznos 要开发这块市场也不容易。这表明，一些多店受许人拥有独特的某一类资源，使得特许人进入这些市场相对容易，他们可能就是特许人理想的选择对象。

印度是个潜在的大市场，在印度北部和西部，人口年轻、文化多样化、受过高等教育、从事信息技术和手机服务与制造业，印度北部和西部正在成为美食家的市场。Quiznos 选择了与本地合作，Quiznos 与印度南部的 Arjun Valluri 合作；一家位于丹佛的 Quiznos 宣布签了一个主特许协议，将把 Quiznos 带到印度北部和西部。

Quiznos 寻找非传统的市场机会，在大学校园、州际出口和旅游目的地发展门店，而且将寻找那些多店经营者。那些有本地专长、业绩优异的合作伙伴，是 Quiznos 的理想本地合作伙伴。

Quizno's 还有 Area Director 计划，在全美国很多地区都采取了这种方式实现扩展，即将某个市场区域的权力出售给 Area Director，后者同意出售和发展一定数量的特许经营门店。此外，Quizno's 还采取主特许的方式将整个加拿大的特许经营出售。在日本、英国也是采取主特许的方式。

参考文献

［1］方晓丽．国际特许经营企业进入中国市场模式比较研究［M］．对外经济贸易大学，2004.

［2］黄晓燕．主特许经营模式研究［D］．对外经济贸易大学，2006.

［3］欧洲特许经营联合会，http：//www. eff – franchise. com/spip. php? rubrique6.

［4］商务部令 2004 年第 25 号．商业特许经营管理办法．商务部网站，http：//www. mofcom. gov. cn/aarticle/b/d/200412/20041200327166. html? 742793860 = 3859676628.

［5］商业特许经营备案管理办法．商务部网站，2007 – 4 – 30，http：//www. gov. cn/ziliao/flfg/2007 – 05/08/content_ 607634. htm.

［6］张沙莎．特许经营开闸　麦当劳中国战略加速．来自新浪网新浪财经的新金融观察，2011 – 9 – 4.

［7］中国《商业特许经营管理条例》全文，中国新闻网，2007 – 2 – 15，http：//www. chinanews. com/other/news/2007/02 – 15/875845. shtml.

［8］克罗克——麦当劳王国的缔造者，人民网《市场报》，2001 – 3 – 10，http：//www. people. com. cn/GB/paper53/2891/400493. html .

［9］4 Benefits to Multi – unit Franchising，http：//thefranchisehound. com/，2011.

［10］Alex Maritz，Ravi Bhat. A Multi – unit Franchising Perspective of the New Dominant Logic for Marketing，2006.

［11］Anne Marie Doherty. Barry Quinn. International Retail Franchising：an Agency Theory Perspective. International Journal of Retail & Distribution Management，1999.

［12］Arturs Kalnins，Francine Lafontaine. The Characteristics of Multi – unit Ownership in Franchising：Evidence from Fast – Food Restaurants in Texas. NBER Working Paper No. 5859，http：//www. nber. org/papers/w5859，Issued in December，1996.

［13］Axelrad，Norman D. and Lewis G. Rudnick. Franchising，A Planning and Sales Compliance Guide. Commerce Clearing House，Chicago，1Ill.，168 – 178，1987.

[14] Bates, T. Survival patterns among newcomers to franchising. Journal of Business, Venturing, 13, 113 – 130, 1998.

[15] Bradach, J. Franchise Organisations. Boston: Harvard Business School Press, 1998.

[16] Bret Lowell, Esq. Multiple – unit Franchising: the key to Rapid System Growth. Published By DLA Piper Rudnick Gray Cary US LLP, Distributed By International Franchise Association, 2006, DLA Piper Rudnick Gray Cary US LLP.

[17] Brouthers, K. D., Brouthers, L. E. Why Service and Manufacturing Entry Mode Choices Differ: The Influence of Transaction Cost factors, Risk and Trust. Journal of Management Studies, 40 (5), 1179 – 1204, 2003.

[18] Burton, F. N., and A. R. Cross. Franchising and Foreign Market Entry. in International marketing Reader, S. J. Paliwoda and J. K. Ryans, eds., London: Routledge, 35 – 48, 1995.

[19] Dildar Hussain, Josef Windsperger. Multi – unit Franchising: A Property Rights View, Multi – unit Franchi*sing*: A Property Rights View. Presented at the 24th Annual International Society of Franchi*sing* Conference, Sydney, Australia, June 8 – 9, 2010.

[20] Dixie S. Zietlow. The International Distribution of Franchises by U. S. Franchisors. Presented at the 11th Annual Society of Franchising Conference March 1997.

[21] Dr. Frank H. Multi – Unit Owners Study. Prepared by the IFA Educational Foundation using two research reports submitted, http://www.franchise.org/, 2002.

[22] Evelien Croonen. Strategic Interactions in Franchise Relationships, Publisher: Labyrinth Publications, http://dissertations.ub.rug.nl/, Page 10 – 30, 2005.

[23] Fosfuri, A.. The Licensing Dilemma: Understanding the Determinants of the Rate of Licensing. Strategic Management Journal, 27, 1141 – 1158, 2006.

[24] FRANCHISE LAW, http://gov.mb.ca/justice/mlrc, page 16, 2008.

[25] Frank H. Wadsworth, CFE, Kathryn Boe Morgan. IFA Educational Foundation, Multi – Unit Franchisee Ownership Study. Presented at the 17th Annual International Society of Franchising Conference, San Antonio, Texas, February 14 – 16, 2003.

[26] Gamet – Pol, Francoise. Franchise Agreements within the European Community, New York: Transnational, 1997.

[27] Hadfield, GK. problematic Relations: Franchising and the Law and Incomplete Contracts. 42 Stanford Law Review 479, 1990.

[28] Héctor R. Lozada, Richard J. Hunter, Jr., Gary H. Kritz. Master Fran-

chising as an Entry Strategy: Marketing and Legal Implicatlons, The Coastal Business Journal, Volume 4, Number 1, 2005.

[29] Jean – Sébastien Verwaerde. Single versus Multi – unit Franchising: Franchisee Perceptions, Master's Thesis, September, 2009.

[30] JL Bradach. Chains within Chains: The Role of Multi – unit Franchisees, Franchising: Contemporary Issues and Research, 1995.

[31] Josef Windsperger. Allocation of Decision and Ownership Rights in Franchising: Empirical Findings in the Austrian Franchise Sector. Presented at the 15th Annual International Society of Franchising Conference, Las Vegas, Nevada, February 24 – 25, 2001.

[32] Joyce A. Young, Ph. D. The International Society of Franchising: A Review of Conference Papers Across Its Forst 25 years, 2011.

[33] Krista Duniach – Smith. Entry Mode Choice: The Case of Franchising. Presented at the 18th Annual International Society of Franchising Conference Las Vegas, NV, USA, March 6 – 7, 2004.

[34] Kulatilaka, N. and Lin, L.. Impact of licensing on investment and financing of technology development, Management Science, 52 (12), 1824 – 1837, 2006.

[35] Lace Eliot Brouthers and Jason Patrick McNico. International Franchising and Licensing. the SAGE Handbook of International Marketing, Page 183 – 193, 2009.

[36] Marko Grünhagen, Robert A. Mittelstaedt, Entrepreneurs or Investors: Do Multi – unit Franchisees Have Different Philosophical Orientations? Journal of Small Business Management, Volume 43, Issue 3, pages 207 – 225, July 2005.

[37] Michael Batton Kaput. Demand Media, The Disadvantages of a Multi – Unit Franchise, http: //www. chron. com/, 2011.

[38] Miller, GJ. Managerial Dilemmas, Cambridge University Press, Cambride, 1992.

[39] Multi – Unit Franchise Development Strategies, 2008 – 05 – 20, http: // www. fisherzucker. com/index. asp.

[40] Olson. The Logic of Collective Action, Harvard University Press, Cambridge, 1965.

[41] Patrick J. Kaufmann, Rajiv P. Dant. Multi – unit Franchising: Growth and Management Issues. Journal of Business Venturing, Volume 11, Issue 5, September 1996, Pages 343 – 358.

[42] Pizanti, I. and Lerner, M. Examining Control and Autonomy in the franchisor – franchisee Relationship. International Small Business Journal, 21 (2), 131 –

59, 2003.

[43] Ranchising vs. Licensing a Business – Franchise vs. License Decisions, http: //www. franchise foundations. com/franchisevs license. html, Posted on Jul 2, 2011 in Franchise.

[44] Robert T. Justis, Richard J. Judd, Ravi Chinta. Multi – Unit Franchising. Presented at the 2nd Annual International Society of Franchising Conference, San Francisco, California, January 31 – February 2, 1988.

[45] Rubin, P. The Theory of the Firm and the Structures of the Franchise Contract. Journal of Law and Economics, 21, 223 – 233, 1978.

[46] Scott Weaven, Lorelle Frazer. Multiple Unit Franchising: Australian Revelations. Presented at the 18th Annual International Society of Franchising Conference Las Vegas, NV, USA, March 6 – 7, 2004.

[47] Scott Weaven. An Empirical Examination of the Reasons Governing Multiple Unit Franchise Adoption in Australia. Asian Journal of Marketing, 4 (2), 2010.

[48] Shane, S. A. Hybrid Organizational Arrangements and Their Implications for Firm Growth and Survival: a Study of New Franchisors, Academy of Management Journal, 39, 216 – 234, 1996a.

[49] Shira B. Lewin – Solomons. Innovation and Authority in Franchise Systems: an Empirical Exploration of the Plural Form. Provided by Faculty of Economics, University of Cambridge in its Series Cambridge Working Papers in Economics with number 0015, http: //www. econ. cam. ac. uk/index. htm, 2000.

[50] Marko H. , Ph. D. Single – unit versus Multi – unit Franchising in the United States Fast – food Industry: A Comparative Analysis From the Franchise Perspective by Grunhagen, The University of Nebraska – Lincoln, 1999 , 196 pages; AAT 9952682.

[51] Special Report—Food Franchises, franchisebusinessreview. com, 2011.

[52] Teece, D. J. Profiting from Technological Innovation: Implications for Integration, Collaboration, Licensing and Public Policy, Research Policy, 15, 285 – 305, 1986.

[53] Teece, D. J. Capturing Value from Knowledge Assets: The New Economy, Markets for Know – How, and Intangible Assets. California Management Review, 40, 55 – 79, 1998.

[54] Vinay K. Garg, Richard L. Priem, Abdul A. Rasheed. Does Multi – unit Franchising Aid Differentiation? Presented at the 22th Annual International Society of Franchising Conference, Saint – Malo, France, June, 2008.

[55] Wilke D. English, Robert Justis. Quasi – Franchises: Chains that Look Like Franchises But Aren't, Page 2. Presented at the 13th Annual society of Franchising Conference Miami, Florida, March 1999.

[56] Yongsun Paik, David Y. Choi. Control, Autonomy and Collaboration in the Fast Food Industry. International Small Business Journal, October 2007 Vol. 25 No. 5. 539 – 562.

后　　记

本书是在笔者的博士论文的基础上完善而来。在博士论文选题方面，笔者刚开始考虑商业模式的问题，后面看到日本7－11在继承美国7－11的商业模式，并将其发扬光大，进而通过日本7－11的母公司伊藤洋华堂，收购了美国7－11总公司所有权，再用7－11在日本的成功经验改造了7－11母公司的商业模式。这时我才明白，商业模式往往不是单独存在的，而是和某一类的商业形态结合在一起的。在特许经营商业模式发展过程中，本地合作伙伴扮演了重要的角色。后来，笔者看到了主特许的概念，对这个问题产生了浓厚兴趣。再后来，在导师提供的信息下，我了解到麦当劳在云南刚刚推行发展式特许经营。这让我意识到，主特许只是特许经营中的一种方式，并不是单独存在的。在阅读了一些文献后，我感觉管理学的论文跟实际案例结合起来，往往更切合实际，更具有解释力。因此，本书对多店特许做了案例分析。

接下来是边探索边形成思路。在文献方面，笔者阅读了国家图书馆可以查到的所有相关博士论文和优秀的硕士论文，在学术搜索中找到一些文献。但是这些文献仍然不足以让笔者对这个问题有一个充分的认识，当时还搞不清楚该学术领域的实际情况。转折发生在笔者接触到国际特许经营联合（ISOF）的文献，这是一个研究特许经营的专业性的学术机构，每年召开一次研讨会，论文来自世界各国杰出研究者。我阅读了1986～2011年所有论文目录和主要的摘要，并从中选择了与多店特许密切相关的50篇文章，在跟ISOF美国机构联系后，我取得了这50篇论文全文。这些论文让我对多店特许目前的研究状况有了深刻的认识。

因为是管理学的论文，我很清楚对现实生活中企业运作情况了解的重要性，笔者做了20个多店特许的案例。刚开始准备全部选国内的特许体系，后来发现国内的特许体系采取多店特许方式的并不多，就去寻找国外的案例。发现国外，特别是在美国，多店特许的现象很普遍。从国外多店特许的实践来看，有很多值得我们借鉴的地方。借助中国连锁经营协会每年主办的评选活动，筛选了特许经营某些指标排名靠前的特许企业（特许体系），最后选择了10个特许体系作为国内案例。国际部分主要选择美国的例子，美国是特许经营最发达的国家，也是多店特许发展最快的国家，这方面的例子很多。最后，本书找了10个知名特许体系作为多店特许案例的国际部分。限于篇幅，在本书下篇，只节选了其中17个案例。

完成这篇论文，有很大的困难，因为这是一个非常新的领域。我很清楚克服这个困难，除了我个人的努力外，离不开许多人的帮助。首先要感谢我的导师，在导师的指导下，我才找到了这篇题目，才能完成这篇论文。也感谢工业经济研究所的老师们，在我读博士期间传授我知识，锻炼我的研究能力。还要感谢中国连锁经营协会的副秘书长杨青松，正是与他的交谈，澄清了我的一些模糊认识。感谢《经营与管理》杂志刊登我的论文《多店特许若干问题研究》，感谢《企业活力》杂志刊登我的文章《多店特许文献综述》。感谢我的单位中国民航信息集团公司，很多领导给予我关怀，很多同事给予我支持。感谢所有支持我的家人、同学和朋友们，正是你们的鼓励让我信心倍增。

赵小涛

2012年6月28日

图书在版编目（CIP）数据

多店特许经营中间层理论与案例/赵小涛著.—北京：经济管理出版社，2012.9
ISBN 978-7-5096-2115-8

Ⅰ.①多…　Ⅱ.①赵…　Ⅲ.①特许经营—研究　Ⅳ.①F717.6

中国版本图书馆 CIP 数据核字(2012)第 224987 号

组稿编辑：邱永辉
责任编辑：邱永辉
责任印制：黄　铄
责任校对：超　凡

出版发行：经济管理出版社
（北京市海淀区北蜂窝 8 号中雅大厦 A 座 11 层 100038）
网　　址：www. E-mp. com. cn
电　　话：(010) 51915602
印　　刷：三河市海波印务有限公司
经　　销：新华书店
开　　本：720mm×1000mm/16
印　　张：17.75
字　　数：333 千字
版　　次：2012 年 11 月第 1 版　　2012 年 11 月第 1 次印刷
书　　号：ISBN 978-7-5096-2115-8
定　　价：38.00 元